금강학술총서
금강대학교 불교문화연구소
23

MODERN SOCIETY

BUDDHISM

현대사회와

불교

다이쇼대학교
금강대학교 불교문화연구소 공편

KB191490

씨
아이
알

이 책은 2007년 한국정부(교육과학기술부)의 재원에 의하여
한국연구재단의 지원을 받아서 간행된 출판물입니다.
(NRF-2007-361-AM0046)

간행사

이 책은 일본 다이쇼(大正)대학교와 금강대학교 불교문화연구소 인문한국(HK)연구센터가 2012년과 2013년 2년에 걸쳐 각 학교의 캠퍼스에서 개최한 공동학술대회에서 발표된 연구 성과물입니다.

금강대학교 개교 10주년을 기념하기 위해, 2012년 11월 16일과 17일에 걸쳐 〈현대사회에서 불교의 제문제〉라는 주제로 제1회 공동학술대회를 금강대학교에서 개최하였으며, 이듬해인 2013년 12월 7일에는 제1회와 같은 주제로 다이쇼대학교에서 제2회 공동학술대회를 개최하였습니다. 이처럼 제1회와 제2회의 공동학술대회의 주제가 동일한 것은 다양한 모습으로 세분화되어 새롭게 변화해가는 현대사회의 양상과 구조에 발맞추어 불교도 새로운 모습으로 적극적으로 대응해 나아가야 할 분야가 너무 많아 한 번의 공동학술대회만으로는 다룰 수 없었기 때문입니다.

현대사회는 과학 문명의 눈부신 발전에 힘입어 종래의 사회에서는 상상도 할 수 없었던 획기적인 변화를 보이고 있습니다. 현대사회는 고도의 산업화·기계화 시대를 지나 이미 정보화 시대에 들어와 있습니다. 인간이 살아가는 기본적인 사회구조의 틀이 이처럼 엄청난 변화를 보이고 있는 가운데, 그 속에서 살아가고 있는 인간의 사유구조와 생활양상도 너무나도 크게 변화하고 있습니다. '이처럼 급격히 변화하고 있는 인간사회의 구조와 생활양상 속에서 다양한 인생문제를 근본적으로 해결하고자 하는 종교는 과연 어떠한 모습이어야 하는가?'라는 것이 당연히 현안 문제가 되지 않을 수 없습니다.

종교는 시대 사회의 산물(産物)이기 때문에 그 시대 사회를 살아가는 인간과 매우 밀접한 관계를 가지고 있습니다. 그 중에서도 특히 불교라는 종교는 인간 및 인간사회의 문제를 지혜롭게 대처해 나아가는 법을 가르쳐 주고 있습니다. 2차례의 공동학술대회에서 다루고 있는 문제들은 현대사회에서의 바람직한 불교적 역할과 현대사회의 문제에 대한 대응과 치유방법, 그리고 현대사회에서의 불교의 실천방안과 교화의 모습 등이라 할 수 있습니다.

다이쇼대학교와 금강대학교의 불교학자 16인이 현실참여, 응용불교 및 불교이념의 대사회화 등의 주제로 2차례의 공동학술대회를 개최한 것은 매우 중요하고도 필요한 것이었다고 하지 않을 수 없습니다. 그 결과물을 바탕으로 한국어판과 일본어판을 간행하기에 이르렀다고 생각하니 감회가 새롭습니다.

끝으로 다다 고분(多田 孝文) 전(前) 다이쇼대학교 총장님과 정병조 전(前) 금강대학교 총장님의 배려에 깊이 감사드립니다. 그리고 공동학술대회에 논문을 제출해 주신 다이쇼대학교와 금강대학교의 발표자 선생님들에게도 감사를 드립니다. 아울러 공동학술대회를 기획하고 또 서적을 출판하느라 애써 주신 양교의 관계자 여러분들에게도 다시 한번 깊이 감사를 드립니다.

2015년 6월

금강대학교 불교문화연구소 소장 **권 탄 준**

서문

　'현대사회와 불교'라는 주제는 불교의 대사회적인 활동과 연관이 있다. 불교가 출가승려를 중심으로 하는 사문주의적 전통을 계승하고 있기 때문에, '자리(自利)'라는 관점에서 본다면 불교가 사회참여라는 주제와 어떤 긴밀한 공조관계를 유지할 수 있는 것인가라고 의심하는 현대인들도 있다. 한편으로는 이와는 정반대로 불교 역시 끊임없이 변모하는 사회 속에서 나름대로의 종교적 역할을 전통적으로 충실히 이행해왔기 때문에, '이타(利他)'라는 관점에서 본다면 사회참여와 전혀 괴리가 없다고 주장할 수도 있을 것이다. 얼핏보아 대칭점을 이루는 것처럼 보이는 '자리'와 '이타'라는 외줄타기를 어떻게 절묘하게 공존시킬 수 있을까라는 문제의식에서 이 주제가 비롯되었다. 이러한 주제의식을 출발점으로 금강대학교와 다이쇼대학교가 공동으로 주최하는 국제학술대회를 한국과 일본에서 각각 한 차례씩 거행한 것이다.

　2012년 11월 16일과 17일 양일간에 걸쳐 금강대학교에서 〈현대사회에서 불교의 제문제〉라는 주제로 다이쇼대학교와 공동으로 제1회 국제학술대회를 개최하였다. 이 학술대회는 금강대학교 개교 10주년을 기념하기 위한 자리이기도 하였다. 이는 금강대학교 불교문화연구소 인문한국(HK)연구센터가 기획한 한·일 양국 간의 공동학술대회이자, 아울러 금강대학교와 다이쇼대학교가 단순한 학교교류차원이 아닌 보다 실질적이고 학술적인 교류를 진행한 첫 단추라고 평할 수 있다. 이듬해 2013년 12월 7일 다이쇼대학교에서 금강대학교와 공동으로 제2회 국제학술대회를 개최하였다. 이 학술대회는 다이쇼대학교 불교문화학회(佛敎文化學會) 제23회 학술대회를 기념하는 뜻깊은 자리이기도 하였다.

금강대학교에서 주최한 금강대학교–다이쇼대학교 제1회 공동학술대회에서는 다다 고분(多田 孝文) 전(前) 다이쇼대학교 총장님과 정병조 전(前) 금강대학교 총장님의 개회사를 시작으로 현대사회에서 빈번하게 야기되고 있는 다양한 문제를 불교적인 관점에서 재해석하고 이를 해결해보고자 양국의 불교학자 9인이 발제하고 이와 관련한 주제를 심도있게 논의하였다. 이어 다이쇼대학교에서 주최한 다이쇼대학교–금강대학교 제2회 공동학술대회에서는 응용불교(應用佛敎)라는 주제 하에 양국의 종교학자와 불교학자 16인이 각자의 세부적인 주제를 바탕으로 열띤 토의의 장을 가졌다.

학술대회 조직 이전에 양 대학교의 실무진들은 금강대학교와 다이쇼대학교에서 2차례 거행된 공동학술대회의 성과들을 기리기 위해 한국과 일본에서 각각 일본어판과 한국어판으로 출판하기로 서로 약정하였는데, 지난 3월 다이쇼대학교에서 〈大正大學硏究紀要〉 제100집 특별호로 〈現代社會における仏敎の諸問題〉를 출판하였으며, 뒤이어 금강대학교에서도 〈현대사회와 불교〉라는 제목의 한국어판을 출판하기에 이른 것이다.

이 책의 구성은 제1부와 제2부로 나뉜다. 제1부는 다이쇼대학교 교수들의 글로, 제2부는 금강대학교 교수들과 박사수료생의 글로 구성되어 있다.

제1부의 내용을 소개하면 다음과 같다.

먼저 모토야마 고우쥬(元山 公寿) 교수가 「현대 일본불교의 사회적 역할–'참여불교(Engaged Buddhism)'를 둘러싼 논의」라는 논문에서 참여불교의 정의에 관한 '전통주의자'와 '근대주의자'의 견해 차이, 그리고 양자의 입장에 대해 재비판하는 학자군들의 입장을 먼저 소개하면서, 참여불교를 과연 불교의 이타주의적 활동으로 파악할 수 있는지, 불교에 새롭게 도입된 서구적 사회운동으로 파악할 수 있는지에 대해 검토하고 있다. 그리고 장례의식만 남은 일본불교의 종교활동 자체에 대한 재검토를 지적하고 있다.

오오츠카 노부오(大塚 伸夫) 교수가 「불교와 현대 일본의 사회현상에 대하여」라는 논문에서 저출산화와 고령화, 고독사 등 현대 일본의 사회현상과 동일본대지진에 의한 많은 피해자의 고뇌, 그리고 후쿠시마 원전사고로 인한 피난자의 고민 등 현대사회를 둘러싼 일본 내부의 문제를 적시할 뿐만 아니라 사원이나 승려가 안고 있는 내부의 문제에 대해서도 진단하고 있다. 그리고 이러한 문제점을 해결하기 위해 종파, 사원, 승려가 어떤 역할을 제공해야 하는지에 대해 제안하면서 글을 갈무리하고 있다.

소네 노부오(曽根 宣雄) 교수가 「불교와 터미널 케어 ― 부처의 구제를 둘러싸고」라는 논문에서 천태종 겐신(源信, 942~1017)과 진언종 가쿠반(覺鑁, 1095~1143), 그리고 정토종 호넨(法然, 1133~1212)의 저작을 통해 죽음에 직면한 말기환자에 대한 터미널 케어의 불교적 방법을 소개하고 있다. 아울러 그는 임종을 마중하는 부처의 구제를 중심으로, 이들 각자의 교학적 입장에 나타난 공통점과 차이점도 소개하고 있다.

「교화의 바람직한 미래상」을 쓴 간다츠 지준(神達 知純) 교수는 석가모니 붓다, 『법화경』, 사이초(最澄)를 종조로 하는 천태종을 예로 들어 각각의 교화 방법의 특징과 의도를 기술함과 동시에 장례식 불교라는 일본불교 형태의 문제점과 종교법인의 공익성, 장례의식의 필요성 여부, 보시의 정가 표시 문제를 심도있게 논의하였다. 그리고 일본불교의 대(對) 사회적 활동에 대한 실례를 예시하면서 교화의 대상과 방법에 대해 다시 한번 상기해야만 한다는 사실을 적시하고 있다.

「불교에 사회성은 있는가 — 19세기 동아시아의 예수교 배척론(排耶論)을 중심으로」를 쓴 미우라 슈(三浦 周) 교수는 불교에 사회성은 없다라고 단언한다. 그는 승려 개인의 사회 참여를 불교의 사회성과 동일하게 취급하는 오류를 지적하면서 불교와 근대사상의 접점을 고찰하고 있다. 그리고 그는 19세기 이후 동아시아 불교에서 근대를 둘러싼 모순과 갈등이 있었다는 내용과 함께 불교 배척론과 예수교 배척론이 전(前) 근대사상임을 지적하고 있다.

「외래 불교의 일본 진출에 관한 고찰」를 쓴 호시노 소(星野 壯) 교수는 대만의 불교계 NGO인 '대만불교자제기금회(臺灣佛敎慈濟基金會)' 일본지부를 중심으로 본고의 내용을 전개하고 있다. 그는 이민 연구에서 종교 연구의 결핍 등을 지적하고 대만불교자제기금회 일본지부를 다루는 연구사적 의의를 소개한 후, 대만불교자제기금회 대만 본부의 역사를 해외진출을 중심으로 다루고 있다. 아울러 대만불교자제기금회 일본지부와 호스트 사회(host society)와의 관여방식에 대해서도 서술하고 있다.

「지역변동과 불교사원 — 특히 '과소화(過疎化)'가 사원에 끼친 영향」을 쓴 나와 기요타카(名和 淸隆) 교수는 1950년대 중반부터 1970년대 중반까지의 일본 고도경제성장기에 도시로 인구가 이동함에 따라 지방의 '과소화'가 일어나는데, 이로 인해 많은 사회적 현상이 야기되고 있음을 지적하고 있다. 그리고 그는 2012년에 실시한 설문조사 결과를 바탕으로 과소지역에 위치한 정토종 사원의 문제에 대해 기술하고 있다.

「지방 사원 활동에서의 보살사상에 관하여」를 쓴 스즈키 교겐(鈴木 行賢) 교수는 일본 내 기존의 단가(檀家) 제도에 구애됨 없이 새로운 시도를 통해 사찰 활동을 시도하는 후쿠시마현 후쿠시마시 이이노마치(飯野町)에 소재한 고다이인(五大院)이라는 천태종 사원의 활동을 소개하고 있다. 그의 논문은 일본 내 사원의 종교적 행사와 이벤트를 구체적으로 소개하고 있기 때문에 이방인의 눈으로 보았을 때, 아주 흥미로운 부분이기도 하다.

이어서 제2부의 내용을 소개하면 다음과 같다.

「21세기의 불교」를 쓴 정병조 전(前) 금강대학교 총장은 21세기 한국사회가 직면한 다양한 현실적 문제점들을 예시한 후, 이에 대한 불교적 대안을 명쾌하게 제시하고 있다. 그는 불교적 가치는 결국 각 개인의 내면 완성으로 결부되며, 이는 사회적 실천과 분리될 수 없음을 지적하고 있다.

「화엄학으로 본 통섭(通攝)의 실천」을 쓴 김천학 교수는 보살의 십지 가운데 첫 출발점이라고 할 수 있는 환희지 해석에 초점을 맞추어 화엄학의 입장에서 자비의 실천이 어떻게 가능한지를 모색하고 있다.

「불교 윤회설(輪廻說)이 현대사회에서 갖는 의의」를 쓴 최기표 교수는 생사관 부재에서 오는 현대한국사회의 병폐들을 지적하면서 불교의 윤회설이야말로 현대사회에서 일어나는 여러 가지 문제점을 방지하거나 해결할 수 있는 훌륭한 생사관이라고 언급하고 있다.

「불교적 생명관에서 바라본 배아복제 문제」를 쓴 하유진 교수는 최근 한국사회에서 논란이 되고 있는 생명복제, 특히 배아복제와 관련된 생명과학의 문제를 불교적 입장에서 검토하고 있다. 그녀는 불교가 생명현상을 어떻게 바라보는지, 그리고 불교에서 바라보는 배아복제에 대한 입장을 제시하고 있다.

「오래된 실천행 인욕바라밀의 현대적 조명」을 쓴 최은영 교수는 불교경전에서 설명하고 있는 인욕바라밀의 의미를 살펴보고, 현대적인 상황에서 이 인욕바라밀을 어떻게 실천할 것인지 논의하고 있다.

「불교와 자살문제 – 분신자살을 어떻게 볼 것인가」를 쓴 차상엽 교수는 현대사회에서 자살 문제가 심각해져감에 따라 자살에 관한 불교의 관점을 조명하는 연구가 증가하고 있음에 반해, 자살의 한 형태이면서 가장 극한 고통의 죽음인 분신자살(self-immolation)에 대해서는 불교적 입장을 고찰한 연구가 그리 많지 않음을 지적하면서, 분신자살에 대한 경전적 전거와 그 역사적 사례들을 논의하고 있다.

「타(他)종교에 대한 『법화경』의 입장」를 쓴 하영수 선생은 『법화경』의 타종교에 대한 입장을 확인함으로써 그 현대적 의의 및 역할 등을 논의하고 있다.

「현대사회에서 불교도의 개인윤리에 대하여」를 쓴 이영진 교수는 불교도가 되기 위해 반드시 전제되어야 하는 '삼귀의'와 '5계'를 다룬 후, 10가지 대선지법으로 알려진 참(慚)과 괴(愧)에 관해 논의하고 있다. 이 둘은 단순히 대선지법에 포함되는 심소일 뿐 아니라, 계를 보호하는 데 있어서, 즉 계율의 항목을 범했을 때 이를 다시 저지르지 않기 위한 중요한 역할을 하고 있음을 지적하고 있다.

끝으로 이 책이 발간되기 전까지 양국 공동학술대회 준비, 학술대회 관련 통역 및 번역 등 번거로운 수고를 마다하지 않고 애써주신 금강대학교 이케다 마사노리(池田 將則) 선생님에게 깊은 감사의 뜻을 전하고 싶다. 그리고 책 출간과 관련해서 번역 등 여러 작업들을 진행해주신 번역자 선생님에게도 다시 한번 감사를 드린다. 아울러 원고를 집필해주신 한일 양국의 여러 선생님들과 이 책을 출판하는 데 물심양면으로 애써주신 금강대학교 불교문화연구소 권탄준 소장님과 이하 여러 동료 교수님들께도 감사의 인사를 드리고 싶다.

2015년 6월

한국어판 편집자를 대표하여 **차 상 엽**

차례

제1부 일본 현대사회와 불교

제2부 한국 현대사회와 불교

MODERN SOCIETY

제
1
부

일본 현대 사회와 불교

BUDDHISM

현대 일본불교의 사회적 역할
- '참여불교(Engaged Buddhism)'를
둘러싼 논의

모토야마 고우쥬(元山 公寿)
다이쇼대학교

시작하며

    불교의 사회적 역할을 생각할 때 그 역할을 종교활동 자체에서 찾는 관점이 있는가 하면, 종교활동과는 다른 부분에서 찾는 관점이 있다. 전자의 경우 종교활동을 함으로써 이런 저런 형태로 사람들에게 영향을 끼치니, 그로써 사회적 역할을 하고 있다고 본다. 이와 대조적으로 후자는 종교활동 자체가 사회적으로 어떤 역할을 한다는 점은 인정하면서도, 종교활동 이외의 좀 더 폭넓은 영역에서 종교의 사회적 역할을 찾으려 한다.

이 두 입장은 종교활동을 어떻게 보느냐에 따라 갈리는 것 같다. 후자가 종교활동을 사원 등에서 행하는 종교행사로 국한시켜 생각하는 경향이 강한 반면, 전자는 대 對사회적 활동까지 포함해서 불교도가 행하는 활동 전체를 종교활동으로 보는 경향이 있다.

물론 전자의 입장이라 해도 종교활동을 사원 등에서 행하는 종교행사로 국한시켜 보는 입장도 상정할 수 있다. 그러나 이 경우, 현대 일본의 사원 등에서 종교행사를 행하지 않는 경우가 드물기 때문에, 그렇다면 불교는 이미 사회적 역할을 하고 있는 셈이다. 만일 이런 인식을 공유한다면 불교의 사회적 역할은 문제될 필요가 없다. 이런 입장의 배경에는 불교가 세간과의 관계를 끊는 출가를 전제로 삼는 만큼 사회에 얽매여서는 안 된다는 정신이 있다.

그러나 일본불교의 현 상황은 불교 본래의 출가주의와 큰 괴리가 있다. 더군다나 일본의 많은 사원이 이런 상황에 처해 있으면서도 '단가 檀家 서비스'나 '사후'에 관련된 종교행사밖에 행하지 않는 것이 문제되면서, 아키다 秋田, 2011[1]와 다카하시 高橋, 2009[2]의 비판 같은 물음이 나오고 있는 실정이다. 확실히 장례의식이나 '법사 法事'라는 종교행사의 사회적 역할이 아예 없다고 단언할 수는 없지만, 장례의식

---

1 秋田光彦, 『葬式をしない寺 大阪·應典院の挑戦(장례의식을 하지 않는 사원, 오사카·응전원의 도전)』, 新潮社, 2011, p.12. "사원은 장례의식을 시작으로 기일법회(年忌法要), 연중행사 등 수많은 회향으로 '법시(法施)'를 하고 신도는 그에 대해 '재시(財施)'를 쌓는다. 사원은 단가 제도야말로 사원의 존립기반임을 믿어 의심치 않는다. 따라서 산하 '단가 서비스' 이외에, 다른 사람은 물론이고 사회에도 거의 관심을 갖는 법이 없었다. 사회에 대한 이 불감증이 만성화된 지점에 현대 일본불교가 날로 피폐해 가는 요인이 있다……."

2 高橋卓志, 『寺よ, 変われ(사원, 바뀌어라)』, 岩波新書, 2009, p.19. "사는 의미를 설하고, 살지 않으면 안 되는 사람들의 미혹에 명쾌한 지침을 제공하는 것은 불교의 영역이고 역할이기도 하다. 일찍이 불교는 그러한 것에 대한 대응을 전문으로 했다. 그러나 현대불교의 중심축은 그곳에 없다. 어느새 불교는 오로지 '사후死後'에만 관여하는 것이 되어 '삶'의 부분에 대한 공헌을 방기해버렸다."

만 남은 불교를 향한 근래의 비판 등을 보면 이런 인식이 공유되고 있다고 말하긴 어렵다. 거기에는 우에다 上田, 2004가 지적하는 "사람들로부터 아무런 기대도 받지 못하는"[3] 일본불교의 실정이 있다. 그러니 이런 입장은 그 사회적 역할을 충분히 수행하고 있다는 인정을 받으려면 장례의식이나 법사라는 오늘날의 종교활동 자체를 재검토할 필요가 있을 것이다.

따라서 위의 두 입장은 종교활동을 넓은 의미에서 생각하는 입장과 제한적으로 생각하는 입장으로 분류할 수 있다. 전자는 불교가 전통적으로 세간의 사람들과 관계를 맺는 것을 종교활동의 일환으로 봄에 비해, 후자는 세간과의 관계를 최소한으로 제한한 곳에 종교활동을 상정하고 불교 본래의 활동을 중심으로, 또는 그쯤에서 사회와의 관계를 보려 한다.

이들 두 입장을 문제 삼는 경우, 근래 유럽과 미국에서 참여불교를 둘러싸고 활발히 전개되기 시작한 같은 양상의 논의에 주목하게 된다. 그래서 참여불교를 둘러싼 논의를 통해, 불교의 사회적 역할을 고민할 때 염두에 두어야 할 점들이 무엇인지 생각해보려 한다.

1. 참여불교란 무엇인가

참여불교란 용어는 베트남 선승 틧낙한(Thich Nhat Hanh)이 사

---

3 上田紀行, 『がんばれ仏教 ― お寺ルネサンスの時代(힘내라, 불교 ― 사원 르네상스의 시대)』, NHK出版, 2004, p.10.

회활동을 적극적으로 벌이는 불교를 가리켜 사용하기 시작한 것으로, 1963년에 베트남의 많은 승려와 신자들이 베트남전쟁에 항의해서 분신자살한 일을 계기로 출현했다. 그 후로 이 용어는 점차 확산되어 'Socially Engaged Buddhism', 즉 '사회적으로 참여하는 불교'란 용어 역시 나타났고, 아시아 각지에서 볼 수 있는 불교에 기초한 사회적 활동을 의미하는 용어로 정착되었다.

유럽과 미국에서도 일찍이 이런 현상에 주목하여 참여불교는 1990년 미국종교학회(American Academy of Religion)의 주제로 채택되었고, 이때의 발표문들을 토대로 한 논문집이 1996년 퀸(Queen)과 킹(King)의 공동편집으로 출간[4] 된 이후 많은 논고가 간행되고 있다.[5]

서구권에서 진행된 이런 작업들의 영향으로 일본에서도 참여불교를 직접 다룬 아마 阿滿, 2003 등의 저작이 발표 되는가 하면,[6] 일본에

---

4 Christopher S. Queen and Sallie B. King ed., *Engaged Buddhism : Buddhist Liberation Movements in Asia*(『참여불교, 아시아의 불교해방운동』), SUNY, NY, 1996.

5 대표적인 논고들을 꼽으면 다음과 같다.
  1. Kenneth Kraft ed., *Inner Peace, World Peace : Essays on Buddhism and Nonviolence*(『내면의 평화, 세계 평화 : 불교와 비폭력에 대한 에세이들』), SUNY, NY, 1992.
  2. Christopher S. Queen ed., *Engaged Buddhism in the West*(『서구의 참여불교』), NY, 2000.
  3. Christopher S. Queen, Charles Prebish and Damien Keown ed., *Action Dharma : New Studies in Engaged Buddhism*(『액션 다르마, 참여불교의 최신 연구들』), Routledge, NY, 2003.
  4. Sallie B. King, *Socially Engaged Buddhism*(『사회적 참여불교』), University of Hawaii Press, 2009.

6 대표적 저작들은 다음과 같다.
  1. 丸山照雄, 『鬪う仏教(투쟁하는 불교)』, 法藏館, 1991.
  2. 阿満利麿, 『社会をつくる仏教 ― エンゲイジド・ブッディズム(사회를 만드는 불교, 참여불교)』, 人文書院, 2003.
  3. 上田紀行, 『がんばれ仏教 ― お寺ルネサンスの時代(힘내라, 불교 ― 사원 르네상스의 시대)』, NHK出版, 2004.
  4. Ranjana Mukhopadhyaya, 『日本の社会参加仏教 ― 法音寺と立正佼成会の社会活動と社会倫理(일본의 사회참가불교, 호우온지와 입정교성회의 사회활동과 사회윤리』, 東信堂, 2005.
  5. 末木文美士 편, 『現代と仏教 ― いま,仏教が問うもの,問われるもの(현대와 불교, 지금 불교가 질문하는 것, 질문 받는 것)』, 佼成出版社, 2006.

서 사회적으로 활동하고 있는 불교도를 대상으로 한 저작[7]과 사회적 참여 활동을 하고 있는 불교도의 저작도 간행되기 시작했다.[8]

이렇게 일본 내에서 주목의 단서를 제공한 퀸과 킹의 논문집에 거론된 활동은 아래의 여덟 가지이다.

1. 암베드카르(Ambedkar) 박사의 인권(또는 불가촉천민)해방운동
2. TBMSG(Trailokya Bauddha Mahasangha Sahayaka Gana)의 담마(Dhamma)혁명
3. 아리야라뜨네(Ariyaratne)의 사르보다야 슈라마다나(Sarvodaya Shramadana)운동
4. 붓다다사(Buddhadasa) 비구의 해탈의 정원(Suan Mokkh)운동
5. 술락 시바락사(Sulak Sivaraksa)의 사회개량운동
6. 달라이 라마와 티벳해방운동
7. 틧낙한과 띠엡 히엔(Tiep Hien, 相卽)교단
8. 일본의 소카학회 創価学会

이 가운데 일본의 소카학회에 관해서는 퀸 자신도 논문집 서문에서 참여불교의 한 양상으로 다루어야 할지 논란이 있다고 인정하고 있으므로, 소카학회를 논외로 한다면 이 운동들은 모두 불교사상을 현대적이고도 대담하게 재해석하여 불교 이념을 바탕으로 사회를 바꾸어보고자 하는 데 그 특징이 있는 것 같다. 이것은 퀸 등의 논문집

---

7 磯村健太郎, 『ルポ 仏教,貧困·自殺に挑む(르포 불교, 빈곤과 자살에 도전하다)』, 岩波書店, 2011 등.
8 秋田, 앞의 책, 高橋, 앞의 책, 上田, 앞의 책 등에서 거론된, 참여불교 활동을 하고 있는 승려들에 의한 출판이 그 예이다.

이 "아시아의 불교해방운동"을 그 부제로 삼은 이유이기도 하다. 요컨대 참여불교를 불교의 해방운동으로 파악하고 있는 것이다. 해방운동이란 빈곤이나 억압으로부터의 해방을 목표로 한 해방신학에 뿌리를 둔 사회변혁운동이다. 이런 까닭에 퀸을 위시한 서구 연구자들은 참여불교를 '해방신학의 불교판 版'으로 본다. 다시 말해 퀸 등의 학자들은 근대에 대한 대응으로 출현한, 전혀 새로운 불교의 모습을 참여불교에서 발견한다.

반면 이러한 불교의 사회적 활동은 결코 새로운 것이 아니라 불교 전통에 의거한 것이라는 사고방식도 있다. 참여불교라는 명칭을 만든 틱낙한을 포함해 많은 활동가들이 바로 이런 입장을 취하고 있다.

이렇게 양쪽의 견해차가 뚜렷한 가운데 야넬(Yarnell, 2003)[9]이 이들 두 견해를 '전통주의자(Traditionalist)'와 '근대주의자(Modernist)'로 분류, 비판적으로 분석한 논문을 발표했다. 이 분석에 관해서는 이미 아베 阿部, 2009[10] 등이 논하고 있지만, 앞서 서술한 불교의 사회적 역할을 생각하는 입장과 관련하여 다시 논해 보고자 한다.

2. '전통주의자'와 '근대주의자'

야넬은 사회활동을 불교의 전통에 의거한 것으로 생각하는지, 아

---

9 Thomas F. Yarnell, "Engaged Buddhism New and improved? —Made in the USA of Asian materials(「참여불교, 불교의 개정판인가? —미국에서 만들어진 아시아 불교」)", Christopher S. Queen, Charles Prebish and Damien Keown ed., *Action Dharma : New Studies in Engaged Buddhism*, Routledge, NY, 2003.

10 阿部宏貴(貴子), 「社会参加仏教をめぐる議論 —現代社会にむかう視座(사회참가불교를 둘러싼 논의 —현대사회를 보는 관점)」, 『現代密教』, 20, 智山伝法院, 2009와 Mukhopadhyaya, 앞의 책, pp.10~11 등.

니면 서양의 영향으로 일어난 새로운 움직임으로 생각하는지에 따라 두 관점을 나누고 전자를 '전통주의자'로, 후자를 '근대주의자'로 부른다.

불교에서 정신과 사회를 이원론적으로 구분하지 않는 만큼, 정신적으로 관여하는 것은 필연적으로 사회적 관여를 동반한다고 보는 것이 전통주의자의 관점이다. 따라서 이 입장에서는 석존의 시대부터 불교는 항상 사회정치적 영역에 계속 관여해 왔다고 주장한다. 이런 까닭에 참여불교는 근대에 일어난 새로운 것이 아니라 불교 전통에 깊이 뿌리내린 것이라고 본다. 결국 모든 불교 활동은 어떠한 형태로든 사회에 관여하고 있다고 생각하는 것이다. 이런 의미에서 전통주의자의 입장은 앞서 서술한 종교활동을 폭넓게 생각하는 입장과 상통한다.

반면 근대주의자의 견해에 따르면 불교는 개인의 해탈이나 마음心을 중시하는 종교로, 대승불교에 보이는 사회적 교의도 어디까지나 구제론적 차원의 것이었으며, 서양과 만나기 전까지는 충분히 자각되지 않았고 실현되지도 않았던 것이다. 그래서 불교는 현대사회가 직면한 문제에 대처하는 실효성 있는 규범을 제공할 수 없다. 현대사회의 문제는 지금 시대에 특유한 것이고, 더구나 서구 사회에서 전개되어 온 것이기 때문이다. 따라서 이러한 문제에 대처하기 위해서는 불교 전통으로부터 계발된 것이 있다고 해도, 서양의 사회정치적 이론을 사용하여 서양과 동양의 최선의 것을 섞어야만 현대사회에 유효한 활성화된 불교가 나타날 수 있다고 한다. 참여불교는 바로 서양과 불교의 융합에 의해서 생겨난, 전혀 새로운 모습의 불교라는 것이다. 요컨대 사회활동이라는 것은 서양의 영향으로 불교 내부에 나타난 요소이지 불교 본래의 활동은 아니라는 것이다. 이런 의미에서 근대주의자의 입장은 앞에 서술한 종교활동을 제한적으로 생각하는 입장과 상통한다.

두 견해들 모두 저마다 비판받았다. 우선 전통주의자에 대해서는 '역사적 복원(historical reconstruction)'이라는 퀸(1996)의 비판[11]이 있다. 이것은 존스(Jones, 1989)가 일찍이 비판[12]했듯이 '경전의 사회적 교설을 무비판적으로 현대사회에 전가'한다거나 '부처님이 민주주의자였다든가, 국제주의자였다고 주장'하는 것과 같은, 불교의 교설을 손쉽게 현대사회에 적용하는 것에 대한 비판이다. 이런 비판은 야넬이 말한, 근대 특유의 문제에 불교가 관여하는 것은 불가능하다는 근대주의자의 입장을 돋보이게 한다.

한편 근대주의자에 대해 퀸은 야넬의 비판을 다음과 같이 정리하고 있다.

> 아시아의 불교도는 서양의 도움이 없으면 사회변혁을 이끌어 갈 수 없고 사회의 고통이나 인권, 시민사회와 같은 개념은 서양의 사상가에게 귀속되어야만 하는 비불교적 이념이라는 가설을 공유하고 있다.[13]

---

11 Christopher S. Queen, 「서론」, Queen and King ed., *Engaged Buddhism : Buddhist Liberation Movements in Asia*, SUNY, NY, 1996, p.20.

12 Ken Jones, *The Social Face of Buddhism : An Approach to Political and Social Activism*(『불교의 사회적 얼굴 : 정치 사회적 행동주의를 향한 접근』), Wisdom Publications, London, 1989, p.66.

13 Christopher S. Queen, 「서론」, Queen, Prebish and Keown ed., *Action Dharma : New Studies in Engaged Buddhism*, Routledge, NY, 2003, p.19.

야넬은 이 입장을 서구 중심주의적 사고방식에 기초한 것으로 보고 신식민주의(Neo-colonialism) 또는 신오리엔탈리즘(Neo-orientalism)이라고 부르는 한편, 근대주의자는 불교가 사회에 관여하지 않았다는 역사를 억지로 짜 맞추고 있다고 비판한다.

이에 대해 퀸은 사회활동(social activism)과 사회봉사(social service)라는 두 가지 범주를 참여불교에 적용할 필요가 있었음에도, 그 자신 대승의 이타주의적 사회봉사 활동을 제외하고 사회체제를 개혁하는 활동만 중시한 것은 조급했었다면서 자신의 입장을 스스로 수정한다. 하지만 그렇더라도 사회봉사의 윤리란 사회체제 개혁과 같은 사회활동의 윤리와 다르며, 사회활동의 관점이 잉태된 것은 불교가 서양과 만난 19세기 후반 이후라고 주장한다.[14]

이상의 논의에서 보듯이 사회에 관여하는(engaged) 것을 불교 전통에서 온 것으로 보는지, 아니면 서양의 영향으로 보는지에 따라 그 입장이 달라진다. 다시 말해 사회에 대한 관여를 불교의 이타주의적 활동으로 파악하는지, 불교에 새롭게 도입된 서구적 사회운동으로 파악하는지에 따라 참여불교를 보는 관점이 달라지는 것이다.

앞서 언급한 논문집이 다룬 활동을 보면 그것들은 분명 서양의 시민운동의 영향을 받아 사회변혁을 목표로 하고 있는 것처럼 보인다. 그러나 그런 활동의 주역인 틱낙한이나 달라이 라마 등 다수는 자신들의 활동을 불교 전통에 기반하고 있는 것으로 생각하며, 야넬은 이들을 전통주의자로 자리매김한다. 반대로 퀸을 위시한 서양 연구자들 대부분은 근대주의자로 자리매김할 수 있다. 불교의 사회적 역할

---

14 같은 책, p.22.

을 생각할 때, 양쪽의 차이는 결국 그 역할을 불교 전통에 뿌리를 둔 불교활동에서 찾는가, 아니면 사회체제를 변혁하는 것에서 찾는가에 있다. 과연 참여불교는 퀸이 보는 것처럼 사회체제의 변혁을 목표로 한 것일까?

아시아의 불교도들은 서양으로부터의 영향을 의식하든 안 하든 자신의 활동이 불교 전통에 따르고 있다고 생각하는 경향이 강하다. 이 경우 불교 전통은 역시 퀸이 말하는 것과 같은 이타주의적 사회봉사 활동일 것이다. 그러나 이타주의적 활동이란 이타 利他의 대표인 보살의 이상을 생각하면 최종적으로는 사람들을 해탈과 깨달음으로 인도하는 것을 목표로 하는 만큼, 퀸의 말처럼 구제론적 측면이 강하다. 그런 까닭에 그 활동의 목적은 빈곤이나 차별 등 사람들의 고통을 해소하는 것에 있고, 사회체제의 변혁은 고통을 해소하는 수단의 하나라고 말할 수 있다. 따라서 그 활동은, 예컨대 사회체제의 변혁을 지향하는 것처럼 보여도, 그 변혁은 어디까지나 하나의 통과지점일 뿐이다. 실제로 활동하고 있는 틱낫한이나 달라이 라마의 주장을 보더라도, 사회보다 사람들의 마음을 변혁하는 것에 주안점을 두고 있다고 볼 수 있다. 그래서 참여불교를 사회변혁을 목표로 하는 것으로 자리매김한 근대주의자의 견해에는 문제의 소지가 있을 수 있다.

그런데 가령 수단이나 통과지점에 불과하다 해도 그 활동이 사회변혁을 지향한 것이라면, 그것이 지향하는 사회란 과연 무엇인지 물을 필요가 있다. 그때 근대주의자의 비판처럼 평등이나 차별이나 사회라는 지극히 근대적인 개념을 불교경전에 들이대는 식의 안이 安易한 역사적 복원을 하지 않고, 불교의 전통 교리에서 지향해야 할 어떤 사회상을 도출할 수 있을까? 그 지향해야 할 어떤 사회도 불교에서는 역시 세간적 구조에 지나지 않아 어디까지나 임시적인 것일 뿐이다. 세간에 있으면서 세간에 물들지 않는다는 보살의 이상을 생각하면 이런 어떤 사회상을 불교 안에 상정하기란 어렵다. 그렇게 하려면 아무래도 서양의 정치사회 이론을 빌릴 수밖에 없을 것이다. 근대주의자의 견해는 이런 통과지점으로서의 사회변혁에서 참여불교의 목적을 발견하고, 거기에서 서양의 강력한 영향을 발견함으로써 출현했을 것이다.

퀸과 함께『참여불교』(Engaged Buddhism)를 편집한 킹(2009)은 이런 점을 고려해 참여불교가 기본적으로 전통적 불교 교설에 기반하고 있다고 하면서도, 그리스도교의 자선사업이나 서양의 사회과학 등으로부터의 영향 역시 인정한다. 그러나 그렇게 서양의 영향을 받으면서도 참여불교 사상은 단지 서양 이념이나 실천의 수동적 수입이 아니며, 서양의 영향으로 왜곡되어 있지도 않다고 한다. 그리고 국가나 국제적 평화를 위해 활동하고 사회체제를 변혁하고자 함도, 더 나아가면 내면의 평안을 기르는 일과 이어진다는, 전통주의자의 견해를 수정하는 분석을 내놓고 있다.[15]

이상과 같이 참여불교를 둘러싼 서구의 논의에서는 불교가 사회적 활동에 관여할 때 서양의 영향을 어떻게 봐야 하는지가 문제로 떠올랐다. 즉, 이 글의 주제인 불교의 사회적 역할을 생각함에서 그 역할을 서양의 영향으로 불교에 도입된 것으로 볼 것인지, 아니면 불교 전통에 의거한 것으로 볼 것인지의 문제였다. 이 글 첫머리에 언급한

---

15 Sallie B. King, *Socially Engaged Buddhism*, University of Hawaii Press, 2009, pp.11~12.

분류에 따르면 전자는 종교활동을 제한적으로 생각하는 입장과 연결되고 후자는 종교활동을 폭넓게 보는 입장과 연결된다. 그리고 만일 전자와 같이 불교의 사회적 역할이 서양의 영향으로 불교에 부가된 것이라면, 그 활동에서 불교라는 필연성은 찾기 힘들고 불교가 그저 사회의 조류에 편승한 결과일 수도 있다. 일본에서도 참여불교라 할 수 있는 사회적 활동을 벌이는 사례가 있다. 다음으로는 이상의 논의에 입각해 일본의 경우에 대해 살펴보기로 한다.

3. 일본 불교도의 사회활동의 현황과 과제

일본의 참여불교로 소개된 것은 앞서 말한 소카학회나 무코빠드야야(Mukhopadhyaya, 2005)[16]가 다루고 있는 호우온지 法音寺와 입정교성회 立正佼成会 등의 신종교 계통 단체이다. 스에키 末木, 2006는 이러한 신종교 계통의 교단 쪽이 전통 교단보다 참여불교의 특징을 띠기 쉽다고 한다.[17]

이에 반해 우에다(2004)[18]는 전통 교단에 속해 있으면서도 사회적으로 활동하고 있는 인사들의 예로 아키다 秋田나 다카하시 高橋 등을 꼽았고, 이소무라 磯村, 2011[19]도 사원이나 사원 이외에서 사회적으로

---

16 Ranjana Mukhopadhyaya, 『日本の社会参加仏教 ― 法音寺と立正佼成会の社会活動と社会倫理』, 東信堂, 2005.

17 末木文美士, 「序論 ― 仏教に何が可能か」, 앞의 책, p.14.

18 上田紀行, 『がんばれ仏教 ― お寺ルネサンスの時代』, NHK出版, 2004.

19 磯村健太郎, 『ルポ 仏教, 貧困·自殺に挑む』, 岩波書店, 2011.

활동하고 있는 모임의 예로 '한 숟가락 모임 ひときじの会'이나 교우지인 行持院 등을 들고 있다. 또 아마 阿満, 2003는 전쟁 이전 시대로 거슬러 올라가 기요자와 만시 清沢 満之 같은 승려의 활동을 거론한다.

이들의 활동에 나타난 특징을 꼽자면, 활동을 벌이고 있는 당사자들이 자신의 활동을 대승불교의 보살행이나 이타행 利他行으로 자리매김하면서, 시텐노우지 四天王寺나 에이손 叡尊 등 과거 일본불교의 전통에서 그 원류를 찾는다는 점이다. 이 입장은 앞에 말한 참여불교를 둘러싼 두 가지 입장 가운데 전통주의자의 그것과 만난다. 그러나 전통주의자와는 또 달리 이러한 불교도들의 다수는 불교를 전면에 내세우지 않고 사회와 관계를 맺고자 한다는 점에 또 하나의 특징이 있다.

사회적 활동을 보살행으로 자리매김하는 것을 보면, 신앙을 드러내지 않는 이 태도가 근대주의자의 주장처럼 사회와 관계를 맺는 일이 불교 본래의 활동이 아니라는 생각에서 비롯되진 않았을 것이다. 다카하시(2009)는 사회적 활동을 현덕 顯德이라고 부르면서, 이것이 불교 본래의 활동이 아니라는 비판에 대해 적고 있다.[20] 그 비판에 대한 반론으로, 그는 수행 중심의 원리주의와 신앙 중심의 신앙주의, 사회대응주의 社會對應主義의 세 가지를 불교도가 간직하는 주의로 거론하고, 원리주의를 배경으로 하여 신앙주의는 마땅히 행해야 할 것인 만큼 피력하지 않으면서 사회대응주의에 철저해야 한다는 태도를 표명했다. 원리주의나 신앙주의는 표면에 내보일 필요가 없다고 하면서 말이다.[21]

---

20 高橋, 앞의 책, pp.100~101.

불교의 사회적 역할을 생각함에서 서구에서의 논의와 다른 일본 특유의 문제가 여기에 있다. 곧 다카하시를 비판했던 승려는 불교 본래의 활동이란 다카하시가 말한 원리주의와 신앙주의이지 사회대응주의는 아니라고 하면서 종교활동을 한정해서 생각하고 있다는 것이다. 종교활동을 제한적으로 보면서, 과연 그 종교활동으로 사회적 역할을 다하고 있다고 생각하는 걸까? 단, 이런 생각은 첫머리에 거론한 아키다(2011)나 다카하시(2009)가 비판하고 우에다(2004)가 지적하고 있듯이, 아주 뿌리 깊은 것이다. 게다가 승려들만의 생각도 결코 아니다. 일반인의 생각도 마찬가지일 것이다. 만약 이런 종교활동으로 충분히 사회적 역할을 다하고 있다거나 다할 수 있다고 생각한다면, 오늘날 일본의 장례의식 불교를 비판한 논자들의 말처럼 장례의식이나 법사 등 불교 본연의 활동은 시급히 재검토돼야 한다. 반대로 만일 사회적 역할을 할 필요가 없다면 불교의 존재의의는 어디에 있는 것일까?

일본에서 실제로 활동하고 있는 불교도들의 경우, 불교의 현재 상황을 바꾸기 위해 불교 본래의 활동을 재검토함은 물론 사회적 활동도 폭넓게 전개하고 있는 것이 사실이다. 다만 그때 불교를 전면에 내세우지 않는 것은 불교 본래의 활동만으로도 충분하다고 보는 인식이 은연중에 퍼져 있기 때문일 것이다.

문제는 또 있다. "승려와 사원의 사회 참가가 진행되면 종파와 교단에의 귀속의식은 천천히 후퇴해갈 것이다."[22]라는 아키다(2011)의

---

21 高橋, 앞의 책, pp.120~121.
22 秋田, 앞의 책, p.183.

말처럼, 종파와 교단과의 관계도 문제이다. 즉, 다카하시가 말한 원리주의나 신앙주의의 경우에는 종파나 교단과의 관계가 대단히 중요해지지만, 사회대응주의를 충실히 이행하는 일은 종파나 교단과 거의 상관없는, 승려 개개인의 의식 문제가 되어버린다.

요컨대 이렇게 사회에 관여하는 일이나 행위가 종파와 교단, 더 나아가 불교에서 교리화敎理化돼 있지 못한 것이 문제인 것이다. 스에키(2006)는

> 불교가 어떻게 사회에 참여할 수 있는가라는 물음에도 결코 명백한 답이 있을 리 없다. 사회 참여가 사회에 길들여지는 것이라면 어차피 거기까지인 것이다. 사회와의 긴장 속에서 무엇을 관철하고 무엇을 창출해낼 수 있을까?[23]

라고 하며 사회 영합에 경종을 울리고 있다. 이것은 전쟁 전의 불교에 대한 반성도 포함한 발언이지만, 사회에 관여한다는 명분으로 종파나 교단에의 귀속의식이 옅어질 때 과연 무엇을 의지처依支處로 할 것인가? 불교에서, 혹은 종파나 교단에서 사회활동을 교리적으로 자리매김할 필요성이 있는 것은 그래서다.

그러나 이것이 최근에 불거진 문제는 아니다. 이미 쇼와昭和 시대 초기에 기무라 다이켄木村 泰賢은

> 전체적으로 불교운동에 빠져 있는 중요한 요소가 있다. 다름 아닌 사상적

---

23 末木, 앞의 책, p.28.

입각지를 확정하지 못한 것이다. 달리 말하면 불교운동이라고 하면서도 실제
로는 불교사상을 어떻게 체계화하고 그것을 어떻게 현대적으로 실현할 것인
가라는 근본 방책을 빠뜨린 채, 다만 막연하게 불교주의라든지 불타의 정신
에 기반하고 있다든지 하는 식으로 겉포장으로써 이용하는 것일 뿐이다.[24]

라고 하면서 사회활동을 불타의 정신 등이라는 막연한 교리가 아니
라 체계적으로 교리화敎理化할 필요성을 이야기했다. 사회활동을 전
개하는 과정에서 불교가 서서히 희미해질 때, 그 사회활동과 불교 사
이의 필연성을 과연 찾을 수 있을까. 기무라가 이 글을 발표한 지 이
미 80년 넘는 세월이 흘렀지만 오늘날에도 이 상황은 변하지 않았다.
　스에키(2012)도 이런 상황에 대해

　　사회적 활동을 왕성하게 하는 것은 물론 중요한 일이다. 그러나 교학적 논
　의를 거치지 않고 현상적인 면만 추구하는 것은 자칫 표면적으로만 흐를 위험
　을 동반한다. 사상적인 면, 교학적인 면에서 논의가 더욱 활발해지기를 기대
　한다.[25]

라고 말하고 있다. 사회적으로 관여하는 방식에 자명한 길은 없다.
그러나 그 관여 방식을 교리적으로 자리매김하지 않는다면, 스에키
가 지적하듯이 불교는 사회와 영합하게 될 것이다. 불교가 서서히 희
미해져가고 사회와 영합하게 될 때 과연 불교는 어떻게 될 것인가?

---

24 木村泰賢, 「新しき佛教運動と思想的背景の貧弱(새로운 불교운동과 사상적 배경의 빈약」, 『祖国 PATRIA
　ET SCIENTIA』, 創刊號, 學苑社, S3. 10. 1.

25 末木文美士, 『現代仏教論』, 新潮新書, 2012, p.185.

불교 내 사회적 활동의 필요성도 포함해서, 폭넓은 논의를 통해 불교의 사회 참여를 교리화하는 시도를 종파나 교단, 나아가 불교계에서 시작할 필요가 있을 것이다. 단, 이 시도는 참여불교를 둘러싸고 논의돼 온 서양의 영향과, 사회변혁을 목표할 때 지향해야 할 사회상을 불교에서 어떻게 자리매김할지를 분명히 의식하고서 해야만 할 것이다.

불교와 현대 일본의 사회현상에 대하여

오오츠카 노부오(大塚 伸夫)
다이쇼대학교

시작하며

저출산화와 고령화, 과소화 過疎化와 핵가족화, 고독사 孤獨死 등 여러 문제는 텔레비전과 신문 등 대중매체를 통해 오래전부터 지적되어 온 현대 일본의 사회현상이다. 이와 더불어 2011년 3월 11일에 일어난 동일본대지진에 의한 많은 피해자의 고뇌, 그리고 부흥 復興이란 말에 걸맞지 않은 지원의 지체가 지금까지도 피난자의 불안을 초래하고 있다. 또한 후쿠시마 원전사고로 인한 피난자의 고민 등 아직 해결되지 않은 채 남아 있는, 대 大지진재해로 발단된 문제들 역시 그 현상의 일부로 꼽을 수 있다.

한편 기성 불교 교단의 각 종파와 사원, 승려에 대한 과제도 산더

미같이 쌓여 있다. 예를 들어 지진재해 이전부터 이미 불교와 사찰에 대한 무관심같은, 불교를 둘러싼 문제들이 표출되고 있다. 게다가 지진재해를 겪은 후 가족이나 친구, 이웃을 잃은 피해자의 마음의 구제가 절실함에도 불구하고, 불교도가 대응할 수 있는 범위가 한정되어 있는 것에 분개마저 느낀다.

현대사회와 불교를 둘러싼 이런 어두운 그림자에 대해 각 종파와 사원, 승려가 어떤 역할을 하면서 위와 같은 문제들의 해결에 관여할 수 있을까. 간단하게 정리할 수밖에 없지만, 현재 우려되는 문제들을 요약하여 제시하고 모종의 타개책이라도 모색해보려 하는 것이 이 글의 주된 과제이다.

필자는 이전부터 이런 사회문제에 대해 우려하고 있었던 바, 기회가 주어진다면 꼭 발언해 보고 싶었다. 이번에 발언할 기회를 주신 것에 감사드리며, 이하 제언해보고자 한다.[1]

1. 현대 일본의 사회현상

오늘날 일본에서는 동일본대지진 전후에 걸쳐 위에 언급한 여러 사회현상이 나타나고 있고, 아직 해결되지 않은 문제들이 표출되고 있다. 이런 문제들을 〈A. 일본 전체에서 바라본 사회현상〉과 〈B. 불교를 둘러싼 사회현상〉이라는 두 관점에서 파악해보면, 아래와 같은

---

1 이 글은 2012년 11월 17일 한국 금강대학교에서 학술 발표한 내용을 바탕으로 가필한 것이다. 이점 미리 양해를 구한다.

문제들을 들 수 있다.

지진재해 이전부터 나타난 현상

① 저출산화와 고령화가 맞물려 발생한 사회 불안(일본 전역의
   경우)

이 현상은 일본 전역에 공통적인 사회현상이다. 예를 들어 높은 노동인구 비율로 일본의 경제를 견인했던 전후 戰後 출생의 단카이세대 團塊世代가 고령화하여 노동인구가 감소하는 한편, 차세대를 짊어질 아이들이 감소하는 저출산화가 동시에 맞물려 기인한 사회 불안이다.[2] 즉, 지금까지 일본 경제를 발전시켜 온 단카이세대가 고령을 맞는 동시에, 그 많은 고령자를 사회적으로 지탱해야 할 차세대 노동자가 될 아이들이 감소하고 있는 문제이다. 이로 인해 많은 고령자를 지탱할 수 없게 되고 '연금제도가 붕괴하는 것 아닌가'라는 사회 불안을 야기하고 있는 것이다. 또한 이러한 사회 불안이 나아가서는 '노후의 생활은 문제없을까'라는 단카이세대의 노후 불안을 초래하고 있다.

---

2 일본의 인구 고령화와 저출산화 경향은 이미 藤井, p.72에서 지적되고 있으므로, 거의 40년 전인 1970년대에도 문제시되었음을 알 수 있다.

② 과소화 過疎化로 인한 사회기반의 취약화 (지방 행정의 경우)

이 현상은 일본 각지에서 공통으로 일어나고 있는 현상이다. 최근 일본의 지방에서는 젊은 세대가 일터나 쾌적한 생활을 찾아 대도시로 집중하여, 지방 시읍면 市町村의 인구가 감소되는 현상이 일어나고 있다. 지방 인구가 감소함에 따라 각 시읍면의 경제활동이 피폐해져 세입이 감소하는 재정상의 문제가 발생하고 있다. 또한 노동자가 감소하고 있으므로 노인의 생활보호나 간병 등, 사회기반의 보장이 충분히 기능하지 못하는 문제가 나타나고 있다. 즉, 인구감소로 인해 지방의 사회기반 자체가 취약해지고 있는 것이다. 이 문제의 해결을 위해 지방의 시읍면에서는 행정기관 주도로 젊은 세대를 지방으로 불러들이는 기획을 실행하고, 젊은 세대에게 매력 있는 지방을 만드는 시도를 하고 있다. 또한 시읍면 병합을 통해 재정이나 사회기반을 회복하려고 하고 있지만, 젊은 세대가 대도시로 집중하는 현상에 근본적 제동이 걸리지 않으니 결국 문제의 해결을 미루는 것이라고 말하지 않을 수 없다.

③ 지방 문화의 도시화로 인한 촌락공동체의 분해 (지방 가족 단위의 경우)

이 현상은 앞서 살펴본 지방 인구의 감소와 관련하여 발생한 문제이기도 하지만, 이른바 일본의 경제성장으로 지방에서도 농촌적 생활양식에서 도시적 생활양식으로 이행함에 따른, 촌락공동체의 분해라고도 할 수 있는 현상이다.[3] 좀 더 구체적으로 말하면, 일본의 각

---

3 촌락공동체의 분해 현상에 대해서는 寺田의 자세한 분석이 있다.

지방에서는 기존의 촌락공동체를 구성하는 지구단위 地區單位로 자치를 행하며 협력관계로 기능하고 있었지만, 점차 도시적 생활양식이 보급되면서 지구를 구성하는 가족과 가족의 연결이 약해지고 이웃관계가 희박해져 가족이 고립되는 결과를 낳은 것이다. 이로 인해 집에 남겨진 노인의 고독사 孤獨死, 의지할 사람이 없는 노인의 무연사 無緣死 문제가 증가하고 있는 것이다.[4] 이 문제의 뿌리는 매우 깊다.

이상이 동일본대지진과 후쿠시마 원전사고 이전부터 있어온 사회현상의 일례이다.

지진재해와 원전사고 이후에 나타난 현상

④ 부흥 復興 지원의 지연과 피난자의 난민화 難民化

이 현상은 동일본대지진과 후쿠시마 원전사고 이후에 발생한 사회현상이다. 먼저 첫 번째로 지적하고 싶은 것은 지진재해 지역에서 행해지고 있는 부흥 지원이 더디어 진전이 없고, 당초 예상과 달리 부흥이 늦어지고 있다는 점이다. 또한 부흥이 지연됨에 따라 아직까지도 많은 피난민이 자택으로 돌아가지 못한 채 피난소에 머무를 수밖에 없는 상황이 지속되고 있다. 피난민의 난민화를 해결하기가 여의치 않은 상황이다.

---

4 무연사와 고독사에 대해서는 최근 NHK에서 특집 방송이 방영된 적이 있다. 필자도 이 방송을 본 것을 기억하고 있다. 자세한 내용은 村上, p.34를 참조하기 바란다.

(1) 이런 상황이 지속되면서 아울러 나타난 문제로 한계에 부딪힌 자원봉사 활동 현황을 지적할 수 있다. 자원봉사 활동은 시간이 경과할수록 점차 일회적으로 이루어질 수밖에 없다. 예를 들어 지진재해 초기에는 자원봉사 지원자들을 활동별로 정리하는 데서 혼란이 있을 정도로 많은 자원봉사자가 부흥 지원에 협력해 주었지만, 현재는 대규모 자원봉사 활동은 자취를 감추고 피해자 지원이 행정에만 맡겨진 상황이다.

(2) 다음으로 지진재해 사망자의 위령慰靈이 충분하게 이루어지지 못한 상황이기 때문에, 죽은 자에 대한 유족의 상실감이 치유되지 못한 채 응어리진 점도 문제이다. 이와 더불어 살아남은 자들의 고뇌를 달래기 위한 정신적 측면의 지원책도 충분하지 않다는 문제가 있다. 이것은 후술할 불교도의 역할이 크기 때문에, 이에 대해서는 나중에 다시 자세히 언급할 생각이다.

〈B. 불교를 둘러싼 사회현상〉

지진재해 이전부터 나타난 현상

⑤ 불교에 대한 부정적 문화현상

이 현상은 장례부터 유골의 매장까지의 과정에서 불교사원이 해온 종래의 역할을 불필요한 것으로 간주하는 문화현상이다. 예를 들어 장례식이 필요 없다고 주장하는 서적, 승려에게 받은 것이 아닌 자신이 지은 계명戒名을 권장하는 서적, 또한 유골의 매장을 둘러싸고 종래의 묘지가 아닌 바다나 산 등 자연으로의 매장을 권장하는 자연장自然葬 관련 서적 등이 출판되는 현상이다.[5] 서적뿐만이 아니다. 텔레비전과 신문 등 대중매체에서도 불교에 대한 부정적 경향을 접할 수 있다. 이 문화현상들은 모두 일본인의 잠재의식에 불교 무용론無用論, 나아가서는 종교 자체가 쓸데없고 불필요하다는 생각을 조장하는 하나의 요인이 되고 있음을 지적할 수 있다. 이런 현상은 최근 일본 국민의 종교의식과 신앙심이 현격히 저하된 것과 무관하지 않을 것이다. 이 현상은 특히 젊은 세대부터 50대까지의 세대가 보이는 종교에 대한 현저한 무관심과 개인주의가 그 배경에 있다고 생각된다.

⑥ 배타적 신흥종교의 대두

필자도 경험한 적 있는 이 현상은 몇몇 신흥종교에서 두드러지게 나타난 문제라고 할 수 있다. 눈에 띄는 특징으로, 기성 불교사원에 대한 배척운동이라고도 할 수 있는 양상이 이 종교들에서 보인다는 점이다.[6] 예를 들어 각 종파의 사원에 소속돼 있던 단가檀家나 신자 누군가가 신흥종교에 입교하면, 그 집의 불단佛壇이나 위패 모두를 처분시켜버리거나 사원의 경내 묘지에 있는 선조 대대의 무덤마저 무연無緣상태로 만들어 버리도록 교사하는 등, 명확한 배척운동이 인정되는 실정이다. 이른바 맹목적이고 극단적인 포교운동에 의한 폐해라고 할 수 있는 것으로, 이 운동이 기성 불교의 사원에 막대한

---

5 이러한 서적들의 예로 島田裕巳著, 『葬式は、要らない(장례식은 필요 없다)』, 幻冬舍新書, 2010이나 門賀美央子著, 『自分でつける戒名(스스로 짓는 계명)』, エクスナレッジ, 2011, 또는 吉澤武虎著, 『自然葬のススメ(자연장의 권장)』, アスキー新書, 2012 등이 출판되어 있다.

6 이런 신흥종교 단체의 사원 배척운동에 대해서는 필자도 체험했으므로, 이 글에서는 그 체험에 근거하여 논하기로 한다. 참고문헌의 西山, p.7과 大西의 책에 이 문제가 자세히 논술되어 있으니 참고하기 바란다.

악영향을 끼치고 있다.

⑦ 장례업자에 의한 장례를 둘러싼 폐해

현대에 일본인의 장례는 대부분 장례업자에게 맡겨진다 해도 과언이 아니다. 최근의 장례업자 실태는 병원에서 죽은 사체의 운반부터 장례의식은 물론, 화장터 준비부터 매장에 이르기까지 장례에 관계된 모든 것을 장례업자가 담당한다고 할 수 있는 상황이다.[7] 이로 인해 필연적으로 장례비용이 크게 상승하고 장례의 상업화를 초래하는 한편, 장례의 주역인 승려는 장례식장에서 독경 讀經하고 사자공양 死者供養만을 집행하는 존재가 되어 버리고 있는 것이다. 이런 현상은 과거 장례에 관련된 사전상담이나 장례 전반을 도맡아 관리했던 승려의 존재의식을 저하시키는 결과를 낳았다. (다만, 최근 장례에 관여하는 승려의 역할을 되찾으려는 움직임이 기성 불교의 각 종파에서 나타나고 있다.)

⑧ 고령화와 핵가족화에 따른 장례의 변용

위 ⑦의 문제와 연동된 것이 가족장 家族葬이나 직장 直葬이라 불리는 간소화된 장례의 증가로, 기존의 장례 방식이 변용되는 현상을 들 수 있다.[8] 가족장이란 간단히 말하면 고인이 고령인 경우 오랜 간병에 지친 가족이 근친자 近親者만으로 장례를 행하거나, 노동자인 가장이 병이나 사고로 급사 急死한 경우 경제적 이유 때문에 근친자만으로

---

7 장례업자의 업무 내용 그 자체도 변하고 있다. 자세한 내용은 村上, pp.14~20을 참고하기 바란다.
8 장례의 변용에 관해서는 村上, pp.11~35에 자세한 논의가 있다.

약식 略式 장례를 치르는 것을 말한다. 다음으로 직장이란 친족이 없는 고인이 장송의례 葬送儀禮 없이 병원이나 요양시설에서 직접 화장터로 직행하여 화장되는, 장례 절차를 생략해버린 장례이다. 이 직장은 최근 도쿄를 중심으로 한 관동권 關東圈 내에서 볼 수 있는 장례형태의 하나이고, 사원의 영향력 저하를 여실하게 드러낸 현상이라고 할 수 있다. 결국 이 두 가지 장례의 모습은 고령화와 핵가족화에 따른 장례의 간략화, 또는 생략의 문제라고 할 수 있을 것이다.

가족장의 경우에는 비록 가족만으로 조촐히 진행되기는 해도 승려가 관여하는 데다, 고인을 향한 감정을 충분히 배려해 장례가 치러지는 경우가 많기에 유족들도 어느 정도 흡족하게 여기는 듯하다. 그러나 직장의 경우에는 장례업자만 입회할 뿐, 친족도 동석하지 않고 승려도 관여하는 일이 없으며(단, 화장터에서 승려가 간단하게 독경하는 경우는 있다.) 장례 자체가 생략되어 버리기 때문에 고인에 대한 감정도, 인생에 대한 존엄도 돌아볼 새 없이 화장터에서 인생의 최후를 맞게 되는 것이다. 여기에는 고인 생전의 사정이 반영된 경우가 많고, 그 사정이나 상황은 제각각이다. 예를 들어 고인과 친족이 소원하거나, 고인이 미혼자라거나, 형제가 없거나, 경제적으로 가난하거나 하는 등, 장례를 치러줄 친족이 아예 없거나 경제적 어려움이 있는 경우가 많다. 이 직장 문제와 관련해, 이전에는 신원불명의 부랑자나 실종자에 한해 직장이 행해졌지만, 오늘날엔 독거생활을 하는 사람들로 그 대상의 폭이 넓어지고 있다. 이것은 고독사나 무연사와도 연관되어 있는 문제이고 현대 일본에 아주 깊숙이 드리운 어두운 그림자로서, 바람직한 가족의 모습을 돌아보게 한다.

⑨ 선조공양 先祖供養 참가의 감소

이것은 고인의 연회법요 年回法要와 선조공양에 관련된 피안회 彼岸
会, 오봉공양 お盆供養 등 기성 불교의 연중행사에 참가하는 사람들이
꾸준히 감소해 온 문제이다. 선조공양에 잘 참가했던 전전 戰前 출생
세대가 감소하는 것과 맞물려, 전후 戰後의 단카이세대는 선조공양에
참여하지 않는 경향을 강하게 보인다는 것이 문제의 배경이다. 애초
부터 선조공양에 대한 단카이세대의 의식이 점차 희박해진 것이 오
늘날 이 문제의 중요 원인이라고 생각된다. 이와 함께 사원과 단가 檀
家, 신자 信者와의 관계가 세대가 내려가면서 희박해지고 있는 것도
이 현상의 배경이라고 생각된다. 결국 이런 배경이 앞서 살펴본 장례
의식을 둘러싼 폐해나 변용 현상을 야기한 요인으로 이어지는 것이다.

⑩ 묘지 가격의 과도한 상승에 따른 취득 문제

이 현상은 특히 최근에 현저하게 나타나고 있는 문제로, 지방에서
도심으로 이주해 살던 지방 출신자들이 고령화하여 근처에 자신의
묘지를 구하는 움직임이 활발해지면서 발생한 문제이다. 묘지를 구
하는 수요자들이 많아지면서 도쿄 일대의 공원묘지나 사원묘지 가격
이 큰 폭으로 상승하고 있다. 이 때문에 도쿄 근교에서 묘지를 구하
는 사람이 자신의 묘지를 새롭게 취득하기가 매우 힘든 시대를 맞이
하고 있다. 반면 이 현상은 앞에서 본 자연장 自然葬 움직임에 박차를
가하는 결과도 낳고 있다. 사후에도 자녀들에게 폐를 끼치고 싶지 않
다는 부모 세대의 심정이 우선시되고, 내면 깊이 잠재돼 있을 종교적
안심 安心의 바람은 뒷전으로 미루지 않을 수 없다는 문제가 내포돼

있는 것이다.

지진재해와 원전사고 이후에 나타난 현상

⑪ 보답 받지 못하는 불교도의 노력

부흥 지원의 지연과 피난자의 난민화 문제에서 지적했듯이, 자원
봉사 활동은 시간이 흐를수록 단발성 행사에 그치기 십상이어서 효
과적인 지원활동을 지속하기 어렵다는 문제를 들 수 있다. 그러나 자
원봉사 활동이 이렇게 자취를 감춰가지만, 한편으로 많은 불교도들
의 봉사활동이 여전히 있는 것도 사실이다. 불교도들에 의한 이 지원
활동은 피해자의 이야기를 듣는 위문(현재는 '경청 자원봉사'라고 부
른다.)이나 죽은 이들에 대한 공양 등의 활동이 중심인데, 이런 활동
들은 대중매체에서 다뤄지는 경우가 적고 불교도들 사이에서만 화제
가 되는 정도이다.

주목할 점은 이 활동에 참여하는 대다수 불교도들 역시 재난의 피
해자인 경우가 많다는 점이다. 지진재해 초기에는 멀리서도 지원에
참가하는 불교도 많이 있었지만, 앞에서 언급했듯이 시간이 경과
할수록 먼 곳에서 찾아오는 사람들의 지원은 감소하고, 피해현장에
살고 있던 불교도가 사후 지원활동에 뼈를 깎는 노력을 하고 있는 것
이다. 그 불교도들의 활동은 안타깝게도 대중매체를 통해 알려지지
못하고 보답도 받지 못하고 있는 상황이다.

⑫ 장례의식의 재검토

다음으로 앞에서 지적했듯이 지진재해로 죽은 사람들에 대한 위령과 피해자의 고뇌를 달래주는 지원책이 충분하지 않은 것에 관한 문제이다. 즉, 지진재해나 원전사고로 가족이나 친구, 이웃을 잃은 피해자들에게 망자亡者의 장례를 통한 위령이 충분하게 이루어지지 않은 만큼, 장례의식의 필요성이 재검토되고 있는 것이다. 죽은 자에 대한 생존자의 심정은 헤아릴 수 없고 마음의 구제가 절실한데도, 불행히도 장례를 충분히 치를 수 없는 상황에 있다. 실은 장례를 집행하는 승려 자신도 피해자로서 자신의 일은 뒤로 미룬 채 장례를 행하고 있지만, 장례를 행할 장소조차 없는 데다 장례에 필요한 옷이나 불구佛具도 지진재해로 인해 충분히 구비되지 못한 터라 정성어린 장례를 치를 수 없는 상황이 이어졌다. 유체遺體가 너무 많아 도호쿠東北 지방의 화장터에서 다 화장할 수 없어 관동권의 화장터까지 유체를 운반해 화장했을 정도이다. 그때 종파를 뛰어 넘어 승려들이 독경하고 공양한 것은 기억에 새롭다. 더구나 장례를 약식으로 행하거나 아예 생략하는 현상이 나타나는 가운데(장례의 변용에서 자세히 언급했다.) 불교도가 할 수 있는 역할의 범위는 한정돼 있었다. 여기서 상제의례喪祭儀禮를 재검토해야 한다는 공감대가 재해의 피해자와 승려들 사이에 형성되었다. 역시 신앙심이 두터운 도호쿠 지방에서는 정식적 장례를 치루고 싶다는 마음이 강해졌던 것이다. 이런 현상은 앞에서 살펴본 장례의 간략화 경향에 제동을 건 동향으로서 주목해야 할 점이라고 생각한다.

2. 사원 내부의 문제점

위에서 살펴본 문제들은 일본의 근대화가 진행되면서 발생한 부수적 사회현상으로 사원 밖에서 일어나고 있는 문제로 파악할 수 있지만, 그 문제들이 직접적이든 간접적이든 사원에 영향을 끼치고 있음은 틀림없다. 그런데 현실적으로 불교사원은 이 사회적 변화들에 적절히 대응하지 못하고 있는 실정이다. 그 이유는 무엇일까. 오늘날의 불교사원과 승려가 안고 있는 내부의 문제 때문이라고 생각한다.

되돌아보면 불교사원은 메이지 시대에 일어난 폐불훼석 廢佛毁釈으로 사원이 파괴되거나 신사 神社로 전환될 수밖에 없었고, 이때 환속한 승려들도 있었다. 그 뒤 제2차 세계대전 후의 철저한 농지해방 정책으로 사원 소유의 논밭이 몰수되거나, 종교법인법 宗教法人法의 제정으로 사원과 승려에게 대개혁이 요구된 역사가 있다.[9] 이 와중에 사원은 에도 시대에 '단가제도 檀家制度'로 불린, 사원과 단가 사이에 구축된 유대관계를 소중히 해왔다. 예를 들어 '단가'로 불린 경제적 지원 가정과 신자 등 가족 단위와 깊은 관계를 유지하고, 사원을 둘러싼 소규모 지역사회와도 관계를 깊게 맺으면서 주로 보시 수입에 의존해 사원의 존속을 도모해온 것이다. 사원을 운영하는 승려들도 메이지 시대부터 계속 변화해온 일본 사회에 대응할 수 있도록 스스로를 변혁하면서 지금에 이르고 있다. 앞서 살펴본 여러 사회현상도 사원이 직면한 새로운 고난으로 해석할 수 있지만, 지금의 사원이나

---

9 전후(戰後) 종교법인법 제정으로 변화를 요구받은 불교사원의 동향에 대해서는 藤井, pp.67~71에 자세한 설명이 있으니 참고하기 바란다.

승려에게는 내부적 문제가 있기 때문에 현재 나타나는 사회현상에 제대로 대응하지 못하는 것 같다. 이하에서는 오늘날 사원이나 승려가 안고 있는 내부 문제에 대해 간단히 분석하고, 사회 변화에 대한 사원과 승려의 대응력이 떨어지는 이유를 살펴보려 한다.

ⓐ 승려의 의식 저하

일본의 사원 및 승려는 메이지 시대를 맞이한 지 얼마 되지 않아 큰 변화를 요구받았다. 그 한 예가 앞서 말한 메이지 시대의 폐불훼석이다. 그런데 이때를 계기로 사원의 후계자 확보를 위한 것이라고는 하지만 결혼을 상식으로 여기게 되었거나, 제2차 세계대전 후의 고도 경제성장과 함께 공공연히 술을 마시거나, 유흥 오락에 빠지거나 외국제 고급차를 타는 등 승려 본연의 모습에서 일탈하는 자들이 출현하게 되었다. 승려의 변화가 바람직한 방향으로 진행되었다면 좋은 일이지만, 그 반대의 동향이 눈이 띈다. 일탈을 범하는 승려들은 출가자로서의 의식을 결여하고 있다고 느껴진다. 이런 생활태도를 본 외국의 불교 관계자들이 "일본의 승려는 승려가 아니다."라고 비판하는 것을 자주 들을 수 있다. 그래도 일본의 승려 모두가 그런 생활을 하는 것은 아니라는 사실을 먼저 확실히 해두고 싶지만, 역시 본분을 망각한 승려들이 눈에 띄는 것은 사실이다. 이런 식으로는 단가나 신자는 물론, 대중으로부터도 승려로서의 신뢰를 결코 얻지 못할 것이고, 사람들에게 종교적 안심을 주지도 못할 것이다. 이것은 승려로서의 의식이 저하되고 있는 데서 발생한 문제라고 생각한다. 이런 점에서 불교와 사원에 대한 무관심은 어찌 보면 당연한 현상이다. 종파 단위로 승려의 의식 강화를 도모해야 할 필요성을 느낀다.

ⓑ 사원의 후계자 문제

사원 내부의 문제로 현재 가장 우려되는 것이 사원의 후계자 문제이다. 대규모 사원은 그렇다 쳐도 중소 규모의 사원 대부분은 주지 부부의 자녀가 후계자가 될 수밖에 없는 상황이다. 이런 상황에서 사원마다 자녀가 아예 없거나 딸만 있는 경우도 있기 때문에, 사원의 후계자로 삼는다는 약속 하에 남자를 양자로 들이거나, 사위를 후계자로 삼거나, 또는 그 여식 女息이 비구니가 되는 등 여러 경로로 후계자를 확보하는 노력이 이루어지고 있다. 또한 사원을 계승할 의지가 없는 자녀도 있기 때문에 사원 주지는 어떻게든 후계자를 양성하려고 기를 쓰고 있는 상황이다. 게다가 지방의 사원에서는 경제적 이유로 평일에는 다른 직업에 종사하며 사원을 유지할 수밖에 없는 경우도 있다. 승려의 소임과 다른 직업을 병행하는 것은 사원의 후계 문제를 더욱 심각하게 만들고 있다. 실제로 지방에서는 후계자 없이 비어 있는 사원이 다수 출현하고 있다. 이렇게 되면 과소화가 진행되는 지역에서는 장례마저 집행할 수 없는 상황이 올 것으로 우려된다.

ⓒ 사원과 단가 檀家의 결속력 약화

일본의 사원에는 다른 불교권 국가에 없는 큰 특징이 있다. 그것은 에도 시대부터 시작된 사원과 단가 檀家라 불리는 가정 사이에 맺어진 사단제도 寺檀制度이다. 이른바 사청제도 寺請制度로도 불리는 이 제도는 메이지 시대의 폐불훼석, 전후 戰後의 농지해방과 종교법인법 제정을 거친 오늘날에도 사원을 경제적으로 지탱하는 기반으로 존속하고 있다. 그러나 불교와 사원에 대한 무관심이나 승려의 의식 저하가 영향을 끼친 탓인지, 양자의 결속력은 점차 약화되고 있다.[10] 이 문제는 특히 대도시권에서 현저한 경향이 있고, 다음에서 기술하는 사원 내 강講 조직의 운영이나 연중행사에도 영향을 끼치고 있다.

ⓓ 사원 내 강講의 감소

원래 강講이란 사원 참배나 기부 등을 위해 모인 독실한 신도들을 구성원으로 한 단체로, 각 사원이 독자적으로 조직한 신도단체를 말한다. 예를 들어 염불강念佛講, 관음강觀音講, 지장강地藏講이라는 명칭을 붙여 조직하고 있다. 이런 강講 조직이 있는 사원의 주지는 강원講員과 함께 자주 소속 종파의 본산으로 단체 참배를 가거나 성지순례를 하거나, 사원에서 독경·염불·사경 등을 하는 것이 보통이다. 현재도 강講 활동을 유지하는 사원을 볼 수는 있지만, 대부분의 강講 조직이 강원의 고령화와 젊은 세대의 미충원으로 인원수가 감소하고, 그 활동도 간소화·유명무실화되고 있는 상황이다.[11] 한편 과거에 강講 조직이 있었으나 현재에는 강원 부재로 그 조직이 자연스럽게 없어져 버린 사원도 다수 볼 수 있다.

이런 현상도 사원에 대한 무관심이라는 사회현상의 하나로 볼 수 있고, 신도 자신의 자발성 결여도 그 하나의 요인인 듯하다. 어쨌든 이 문제도 사원의 약화를 여실히 말해주는 내부적 문제로 꼽을 수 있다.

---

10 사원과 단가와의 결속력이 약화되는 현상에 대해서는 瀧澤의 현지조사를 포함한 보고가 자세하다. 또 같은 책에 수록된 名和 淸隆의 논문도 참고하기 바란다.
11 강(講)의 활동에 관해서는 平山을 참고하기 바란다.

ⓔ 연중행사와 축제, 연일 緣日에서 사원과 지역사회와의 유대 약화

다음으로 사원과 시읍면 등 지역사회와의 관계라는 면에서 사원의 내부 문제를 파악해 보고자 한다. 비교적 큰 규모의 사원에서는 해당 지역의 연중행사와 축제, 연일 緣日이 행해진다. 그 지역의 특색을 살린, 지방색 짙은 종교행사가 열리는 경우가 많지만, 여기서도 시대가 지날수록 참가인수가 감소하고 있음을 볼 수 있다.[12] 그 직접적 원인으로 고령화와 저출산화를 지목하기 쉽지만 그렇게 단언해버릴 문제가 아니라, 사원에 대한 무관심의 영향도 그 배후에 있는 것으로 보인다. 한편 연중행사와 축제, 연일을 성대히 치르는 사원도 볼 수 있지만, 이 경우 참가자들은 종교성을 추구해 모인다기 보다는 상업적 선전을 위해 참가하고 있는 것으로 보인다.

지금까지 사원이나 승려가 안고 있는 내부적 문제를 열거해보았다. 사원이나 승려는 승려 자신의 의식 저하나 후계자 문제를 안고 있으면서, 대외적으로는 단가 檀家 및 지역사회와의 결속력이 약화되고 있다고 할 수 있다. 원래 이런 문제들은 각기 개별적으로 나타나는 것이 아니라 총체적으로 연관되어 일어나는 것이므로 문제의 뿌리가 깊은 것이다.

이와 같이 일본의 사원이나 승려는 내부에 여러 문제를 안고 있기 때문에, 변화가 격심한 현대의 사회문제에 대응할 수 있는 활력이 남아 있지 않은 것이다. 그 결과 충분한 대응이나 활동을 할 수 없는 것

---

12 단지 한 가지 예에 지나지 않지만 瀧澤, p.12에도 연중행사 참가자의 감소가 지적되고 있다. 또한 인구감소 (過疎化)가 진행 중인 지방에서도 사원을 중심으로 한 마을 살리기와 연일(緣日)을 활성화하려는 활동도 보인다. 자세한 내용은 본 책에 수록된 스즈키 교겐(鈴木 行賢)의 논문을 참고하기 바란다.

으로 생각된다.

3. 결론을 대신하여 (사원과 승려의 역할 제안)

필자는 최근 지방에서 사원 강습회가 기획되면 강사를 의뢰받아 현지에 자주 가곤 한다. 그런 강습회의 마지막에 불교사상이나 실천에 관한 질문 이외에 사원의 경영에 관한 질문을 받는 경우가 자주 있었다. 이것은 사원의 주지가 종교법인의 경영에 종사하고 있을 때 접하게 되는 질문으로, 지방 경제가 피폐해진(②참조) 결과 사원 경영이 어려워짐에서 비롯된 절박한 물음인 것이다. 그런 질문을 받으면 대학교 교원이자 승려이기도 한 필자는 지금껏 거의 승려로서 초지 初志를 관철해야 한다는 정신론(보살로서의 자리이타)을 강조하는 것으로 질문에 답해왔다. 하지만 이것은 사실 그 당시에 그런 답변 말고는 다른 방책이 떠오르지 않았기 때문이다. 다시 말해 위에서 살펴본 많은 사회 현상이 단편적 방법으로 대처할 수 없는 지점까지 이미 와있고(사회적 문제의 ①~⑫가 이점을 고스란히 보여준다.), 일본 불교 교단은 그에 대처할 수 있는 효과적 방책을 내놓을 수 없는 상황(내부적 문제의 ⓐ~ⓔ가 그 증거들일 것이다.)에 있기 때문이다.[13]

여기서는 승려의 입장에서, 현 단계에 생각할 수 있는 방책을 제시

---

13 藤井, pp.77~78에 의하면, 이미 불교 교단은 "사원 경영과 교화 활동을 동시에 이룰 수 있는 신앙 교단으로의 재생을 지향하여" 근대화 노선으로 나아가기 시작했다고 하며, 각 종파의 활동과 슬로건을 소개하고 있다. 현재의 상황에 대응할 수 있는 체질개선과 새로운 운동을 전체 불교 교단 차원에서 대규모로 실행해야 할 때가 왔다고 생각한다.

해보고자 한다. 이때 거시적으로 보나 미시적으로 보나 새로운 포교
활동과 활발한 복지활동을 더 강화함으로써 불교와 승려의 존재의의
를 고양하는 방책이 유효하다 생각되므로, 그런 관점에서 이하 제언
하고자 한다.

(1) 먼저 불교 각 종파의 전 全교단적 대처방법에 대해 제언하고자
한다. 첫째는 일본의 불교 교단이 일심으로 협력하여 전국적
규모로 대중매체를 이용한 포교활동 및 복지활동의 선전을 전
개하는 것이다. 이것은 전국적 규모에서 불교와 승려에 대한
대중의 이미지 개선을 시도하기 위한 제안이다. 둘째는 각 종
파에서 승려의 의식 개혁과 자질 향상을 위한 승당교육을 확
실하게 실행하는 것이다. 각기 불교 외부와 내부를 향하는 이
두 방안을 실행하면 일반 대중들 사이에서 불교의 이미지를
개선할 수 있고, 교단 내부적으로는 승려 의식을 향상시켜 대
중의 신뢰에 부응하는, 충분한 자질을 갖춘 승려를 배출할 수
있을 것이다.

(2) 다음으로 좀 더 규모를 좁혀 제언하자면, 각 종파가 조직하고
있는 현 縣 단위의 각 지소 支所와 교구가 일치단결하여 대처하
는 방법에 대해서이다. 지방에 따라서는 의식주의 일상생활
측면에서 사정이 다른 경우가 있는 만큼, (1)과 같이 전국 규
모의 활동을 하면서도 다른 한편 지방의 독자적 특색을 발휘
해서 각 종파의 지소나 교구가 각 시읍면 규모로 지역 주민에
게 '세밀한 포교활동이나 복지활동'을 전개하는 것이다. 이렇
게 하면 대중은 실제로 자기 지역에서 불교의 선전 내용이 실

천되고 있음을 확인할 수 있고, 따라서 불교나 승려에 대한 신뢰도를 높이는 데 기여하게 될 것이다.

(3) 마지막으로 각 사원의 개별적 대처 방법에 대해서이다. 전국 규모의 선전과 현 단위 규모의 활동을 전개한 다음 필요한 것은, 역시 단가나 신자와 직접 맞닿는 각 사원에서의 개별 활동일 것이다. 앞서 살펴본 강講을 현대에 걸맞은 새로운 발상에 근거하여 재구성해보거나, 연중행사와 축제, 연일 緣日을 적극적으로 홍보하고 호소하여 지역 주민의 참가를 유도하는 것도 효과적이라고 생각한다. 또한 최근에는 종교 단체가 공동으로 대도시에 승려카페 喫茶店를 열거나, 어떤 사원에서는 카페를 열어 승려와의 대화를 통한 고민 상담을 하는 사원까지 출현하고 있다. 사원은 사원대로, 승려는 승려대로 단가나 신자에게 다가가 복지활동을 전개하는 시도를 넓혀 가는 것이 필요하다고 생각한다.

현 단계에서는 전국 규모와 현 단위, 사원 단위라는 세 방면에서 불교에 관한 보다 좋은 이미지의 선전과 포교활동을 전개하면서, 승려 개개인의 의식 개혁과 자질 향상을 꾀하는 것 말고 다른 방책은 없다. 어쨌든 '그림의 떡'이 되지 않도록 실행해 볼 가치는 있다고 생각한다. 현재 경제적으로 어떤 불안도 없다 해서 승려임을 망각하고 사원의 사명을 다하지 않는다면, 불교의 개조인 석존의 가르침대로, 다가올 미래는 자업자득과 인과응보의 미래일 것이다. 그만큼 현재의 일본불교를 둘러싼 환경은 위험한 상황에 있다고 생각한다. 말사 末寺가 그와 같은 위기 상황을 극복하지 못한다면 종파라는 조직도

존속하기 힘들 것이다. 이제 승려를 가려 뽑아야 하는 시대가 오고
있다고 느끼는 것은 어째서일까. '승려로서 남겨진 사명'을 다하라고
진심으로 충고하고 싶다.

【 참고문헌 및 약호 】

[藤井] : 藤井正雄, 『現代人の信仰構造』(『日本人の行動と思想32』), 評論社, 1974.
[村上] : 村上興匡, 「葬儀習慣の変化と個人化」, 『智山学報』, 第61輯, 2004, pp.1~40.
[西山] : 西山茂, 「伝統的宗教習俗と新旧教団宗教の重層関係」, 『伝統的宗教習俗と新旧
　　　　教団宗教の重層関係に関する社会学的研究』(平成17年度科学研究費補助金基
　　　　盤研究C2, 調査研究報告書, 課題番号16530343, 研究代表者西山茂), 2006,
　　　　pp.4~9.
[瀧澤] : 瀧澤昭憲, 「大都市郊外における寺檀変容」, 同上, pp.10~22.
[寺田] : 寺田喜朗, 「伝統的近隣集団の変容と解体をめぐって」, 同上, pp.23~61.
[平山] : 平山眞, 「宗教講と民俗宗教」, 同上, pp.62~69.
[大西] : 大西克明, 「宗教的排他性の持続要因」, 同上, pp.70~83.

불교와 터미널 케어
- 부처의 구제를 둘러싸고

소네 노부오(曽根 宣雄)
다이쇼대학교

1. 시작하며

불교에서는 생노병사를 인간이 피할 수 없는 고통으로 파악하고 이를 4고四苦라고 부른다. 그 중에서도 죽음은 인간에게 최대의 고통이다. 최근 말기환자에 대한 터미널 케어(terminal care)가 중시되고, 많은 의료 관계자의 노력으로 통증 완화가 상당한 수준에 이른 가운데 불교와의 관련도 주목받고 있다. 이 자체는 크게 환영해야 할 일이고 칭찬받아 마땅한 것이라고 할 수 있다.

한편 터미널 케어에 대한 불교의 관련을 생각할 때 주의해야 할 점은 불교의 이 관여가 무엇을 위한 것인가라는 점이다. 이는 단적으로 말하면 '바람직한 죽음'이나 '죽음의 수용'을 위해 불교가 관여하느냐는 물음이다. 터미널 케어에 관여하는 불교로서는 근본적 문제가 아닐 수 없다. 현재 〈불교간호 비하라(vihāra)학회〉의 회장을 맡고 있는 후지하라 아키코藤腹 明子는 이렇게 말하고 있다.

> 불교에서는 "마치 촛불을 불어 끄는 것과 같이 욕망의 불을 불어 끈 자가 도달하는 경지"(『和英対照佛教聖典)』, 佛教伝道協会刊)를 열반이라고 합니다. 열반적정의 경지란 이 세상의 많은 고통에도 초조해하지 않고, 그 고통들을 객관화하고 달관할 수 있게 되는 것이라고 말할 수 있습니다. 이 경지가 인간으로서의 최종적인 자기실현, 마땅히 그러하여야 할 모습이며 그것이 이른바 인간적으로 성숙한 모습이 아닐까 생각합니다.
>
> 인간이 자기 자신 또는 타자의 생로병사에 맞서 목숨을 둘러싼 다양한 문제와 고통을 해결해 가기 위해서는 바로 이와 같은 인간적 성숙이 요구됩니다. 또한 반대로 자신의 생로병사에 바로 마주할 때, 또는 실제 의료현장에서 간호와의 관련을 통해서야 비로소 인간적으로 성숙해 갈 수 있지 않을까 생각합니다.[1]

이것은 아마 터미널 케어와 불교(종교)의 문제를 생각할 때 제시되는 전형적 이론이라고 할 수 있을 것이다. 그러나 이 같은 자세로 임하는 것에 대해 한번쯤 검토할 필요가 있다고 본다. 확실히 '열반적정'의 경지는 뛰어난 것이고 궁극적으로는 우리들이 지향해야 할 것이다. 그러나 석존의 등장 이후, 얼마만큼의 사람들이 이 사바세계에서 그 경지에 도달했는가라는 것이 문제일 것이다. '인간적 성숙'도

---

1 『宗教と終末医療(종교와 종말의료)』, アーユスの森新書, pp.118~119.

마찬가지이다. 과연 모든 사람들이 성숙한 경지에 이르러 인생을 끝낼 수 있을까. 이런 논리에 입각한다면 대체 얼마만큼의 사람들이 열반의 경지에 들어가고 인간적 성숙을 실현하여 최후를 맞이할 수 있을까.

필자는 이렇게 '바람직한 죽음'이나 '죽음의 수용'을 논하는 생각을 '본연의 모습'론論이라고 부르고 있다. 바람직한 죽음과 바람직하지 못한 죽음, 죽음을 받아들인 최후와 죽음을 받아들이지 못한 최후를 대비시켰을 때, 인간은 당연히 바람직한 죽음과 죽음을 받아들인 최후를 바랄 것이다. 바람직하지 못한 죽음과 죽음을 받아들이지 못한 최후를 바라는 이는 아마 없을 것이다. 그러나 실제로는 어떨까.

처음부터 필자가 느끼기엔 '죽음의 수용'이라든가 '바람직한 죽음'이라는 말의 배경에 인간이 최후의 죽음의 모습을 스스로 관리할 수 있다는 교만이 있는 것 같다. 2011년 동북대지진 재해에서 우리들은 '죽는 법'을 물을 수조차 없는 것이 인간의 현실이고, 사바의 현실이라는 것을 깨닫지 않았나. 필자가 지진재해 문제와 터미널 케어 문제를 별 생각 없이 손쉽게 관련지으려는 것은 아니다. 그러나 상황을 막론하고 죽음의 고통이 같은 것이라면, 고통 속에 있는 사람들에게 죽음을 객관시하라든가 달관하라고 말하는 것은 제3자의 겉치레 말에 불과한 것 아닐까하는 의구심을 도저히 떨쳐낼 수 없다. 그런 의미에서 우리들은 인간의 무력함을 다시 한번 생각해 보고 현실의 모습을 직시해야 하지 않을까.

'바람직하지 못한 죽음'을 맞이할 수밖에 없는 현실, '죽음을 받아들이지 못한 최후'를 맞이할 수밖에 없는 현실, 이것이 우리들 현실의 모습이다. 예를 들어 어린 아이와 청년이 죽음에 직면할 수밖에 없는 상황에서 '바람직한 죽음', '죽음의 수용' 따위 개념 자체를 논할 수 있을까. 또 그것이 과연 의미 있기나 할까. 당사자가 살기를 바라며 생生에 집착하고, 가족이 최후의 최후까지 현실을 받아들이지 않고 슬픔에 시달리면 안 되는 것일까.

2. 부성 父性적 종교와 모성 母性적 종교

종교학자 마츠모토 시게루 松本 滋는 종교를 부성적 종교와 모성적 종교로 분류하고 각각을 다음과 같이 정의하고 있다.

- 부성적 종교 — 금욕적, 자율적, 조건적, 규범적
- 모성적 종교 — 화합적, 관용적, 무조건적, 포용적[2]

또한 다음과 같이 말하고 있다.

인간의 종교에서도 모성적인 것과 부성적인 것 중 어느 쪽이 진보하고 있다든가, 어느 쪽이 보다 뛰어나다든가 라고는 말할 수 없습니다. 각각이 이질적 원리 위에 서서 서로 갈등하고 또한 서로 보완하고 있다고 이해해야 합니다.

인간 개인이 완전체로 발전하기 위해서는 이 두 가지가 모두 필요한 것처

---

2 松本滋, 『父性的宗敎母性的宗敎(부성적 종교 모성적 종교)』, 東京大學出版会.

림, 앞으로 인간의 문화와 종교가 완전한 것으로서 인간생활을 풍요롭게 만들기 위해서도 이 부성적 종교와 모성적 종교라는 두 원리가 균형을 잡을 필요가 있다고 생각됩니다.[3]

즉, 종교는 부성(금욕적, 자율적, 조건적, 규범적)과 모성(화합적, 관용적, 무조건적, 포용적)의 균형이 중요하다는 것을 지적하고 있다. 이 지적에 의한다면, 현재 터미널 케어의 현장에 제시되고 있는 불교의 가르침은 극히 부성적이라고 할 수 있을 것이다. 마츠모토 박사는 모성적 종교에 대해서 "인간의 자율분리 自律分離에 의해 야기되는 고립감과 소외감을 견딜 수 없게 되었을 때에는 모든 것을 용서하고 모든 것을 수용해주는 포용적인 모친적 母親的 존재가 중요한 의미를 갖는다."[4]고 지적하고 있다. 이런 의미에서 불교가 갖는 모성적 종교의 측면을 제시하는 것은 의의가 있다고 생각된다.

당 唐의 선도 善導는 〈발원문 発願文〉에서 "임종 시에 마음이 전도되지 않고, 마음이 착란되지 않고, 마음이 실념 失念하지 않기를. 심신에 여러 고통 없이 심신 쾌락하여 선정에 들어갈 수 있기를. 성중들이여, 부디 현전해주십시오. 그리고 부처의 본원에 올라타 아미타불 국토에 상품왕생 上品往生하도록 해 주십시오."라고 말하며 임종이 평안하기를 기원하고 임종 시의 정념 正念을 구하고 있다. 임종 시에 정념의 경지에 들어가는가 아닌가는 중요한 문제이다. 하지만 한편으로 인간에게 번뇌가 있는 것도 사실이다. 본론에서는 이 문제에 대해

---

3 上同, p.25.

4 上同, p.25.

겐신승도 源信僧都, 천태종와 가쿠반상인 覚鑁上人, 진언종과 호넨상인 法然
上人, 정토종의 설시 중, 임종을 마중하는 부처에 의한 구제(加持를 포함)
에 주목하며 고찰해보고자 한다. (※이하, 조사의 경칭을 생략한다.)

3. 조사 祖師의 설시 說示

源信(942~1017)

『왕생요집 往生要集』 중권에는 임종행의 臨終行儀에 대하여 다음과
같이 말하고 있다.

> 第二臨終行儀者先明行事次明勸念初行事者四分律鈔瞻病送終篇引中
> 國本傳云祇洹西北角日光沒處爲無常院若有病者安置在中以凡生貪染見
> 本房內衣盆衆具多生戀著無心厭背故制令至別處堂號無常來者極多還反
> 一二即事而求專心念法其堂中置一立像金薄塗之面向西方其像右手擧左
> 手中繫一五綵幡脚垂曳地當安病者在像之後左手執幡脚作從佛往佛淨刹
> 之意瞻病者燒香散華莊嚴病者乃至若有屎尿吐唾隨有除之或說佛像向東
> 病者在前私云若無別處但令病者面向西燒香散華種種勸進或可令見端嚴
> 佛像導和尚云行者等若病不病欲命終時一依上念佛三昧法正當心身廻面
> 向西心亦專注觀想阿彌陀佛心口相應聲聲莫絕決定作往生想華臺聖衆來
> 迎接想病人若見前境則向看病人說既聞說已即依說錄記又病人若不能語
> 看病必須數數問病人見何境界若說罪相傍人即爲念佛同懺悔必令罪滅若
> 得罪滅華臺聖衆應念現前準前鈔記又行者等眷屬六親若來看病勿令有食
> 酒肉五辛人若有必不得向病人邊即失正念鬼神交亂病人狂死墮三惡道願

行者等好自謹愼奉持佛教同作見佛因緣—中略—明知於所求事取彼相時
能助其事而得成就非唯臨終尋常準之綽和尙云十念相續似若不難然諸凡
夫心如野馬識劇猨猴馳騁六塵何曾停息各須宜致信心豫自剋念使積習成
性善根堅固也[5]

내용을 정리하면 다음과 같다.

① 기원정사의 서북 西北측, 일몰하는 방향으로 무상원 無常院을 만
들고 병자를 안치한다.
② 의발 衣鉢이나 생활물품을 보고 집착심이 일어나는 것을 방지하
기 위해서 그것들은 다른 장소에 안치한다.
③ 불당 안에 입상 立像을 두고 금박을 불상에 입힌다. 그리고 동
상의 앞면을 서쪽으로 향하게 한다. 그 불상의 왼손에 지면까
지 늘어지는 긴 오색의 가느다란 번 幡을 묶고, 병자를 불상의
뒤편에 안치한다. 병자의 왼손에 그 번을 쥐게 하고 정토왕생
을 생각하도록 한다.
④ 간병하는 자는 향을 피우고 꽃을 뿌려 병자를 장엄하고, 배설
물과 토사물이 있으면 제거한다.
⑤ 임종 시에는 오직 염불삼매의 법에만 의지하고 얼굴을 서쪽으
로 향하여 마음도 일심으로 아미타불을 관상 觀想하며, 마음과
입을 함께 하여 염불의 소리를 끊이지 않게 한다. 결정하여 왕
생하는 생각을 하고 정토로부터 성중 聖衆이 와서 영접 迎接하는

---

5 『淨土宗全書』(이하 『淨全』), 15, pp.112b~113a.

생각을 한다. 병자가 만약 성중 등을 보았다면 간병인에게 말하고, 간병인은 그것을 기록한다.

⑥ 병자가 말을 할 수 없다면 간병인은 간병을 하면서 어떤 경계를 보았는지 병자에게 묻는다. 만약 병자가 죄상 罪相을 보았다고 말한다면 염불하여 도와주고 참회시켜 죄를 없앨 수 있도록 한다. 만약 죄가 멸하고 성중이 염에 응하여 현전했다고 한다면 간병인은 그것을 기록한다.

⑦ 행자의 가까운 친족이나 처자 등이 간병할 때에는 술과 고기와 오신채를 금한다. 술과 고기와 오신채를 먹은 자가 병자를 가까이하면 병자는 정념을 잃고 귀신교란 鬼神交乱하여 미쳐서 죽어 삼악도(지옥, 아귀, 축생)에 떨어지기 때문이다.

⑧ 최후의 십념상속 十念相續은 어렵지 않은 듯하지만, 범부의 마음은 야생마와 같고 식 識은 원숭이보다도 격심하고 육진 六塵은 혼란스러워 아직까지 멈춘 적이 없다. 그러므로 미리 염불을 닦아 선근을 견고하게 해두어야만 한다.

이와 같이 죽어가는 자의 왕생을 위해 자세한 지침이 규정돼 있다. 겐신이 같은 책에서 "또한 말하기를, 불상을 동쪽으로 향하게 하고, 병자를 앞에 둔다."라고 말하고 있듯이, 아미타불의 안치는 '인접 引接'을 나타내는 서향 西向과 '내영 來迎'을 나타내는 동향이 있었던 듯하다.

먼저 주목되는 것은 임종행의가 같은 믿음을 갖고 같은 수행을 하는 자에 의한 간병이라는 것이다. 평상시에 함께 정토왕생을 기원한 동료가 최후까지 그 곁에 있는 것은 죽어가는 자에게 큰 의지가 되었다고 생각된다. 또한 이것은 고독한 죽음을 맞이하지 않게 한다는 의미에서도 큰 의미가 있다고 할 수 있다. 인간에게 죽음 자체는 큰 고독이지만, 임종의 장소에 같은 마음을 갖고 같은 수행을 한 자가 그 곁에 있고, 임종 시에는 아미타불과 관음세지 및 성중이 내영인접來迎引接하시는 것은 죽어가는 자가 고독한 죽음을 맞이하지 않음을 나타내는 것이다.

또한 죽어가는 자를 항상 청결하게 유지해야 하는 것이 제시되고 있다. 이로부터 죽어가는 자의 괴로움을 경감시키고 조금이라도 쾌적하게 한다는 자세를 볼 수 있다. 또한 술과 고기와 오신채를 먹은 자가 간병하는 것을 금하고 있다. 왜냐하면 그것들은 모두 마음의 안정을 방해하는 것으로 간주되기 때문이다.

그리고 겐신은 "임종의 일념은 백년의 업보다 낫다."[6]는 인식에서 평상시의 염불보다도 임종의 염불을 중시하고 있다. 따라서 평소의 염불이나 선근은 임종 시에 제대로 염불을 외기 위한 준비로 위치지어지고 있다.

또한 겐신은 『왕생요집』 중권에서 다음과 같이 말하고 있다.

八彼白毫相若干光明常照十方世界念佛衆生攝取不捨當知大悲光明決定來照如華嚴偈云又放光明名見佛彼光覺悟命終者念佛三昧必見佛命終之後生佛前故今應作是念願彌陀佛放淸淨光遙照我心覺悟我心轉境界自體當生三種愛令得念佛三昧成就往生極樂南無阿彌陀佛[7]

---

6 『淨全』, 15, p.116.

임종 시에 아미타불이 광명을 내며 나타나는 것을 견불 見佛이라 하고, 아미타불의 광명은 임종자를 깨닫게 하는 것으로 염불삼매에 의해 반드시 부처를 보도록 하고 임종 후에 왕생할 수 있다고 한다. 그리고 아미타불에게 '청정의 빛을 내어 저편에서 저의 마음을 비춰 저의 마음을 깨닫게 하여 경계애 境界愛, 가족 등에 대한 집착심와 자체애 自體愛, 스스로의 목숨에 대한 집착심와 당생애 當生愛, 사후에 어떻게 될까라는 불안의 3종 애심을 전환시켜 염불삼매를 성취하고 극락정토에 왕생하게 해 주십시오'라고 기원하고 있다.

여기서 주목되는 것은 인간이 죽음에 직면했을 때 경계애, 자체애, 당생애라는 '3종 애심'이 일어나는 것을 먼저 지적하고, 아미타불의 광명이 비추어져 그것이 전환되는 것을 설하고 있는 점이다.

이와 같이 겐신은 임종의 상태를 가장 중시하고, 임종행의에 대해서 자세한 설명을 하며 임종 시의 염불이 중요함을 강조하고 있다. 그러므로 평소에 임종의 십념을 위한 준비가 요구되는 것이다.

覚鑁(1095~1143)

신의진언종 新義眞言宗의 중흥조인 가쿠반 覚鑁은 『일기대요비밀집 一期大要秘密集』의 서두에서 다음과 같이 말하고 있다.

> 夫以一期大要在最後用心. 九品往生, 任臨終正念. 求成佛者, 當習此心. 出離生死, 只此刹那在. 集密蔵要義為九種用心, 拂極悪之罪業望九品之蓮臺. 若依最後臨終規儀, 破戒僧尼必得往生. 造悪男女, 定生極楽.

---

7 『浄全』, 15, p.115.

何況有智有戒. 何況善男善女. 是卽眞言秘觀之所致. 深信勿孤疑矣. [8]

먼저 임종의 용심 用心이 중요하다는 것과 왕생을 위해서는 임종정념 臨終正念이 중요하다는 것을 밝히고, 임종의 규의 規儀에 따른다면 파계한 비구니도 왕생을 얻음은 물론 악을 지은 남녀도 반드시 극락에 태어날 수 있다고 한다. 그리고 파계와 악을 지은 자도 왕생할 수 있는데 하물며 유지유계 有智有戒와 선남선녀 善男善女는 더할 나위없다고 말한다.

그리고 〈7. 극락을 관념 觀念하는 용심문 用心門〉에서는 밀교의 입장에서 다음과 같이 설명하고 있다.

獅子三藏意云, 顯教云, 極樂者, 從是西方過十萬億有佛土也. 佛是彌陀, 宝藏比丘証果也. 密教云, 十方極楽皆是一佛之土. 一切如來皆是一佛身, 無殊娑婆, 更觀極楽. 又何必隔十萬億土. 不離大日, 別有弥陀. 又何寶藏唱覚彌陀哉. 密教浄土大日宮位, 極楽世界彌陀心地. 彌陀大日智用, 大日彌陀理體. 密嚴者極楽之總體, 極楽者密嚴者別德. 最上妙薬, 密嚴集之. 極楽之稱, 彌陀之號, 起是. 然彼極楽何處, 遍於十方. 觀念禪房, 豈有異處哉. 如此觀時, 不起娑婆忽生極楽. 我身入彌陀, 不替彌陀, 卽成大日, 吾身出大日, 是則即身成仏妙觀矣.

현교에서의 극락이란 서방십만억토 西方十萬億土 떨어져 있는 정토이고 보장비구 寶藏比丘[9]의 성불에 의한 아미타불을 설하지만, 밀교에

---

8 『興教大師全集』, p.201.
9 『무량수경』에는 보장비구(寶藏比丘)가 아니라 법장비구(法藏比丘)로 되어 있다.

서는 시방의 정토는 모두 일불토 一佛土, 密嚴淨土이고, 일체의 여래는 일불신 一佛身, 大日如來이라고 한다. 즉, 대일여래를 벗어나 따로 아미타불이 존재하는 것이 아니라는 점을 지적하고, 아미타불=대일여래의 지용 智用, 대일여래=아미타불의 이체 理體, 밀엄정토 密嚴淨土=극락의 총체, 극락=밀엄의 별덕 別德이라고 한다. 그리고 이것들을 관할 때, 사바에 있는 채로 홀연 극락에 태어나고 우리 몸이 아미타불 안으로 들어가 그대로 대일여래가 되며 우리 몸은 대일여래로부터 나가는데 이것을 즉신성불이라고 한다.

즉, 모든 부처는 대일여래의 현현이기 때문에 아미타불은 대일여래를 벗어나 따로 존재하는 것이 아니고 극락정토 또한 밀엄정토의 별덕이라는 말이 된다. 이것은 가쿠반의 기본적 입장을 나타내는 것이라고 할 수 있을 것이다.

〈8. 결정왕생의 용심문 用心門〉에서는 임종에 대해 다음과 같이 말하고 있다.

是則最後臨終用心. 召知識五人猶能可約事. 若有別願, 好瑞座者, 可任意樂. 唯如來既頭北面西, 入於涅槃. 釋種軌儀良可仰之. 我臥頭北面西. (中略) 懸眼於本尊合掌取五色. 若結本尊印, 眞言念佛三密不懈, 是則決定往生相狀若住此威儀, 一切勿呵責. 中間示社哥, 心有散亂歟. 知識人人不鳴靜居. 知識用心之外, 不可入同室. 就中食酒肉五辛人, 劇出之. 我唱若念佛若本尊眞言. 細聲可付誦令勤所思忘. 如入禪定願遂往生. 一人知識者, 此一人必可用有智道心. 病者於此一人, 應作能引接觀音想. 病者西依少南, 當臍近坐懸眼於病者之面門印相住慈悲心以可主護發能引心同音念佛. 若病者音乙知識音甲矣. 誦経物等, 兼日儲置知識臨

終時示. 一人知識者, 可用久修練行之人. 病者東依少北, 當頭去三尺許, 可住止. 懸眼於病者迹枕左右, 祈念不動尊, 可滿慈救呪. 避天魔外道之障礙, 臨終正念安住其心除惡鬼邪神之留難, 往生極楽, 令成彼願. 一人知識者, 病者北方在. 若無所依在便宜所. 鳴金之時, 微音高聲隨病者心. 二人知識隨便居止, 可侍要事. 若時合殺, 四人同音. 此則求五智菩提臨終軌儀焉. 若病苦逼身, 不知東西當臥頭北齊面. 摩水破心不辨善惡, 手令合掌, 面可向佛. —中略— 若當此時見出入息目不暫捨, 以病者息延促合知識息延促, 病者與知識, 出入息於同時, 必每出息, 唱合念佛, 我代助我. 往生深憑, 一日二日, 乃至七日. 斷息為期捨不得去. 人死作法必出息終. 待終度息當欲唱合. 若得唱合, 消滅四重五逆等罪, 得必往生極楽世界. 所以者何, 病者斷餘氣, 虛捨命時知識呼弥陀, 實請利生. 本願趣緣必垂引接. 又當觀念. 從口唱出**ॐ नमो अमिताभ**[namo amitabāḥ]六字, 病者從引息卽入病者口, 皆現日輪相, 各出六根處, 放紅頗梨光, 破六根罪障闇. 此時病者無始以来, 生死長夜闇晴見日想—中略—卽得往生. 經説五逆罪人若遇知識, 将得往生, 斯之謂歟. 若我住正念, 知識必何用. 現邪念無記當助彼時苦.

장^章의 제목에 이어 이 마음가짐이 가장 중요하고 극악인 極惡人이라 해도 왕생할 수 있음을 설하고 있다. 그리고 결정왕생 決定往生이란 최후 임종의 용심 用心이라는 것을 밝히고 있다. 내용을 정리한다면 다음과 같다.

① 선지식을 다섯 명 부르고, 임종의 의규 儀規에 잘 따를 것.
② 원한다면 단좌해도 되지만, 석존은 머리를 북쪽으로 얼굴을 서

쪽으로 향하여 열반에 들어가 계시기 때문에 그것을 따르는 편이 좋다.

③ 눈은 본존을 향해 합장하여 본존으로부터 잡아끈 오색실을 쥐어야만 하고, 본존의 인 印을 맺어 진언염불을 하고 삼밀가지를 소홀히 하지 않는다면 이것이 결정왕생의 모습이다. 이 위의 威儀와 같이 수행한다면 비난받는 일은 없다.

④ 도중에 잡음이 들어가면 마음이 산란하게 될 경우가 있으므로 선지식들은 조용히 있어야 한다.

⑤ 선지식이나 유용한 사람 이외에는 같은 방에 있으면 안 된다. 술과 고기와 오신채를 먹은 자는 얼른 퇴실해야만 한다.

⑥ 나는 (임종 시에) 염불 또는 진언을 외기로 한다. 선지식은 목소리를 낮추어 함께 외고, 잘못이 있다면 고쳐주기를 바란다. 나는 선정에 들어가는 것처럼 왕생을 이루기를 바란다.

⑦ 선지식 중 한 명은 지혜가 있는 자여야만 하고, 병자는 이 사람을 인접 引接해 주는 관음보살이라고 생각하여라. 이 지혜가 있는 자는 병자의 서쪽에서 약간의 남쪽, 배꼽 부근의 가까운 곳에 앉아 병자의 얼굴을 주시하며 자비의 마음으로 돌보아야 한다. 그리고 인도하는 마음가짐으로 함께 염불하여라.

⑧ 다른 한 명의 선지식은 수행을 쌓은 자를 이용한다. 병자의 동쪽에서 약간의 북쪽, 머리로부터 3척 정도 물러나 앉아 눈은 병자의 뒤통수를 향해 부동존 不動尊을 기념 祈念하고, 자구주 慈救呪를 외고, 천마외도 天魔外道의 장애를 피하고, 임종정념 臨終正念하여 그 마음을 안주시키고, 악마사신 惡鬼邪神의 재난을 없

애 극락에 왕생시켜 병자가 원하는 바를 성취시켜라.

⑨ 다른 한 명의 선지식은 병자의 북측에서 금을 울리게 하고, 그 소리의 대소는 병자의 마음에 따르도록 한다.

⑩ 다른 두 명의 선지식은 상황에 맞춰 활동하여라. 만약 소리를 맞춰 염송할 때에는 4명이 같은 소리로 하여라. 이것은 5지 五智의 깨달음을 구하는 임종의 규의 規儀이다.

⑪ 만약 병고가 심해져 염송할 수 없는 상태에 이르렀다면 머리는 북쪽으로 얼굴은 서쪽으로 향하게 하여 눕혀라.

⑫ 죽음에 거의 다다랐다면 병자와 선지식은 숨을 동시에 쉬고 반드시 날숨마다 염불을 함께 외어 도와주어라. 왕생을 깊이 믿고 1일이나 2일 내지 7일, 숨이 끊어질 때까지 병자를 돌보아야 한다. 사람의 목숨은 날숨으로 끝나기 때문에 날숨에 맞춰 염불을 외라.

⑬ 만약 함께 염불을 맞춰할 수 있다면 4중5역 四重五逆 등의 죄는 멸하고 반드시 극락에 왕생할 수 있다. 병자의 숨이 끊어질 때 선지식이 미타를 불러 구제를 요청한다면 아미타불의 본원은 그 연 緣에 따라 반드시 인접 引接해 주신다.

⑭ 또한 입으로 나무아미타불이라는 여섯 글자를 외는 것은 병자의 들숨에 따라 병자의 입으로 아미타불이 들어가 일륜상 日輪相을 나타내고 육근의 죄장 罪障의 어둠을 없앤다. 이때에 병자는 무시 無始부터 이어져 온 생사의 어둠이 걷히고 왕생을 얻는 것이다.

⑮ 경 經에는 "오역죄인은 선지식을 만나지 못하면 왕생할 수 없

다."고 설해져 있지만, 만약 정념에 머무른다면 선지식은 필요
없다. 선지식은 임종자의 잘못을 바로 잡고 고통으로부터 임종
자를 도와주기 위한 자이다.

이와 같이 『일기대요비밀집』에서 가쿠반은 밀교에서 아미타불은
대일여래의 활동이고, 대일여래는 아미타불의 이체理體라는 점을 지
적한다. 그리고 〈8. 결정왕생의 용심문〉에서 임종의 용심에 대해 자
세하게 설하고 있다. 여기서 주목되는 것은 죽어가는 자는 염불 또는
진언을 외고, 선지식은 부동존不動尊의 자구(慈救)의 주문을 왼다는
점이다. 이것은 임종정념을 위해서는 부처의 구제나 가지력이 필요
하다는 것을 나타내고 있는 것이다. 또한 나무아미타불을 외면 아미
타불이 몸 안으로 들어가고 육근이 청정하게 되어 왕생한다고 하는
가르침은 밀교의 입장을 나타내는 것이라고 할 수 있을 것이다.

法然(1133~1212)

정토종을 개창한 호넨法然은 임종의 문제에 대해서도 종래의 조사
와 다른 견해를 갖고 있다. 아래에서 그것을 정리하면서 살펴보고자
한다. 『삼부경석三部經釋』에서는 임종의 3종 애심愛心에 대해 다음과
같이 말하고 있다.

「臨終の時、仏みずから来迎したまうに、諸の邪業繫よく礙うるも
のなし」, これは衆生命終る時に臨みて, 百苦来たり逼めて身心安き事な
く, 悪縁外に牽き妄念内に催して, 境界, 自体, 当生の三種の愛心競い起

る.第六天の魔王この時に当りて威勢を起してもて妨をなす.かくのご
ときの種種の障を除かんがために,必ず臨終の時にはみずから菩薩聖
衆に囲繞せられてその人の前に現ぜんと誓いたまえり.第十九の願こ
れなり.これによて臨終の時至れば仏来迎したまう.行者これを見たて
まつりて,心に歓喜をなして禅定に入るがごとくして,たちまちに観音
の蓮台に乗じて安養の宝池に到るなり.これらの益あるが故に「念仏衆
生摂取不捨」というなり.[10]

　호넨은 중생이 임종 시에 경계애 境界愛, 사랑하는 자에 대한 집착심, 자
체애 自體愛, 자신의 신체에 대한 집착심, 당생애 當生愛, 사후에 어떻게 될까라는
불안라는 3종 애심이 일어남을 지적하고 있다. 하지만 아미타불의 내
영 來迎으로 그 3종 애심이 소멸하고 죽어가는 자는 마음에 환희를 일
으켜 마치 선정에 들어가는 것처럼 관음의 연대 蓮台를 타고 극락정토
에 이른다고 한다. 『역수설법 逆修說法』에서도 "이른바 병고신 病苦身
에 핍박받아 죽고자 할 때 반드시 경계, 자체, 당생의 3종 애심이 일
어난다. 하지만 아미타여래가 대광명을 내며 행자 앞에 나타났을 때,
이는 미증유의 일이기에 귀경의 마음 이외에 다른 생각은 일어나지
않는다. 그러므로 3종 애심은 소멸하고 다시 일어나지 않는다."[11]고
하며 아미타불의 내영으로 3종 애심이 소멸함을 밝히고 있다.
　『정토종략초 浄土宗略抄』에서는 종래의 가르침과 다른 내영관 來迎觀
을 피력하고 있다.

---

10 『淨土宗聖典』(이하『聖典』), 4, pp.288~289.
11 『昭和新修法然上人全集』(이하『昭法全』), p.234.

またまめやかに往生のこころざしありて弥陀の本願を憑みて念仏申さん人,臨終の悪き事は何事にかあるべき,それを心得ぬ人はみな我が臨終正念にて念仏申したらん折ぞ仏は迎えたまうべきとのみ心得たるは,仏の本願を信ぜず,経の文を心得ぬなり.『称讃浄土経』には「慈悲をもて加え祐けて心をして乱らしめたまわず」と説かれたるなり.ただの時よくよく申し置きたる念仏によりて必ず仏は来迎したまうなり.仏の来たりて現じたまえるを見て正念には住すと申すべきなり.それに前の念仏をば空しく思いなして由なき臨終正念をのみ祈る人の多くある,ゆゆしき僻胤の事なり.されば仏の本願を信ぜん人は予て臨終を疑う心あるべからず.当時申さん念仏をぞいよいよ心を至して申すべき.いつかは仏の本願にも臨終の時念仏申したらん人をのみ迎えんとは立てたまいたる.臨終の念仏にて往生すと申す事は,もとは往生をも願わずして偏に罪を造りたる悪人の,すでに死なんとする時初めて善知識の勧に遇いて念仏して往生すとこそ『観経』にも説かれたれ.もとより念仏を信ぜん人は臨終の沙汰をば強ちにすべき様もなき事なり.仏の来迎一定ならば臨終の正念はまた一定とこそは思うべき理なれ.この意をよくよく意を留めて心得べき事なり.[12]

부처가 내영하는 것은 임종하는 행자를 정념에 도달시키기 위함이라 하고, 임종정념으로 부처의 내영이 있다고 이해하는 것은 부처의 본원도 경전도 이해하지 못한 자라고 한다. 평소에 잘 닦은 염불에 의해 반드시 부처는 내영하고, 그것으로 중생은 정념에 들어가는 것이라 하고 있다. 그리고 임종의 염불에 의해 왕생한다고 하는 것은,

---

12 『聖典』, 4, p.358.

왕생의 염원이 없는 죄 지은 악인이 죽음을 맞이할 때 처음으로 선지식의 권장에 의해 염불을 하여 왕생한다는 것이라고 『관경 觀經』에 설해져 있음을 밝힌 후, 염불을 믿고 있는 자는 임종의 행위 臨終行儀를 무리해서 할 필요도 없고, 부처의 내영이 정해져 있다면 임종의 정념도 정해져 있다고 생각해야만 한다고 말하고 있다.

여기서 주목되는 것은 호넨이 종래 설해져 왔던 정념내영 正念來迎, 죽어가는 자가 정념에 머무른다면 내영이 있다.의 가르침과 다른 내영정념 來迎正念, 아미타불의 내영에 의해 죽어가는 자가 정념으로 인도된다. 이라는 가르침을 설하고 있는 점이다. 『역수설법』의 〈십칠일 一七日〉에서도 『아미타경』의 설시에 근거하면서 "임종정념 때문에 내영하시는 것이 아니라, 내영하시기 때문에 임종정념이 되는 것"[13]이라고 말한 데서 호넨이 정념내영으로부터 내영정념으로 가르침을 전환하고 있음을 알 수 있다. 앞에서 말한 내영에 의해 3종 애심이 소멸한다는 가르침이나, 아미타불의 내영에 의해 죽어가는 자가 정념으로 인도된다는 가르침은 모두 스스로의 힘으로 집착심을 없앨 수 없는 범부를 위해 아미타불이 구제작용을 하고 있는 것이다. 이것들은 정념내영으로부터 내영정념으로, 가르침의 전환을 명확하게 나타내고 있는 것이다.

또한 선지식에 대해서는 『왕생정토용심 往生淨土用心』에서,

> 日ごろ念仏申せども臨終に善知識に遇わずば往生し難し, また病大事にて心乱れば往生し難しと申しそうろうらんは, さもいわれてそうらえども, 善導の御心にては, 極楽へ参らんとこころざして多くも少く

---

13 『昭法全』, p.234.

も念仏申さん人の命尽きん時は,阿弥陀仏聖衆とともに来たりて迎え
たまうべしとそうらえば,日ごろだにも御念仏そうらわば,御臨終に善
知識そうらわずとも仏は迎えさせたまうべきにてそうろう.また善知
識の力にて往生すと申しそうろう事は『観経』の下三品の事にてそう
ろう.下品下生の人なんどこそ日ごろ念仏も申しそうらわず往生の心
もそうらわぬ逆罪の人の,臨終に初めて善知識に遇いて十念具足して
往生するにてこそそうらえ.日ごろより他力の願力を憑み思惟の名号
を称えて極楽へ参らんと思いそうらわん人は,善知識の力そうらわず
とも仏は来迎したまうべきにてそうろう.[14]

라고 말한다. 이 중에서 평상시 염불을 외고 있다 해도 임종 시에 선
지식을 만나지 못하면 왕생이 어렵다고 하거나, 병이 깊어 마음이 산
란해도 왕생이 어렵다고 하지만, 선도의 뜻에 의하면 극락왕생을 기
원하고 많든 적든 염불을 한 사람에 대해서는 임종 시에 아미타불이
성중 聖衆과 함께 내영해주시고, 평상시에 염불을 외고 있다면 임종
에 선지식이 없더라도 내영이 있음을 말하고 있다. 그리고 선지식의
힘으로 왕생한다는 것은 『관경 觀經』의 하품 下品으로, 하품하생 下品下
生인 자는 평상시 염불을 하지도 않고 왕생도 바라지 않는 악역 惡逆
의 죄인이나 그 자가 임종에 처음으로 선지식을 만나 십념을 구족하
여 왕생하는 것이라 말하고 있다. 또한 평상시에 아미타불의 본원력
을 믿고 염불을 외어 극락에 왕생하고자 기원하는 사람은 선지식의
힘이 없어도 부처께서 내영해주신다고 한다. 덧붙여 『쇼뇨보에게 보

---

14 『聖典』, 4, p.554.

내는 편지 正如房へつかはす御文』에서는 "御心一つを強く思召して, ただなかなか一向に凡夫の善知識を思召し捨てて仏を善知識に憑みまいらせさせたまうべくそうろう. もとより仏の来迎は臨終正念のためにてそうろうなり"[15]라고 해서, 범부를 선지식으로 의지하는 것이 아니라 아미타불을 선지식으로 해야만 한다고 설한다.

또한『왕생정토용심』에서는 생각대로 되지 않는 인간의 죽음과 아미타불의 구제에 대하여 다음과 같이 말하고 있다.

> 先徳たちの教にも, 臨終の時に阿弥陀仏を西の壁に安置しまいらせて, 病者その前に西向きに伏して, 善知識に念仏を勧められよとこそそうらえ. それこそあらまほしき事にてそうらえ. ただし人の死の縁は予ねて思うにも叶いそうらわず, にわかに大路, 径にて終る事もそうろう. また大小便痢のところにて死ぬる人もそうろう. 前業逃れ難くて, 太刀小刀にて命を失い, 火に焼け水に溺れて命を滅ぼす類多くそうらえば, さようにて死にそうろうとも, 日ごろの念仏申して極楽へ参る心だにもそうろう人ならば, 息の絶えん時に, 阿弥陀, 観音, 勢至来たり迎えたまうべしと信じ思召すべきにてそうろうなり.[16]

선덕들의 가르침에는 임종 시에 아미타불을 서쪽에 안치하고 병자를 서쪽 방향으로 향하게 하고 선지식에게 염불을 권하라고 한다. 이것은 그렇게 바라고자 할 때 이루어진다고 한 후에, 인간의 죽음의 연緣은 생각대로 되지 않는 것임을 강조한다. 갑자기 길에서 죽는 경

---

15 『聖典』, 4, p.429.
16 『聖典』, 4, p.556.

우도 있고, 대소변을 보는 장소에서 죽는 사람도 있다. 칼로 목숨을 잃고, 불에 타죽거나 물에 빠져 목숨을 잃는 사람도 많이 있다. 이런 상황에서 죽음을 맞이했다고 해도 평소에 염불을 하고 극락왕생을 기원한 사람이라면 임종 시에 아미타불, 관음보살, 세지보살이 내영 해주신다고 생각해야 한다고 이른다. 이『왕생정토용심』의 설시는 1185년에 일어난 분지지진 文治地震에 근거한 것으로 추측되지만, 호 넨이 사바 현실에 입각하여 가르침을 나타내고 있는 점은 주목해야 할 것이다.[17] 또한 인간의 죽음의 연 緣이 생각대로 되지 않는 것이라 고 하는 점에서, 임종행의를 중시하지 않고 평상시의 염불을 중시하 고 있는 것은 호넨의 큰 특징이다.

이와 같이 호넨은 범부의 현실을 직시하고, 경전에 근거하면서 정 념내영(정념 → 내영 → 정토왕생)의 가르침으로부터 내영정념(내영 → 정념 → 정토왕생)의 가르침을 펴고 있다. 이것은 스스로의 힘으 로 정념에 머무르지 못하는 범부에 대해, 아미타불의 구제란 그런 범 부의 모습 자체를 전제로 하고 있음을 밝힌 것이라고 할 수 있다.

---

17 가모노 조메이(鴨 長明)의 『方丈記』, 21에 "또한 같은 무렵이었을까. 엄청난 대지진으로 심하게 흔들렸다. 그 흔들림은 보통 정도의 것이 아니다. 산이 무너져 강을 뒤덮어버리고, 바다는 기울어 바닷물이 육지로 넘 쳤다. 땅은 갈라져서 물이 솟아 나오고 암석이 깨져서 계곡으로 굴러 들어갔다. 해변을 가는 배는 파도에 농 락당하고, 길을 가는 말은 서 있을 곳도 없었다. 교토 부근에서는 이쪽저쪽에서 절의 법당이나 탑이 피해를 입고, 온전히 남은 것은 하나도 없다. 어떤 것은 부서져 떨어지고, 어떤 것은 뒤집혔다. 잿더미가 피어올라 활발하게 뿜어 오르는 연기와 같다. 대지가 움직이고, 가옥이 파괴되는 소리는 천둥소리와 완전히 같다. 집 안에 있으면 당장이라도 무너져 내릴 것 같다. 밖으로 달려 나가면 지면이 균열된다."(『方丈記』, 簗瀬 一雄 역주, 角川ソフィア文庫, pp.99~100)고 쓰여 있듯이, 교토의 피해는 매우 컸다. 이때 호넨은 53세이고, 43 세에 정토종을 개종한 후 히에산(比叡山)을 내려가 요시미즈(吉水)에 머물고 있었다. 『왕생정토용심』의 내 용은 경전에 근거하고 있음은 물론, 스스로 지진을 체험한 후의 기록일 가능성이 크다고 생각된다.

4. 끝맺으며

겐신과 가쿠반, 호넨은 각각 천태종과 진언종, 정토종의 조사로 그 교학적 입장은 동일하지 않다. 단적으로 말하자면 겐신과 가쿠반은 임종행의를 중시하는 반면, 호넨은 임종의 상태보다 평소의 염불을 중시하고 있다. 특히 호넨의 경우 임종행의를 왕생의 조건으로 하지 않는 동시에, 스스로의 힘으로 정념을 얻을 수 없는 중생을 위해 아미타불의 내영 來迎이 있다고 하는 것이 큰 특징이다.

그러나 겐신이 아미타불의 광명에 의해 3종 애심이 소멸하고 염불삼매를 성취하는 것을 바라고 있는 점, 가쿠반이 염불 또는 진언을 외워 부처의 구제나 가지를 구하고 있는 점, 호넨이 중생을 정념으로 인도하기 위한 내영을 설하고 있는 점은 모두 죽어가는 중생을 위해 부처의 제도가 불가결함을 내보인 것이고, 부처의 인도나 구제를 바라고 있는 점은 공통적으로 나타난다. 이것은 누구의 법문이든 죽어가는 중생에게 부처의 활동이나 구제가 중요하다는 것을 말한 것이리라.

또한 "인간의 죽음의 연 緣은 생각대로 되지 않는다."는 호넨의 현실적 지적에 대해서는 종파를 불문하고 확실히 받아들일 필요가 있을 것이다. 누구나 임종행의를 닦을 수 있는 것은 아니고 바람직한 최후를 맞이하는 것도 아니다. 이런 의미에서 생각대로 되지 않는 죽음에 대해 부처의 인도나 구제가 있다고 말하는 것은 매우 중요하다고 할 수 있을 것이다.

현대에도 중생의 임종 시에 집착심이 일어나는 것은 마찬가지이고, 한편으로 임종이 평안하기를 바라는 것도 마찬가지이다. 그때 제시해야만 하는 것은 스스로를 다스리라는 가르침이 아니라 고민과 고통 속에 있어도 인도해주시는 부처, 의지할 수 있는 부처가 존재한다는 가르침 아닐까. 이야말로 불교가 갖는 모성적 종교의 측면을 제시하는 것이라 할 수 있으니, 스스로를 다스려 죽을 수 없는 자에게는 매우 유익하다고 할 수 있을 것이다. 부처에 의한 구제를 설하는 것은 중생이 번뇌의 문제를 처리하는 데서 중요하다. 이런 의미에서, 터미널 케어 현장에 이런 내용을 제시하는 것은 큰 의의가 있다고 생각된다.

교화의 바람직한 미래상

간다츠 지준(神達 知純)
다이쇼대학교

1. 들어가는 말

'교화 敎化'란 넓은 의미에서 '사람들을 불도 佛道로 이끄는 일'을 말하므로, 그 구체적인 방법이 천차만별임은 쉽게 상상할 수 있다. 예를 들어 교화의 형식을 살펴보면 가르침을 사람들에게 전할 때 말로써 가르침을 설하는 방법, 또는 문서에 의해 가르침을 설하는 방법등, 정보화 사회에서 교화의 방법은 더욱 다양해지고 있다. 또는 직접 말을 구사하지 않고 의례 같은 비언어적 형식으로 사람들을 인도하는 방법도 있다. 그러나 합당한 검증을 거치지 않은 채 온갖 활동전부를 '교화'로 보는 것은 불교도로서 무책임한 태도라고 생각한다.

필자는 2012년 11월에 열린 한국 금강대학교와 다이쇼대학교의 공동 세미나에서 동일한 제목으로 발표를 했고, 그 글을 토대로 지금 이 논문을 집필하고 있다. 나라가 다르면 교화의 실태도 다른 만큼, 당시 발표에서는 일본불교의 교화 역사와 현재 상황을 제시하는 것에 주안점을 두었다. 그리고 그것을 근거로 향후 교화의 모습에 대해 미흡하나마 소견을 전했다. 이 논문은 당시 발표한 내용을 좀 더 보충한 것이다.

2. 교화 방법의 검증

우리들은 석존 이래의 많은 경론과 불교도들의 설說을 바탕으로 교화 방법을 검증할 수 있다. 그러나 그러한 언설들이 당시의 사회상을 반영한 것일지언정, 현대사회의 모든 문제들을 해결하는 데에 직접 기여하지 못한다는 것은 분별할 수 있어야 한다. 이 점을 염두에 두면서 다음에서는 불교의 개조開祖인 석존, 대승불교의 대표적 경전 중 하나인『법화경』, 전교대사 傳教大師 사이초 最澄를 종조로 하는 천태종을 예로 들어 교화 방법을 검증하겠다.

(1) 석존

석존의 생애를 보면 성도에서 입멸에 이르기까지 49년 동안 출가자와 재가신자를 가르침으로 인도했다. 석존의 교화는 실로 이 시기에 이루어졌던 것이다. 석존의 교화가 갖는 중요한 특색을 두 가지 정도 지적한다면, 첫 번째로 석존은 대기설법을 행했다는 점이다.

즉, 가르침을 설하는 각각의 대상과 환경에 응應했다는 것, 이것은 의사가 질병에 따라 약을 처방하는 것에 비유되었다. 두 번째로 석존이 제자들에게 혼자서 교화를 행하도록 지시했다는 점이다. 이의 근거는 『율장』「대품」에서 찾을 수 있다.

> 비구들아, 유행遊行하라. 이는 중생의 이익, 중생의 안락, 세간의 애민哀愍, 인천人天의 의리와 이익과 안락을 위함이다. 둘이서 함께 가지 마라. 비구들아, 처음도 훌륭하고 중간도 훌륭하고 마지막도 훌륭하며 뜻과 글을 갖춘 법을 설하여, 실로 원만하고 청정한 수행을 알려주어라. 유정이면서 진구塵垢가 적은 사람도 있으니 만약 법을 듣지 않는다면 타락하겠지만, (만약 듣는다면) 법을 깨달을 것이다.[1]

"둘이서 함께 가지 마라."고 하는 이유에 대해서는 언급하지 않지만, 교화에 임하는 자들 각각이 주체적으로 가르침을 전할 것을 요구하고 있다. 이 두 가지 특징을 보면 석존의 교화 원칙이란 각각의 상황에 따라 주체성을 가지고 교화를 행하는 것임을 알 수 있다. 이 원칙은 일반적이고 보편적이므로, 석존이 입멸한 후 약 2천 5백년이 지난 오늘날에도, 더욱이 인도에서 멀리 떨어진 동아시아에 사는 우리에게도 유효할 것이라 생각된다.

(2) 『법화경』

일반적으로 『법화경』에 관해서는 그 사상적 핵심을 일승一乘사상

---

1 『南傳大藏經』에서 인용.

과 구원실성 久遠實成의 붓다에서 찾는 경우가 많지만, 이 경전을 교화의 측면에서 읽는 것도 의미가 깊은 일이라 생각한다. 특히 전반부의 「방편품」부터 「수학무학입기품」까지의 내용에는 중요한 메시지가 들어있다. 이 부분에서는 세존이 이 세상에 출현한 이유는 오로지 중생에게 붓다의 지견을 보이고 이를 이해시키기 위함이며, 붓다의 가르침은 오로지 일불승 一佛乘이고 『법화경』 이전에 설해진 가르침은 방편이었다는 것이 밝혀진다. 이것을 「방편품」과 「비유품」에서는 사리불에게, 「비유품」부터 「수기품」까지는 수보리, 가전연, 마하가섭, 목련에게, 「화성유품」에서 「수학무학입기품」까지는 부루나 등에게 3회에 걸쳐 설하고 있다. 후대에 삼주 三周 설법으로 그 의의 意義를 부여하고 있듯이, 상근기 上根機를 가진 자에게는 법을 있는 그대로 설하고, 중근기 中根機에게는 비유로써 법을 설하고, 하근기에게는 전생인연을 들어 법을 설한다.

『법화경』이 일불승이라는 주요 가르침의 전달만을 목적으로 한다면, 사리불에게 이를 설하는 것만으로 충분할 것이다. 그러나 『법화경』에서는 갖가지 방법을 동원해 다른 불제자들에게도 이를 전하려 하고 있으니, 여기서 교화의 의도를 엿볼 수 있다. 실로 석존의 응병여약 應病與藥과도 통하는 방법이다. 덧붙여 말하면, 이 설법이 4단계에 걸쳐 이루어지고 있다는 것도 중요하다. 그 4단계란

① 정설 正說 = 세존이 불제자에게 법을 설함.
② 영해 領解 = 가르침을 들은 불제자가 이해한 것을 세존에게 말함.
③ 술성 述成 = 불제자의 이해를 들은 세존이 반복해서 법을 설함.

④ 수기 授記 = 세존이 불제자에게 장래에 붓다가 될 것이라고 예언함.

이다. 각 품 品마다 이런 절차를 따르고 있다. 즉, 불제자가 가르침을 이해했는지 못했는지 확인하면서 세존은 쌍방향적으로 가르침을 설해나간다. 교화의 모습이 결코 일방적이어서는 안 된다는 것을 시사한다고 하겠다.

『법화경』의 일불승 사상은 어떤 중생이라도 성불할 수 있다고 설하지만, 그렇다고 이 가르침을 단순히 '누구나 붓다가 될 수 있다'는 식으로 일방적으로 제시한다면 많은 이들이 이해불능의 상태에 빠지고 말 것이다. '누구나 붓다가 될 수 있다'는 메시지를 어떻게 전할지 고민하면서 여러 방법을 시도하는 것이야말로 『법화경』의 뜻에 부합하는 일이다.

(3) 천태종

오늘날 천태종이 내세우는 교화 활동으로 '한구석을 비추는 운동'이 있다. 한구석을 비추는 운동이란 '신앙과 실천으로 한 사람 한 사람이 마음에 여유가 있는 사람이 되고, 평화롭고 밝은 세상을 함께 구현해 나가고자 하는 사회계발운동'[2]이며, 국내외 자연재해와 분쟁 피해자들을 위한 구원활동, 빈곤층을 위한 지원활동, 환경보전활동 등을 행하고 있다. 이 운동의 홈페이지에는 '한구석을 비추다'의 의미를 이렇게 설명하고 있다.

---

2 '한구석을 비추는 운동(一隅を照らす運動)' 공식 홈페이지 참조.

당신이 있는 그 곳에서 최선을 다해 비추어 주세요. 당신이 빛나면 당신의 주위도 빛납니다. 마을과 사회가 빛납니다. 작은 빛이 모여 일본을, 세계를, 나아가 지구를 비춥니다.[3]

이 말의 문헌적 증거는 사이초 最澄의 『天台法華宗年分學生式』(「山家學生式」의 「六条式」)에서 찾을 수 있다. 당시 사이초는 히에이잔 比叡山에서 천태법화종의 승려를 한 명이라도 더 길러내고, 나아가서 나라의 보물이 될 만한 인재를 세상에 배출하는 것을 큰 과제로 삼았다. 『天台法華宗年分學生式』은 고대 중국의 고사 故事를 인용하여, 한구석을 비추는 사람이야말로 나라의 보물이라고 전하고 있다. 그 고사에 의하면 한구석을 비추는 사람이란 왕의 신하로서, 국경 한구석을 지켜 장군이 되면 천리를 비추는 인물이라는 뜻이다.

사이초가 이 고사를 인용한 의도는 고사에 등장한 왕이 '사람이야말로 나라의 보물'이라고 말했던 데에 있다. 앞서 인용한 '각자 처한 그 곳에서 최선을 다해……'라는 것은 '왕의 신하로서 국경 한구석을 지키다.'에 상응하는 대목인데, 사이초가 말한 '한구석을 비추다'를 상당히 자의적 恣意的으로 해석한다는 느낌마저 든다. 즉, '한구석을 비추다'란 말은 같아도 그 말의 맥락이 다른 것이다. 사이초는 승려를 육성한다는 당시의 과제가 있었기 때문에 이 말을 쓴 것이지만, 오늘날의 사정은 그렇지 않다. '각자 처한 그 곳에서 최선을 다해……'란 가정과 직장 등을 염두에 둔 상당히 현대적인 표현이다. 교화와 관련해 생각하면 이것은 종조 宗祖의 말일지라도 그 시대에 맞게 해석할

---

3 '한구석을 비추는 운동(一隅を照らす運動)' 공식 홈페이지에서 인용.

수 있음을 시사하는 하나의 사례이다.

위의 (1)과 (2)에서 볼 수 있듯이 우리는 경전 등에서 보편적 방법론을 끌어내 그것을 오늘날 교화의 지침으로 삼을 수 있다. 그렇지만 (3)의 경우처럼 경전 속에 전하는 말과 뜻을 그 시대와 장소에 맞도록 변용해 쓰는 일도 있다. 이미 석존의 시대부터 사회와의 대응은 불교 교단 내에서 하나의 화젯거리였으며, 대체로 시대와 장소에 맞추는 방식으로 유연하게 모습을 바꾸어 왔다. 불교 교단으로서의 규율을 보존하면서도 세속의 습관도 어느 정도 수용하는 등, 성속 聖俗의 균형을 절묘하게 유지해 왔던 것이다.

3. '장례식 불교'에 대하여

일본불교의 역사에서도 시대에 따라 다양한 교화가 행해져 왔다. 그러나 교화의 면에서 볼 때 현대 일본불교는 기로에 서있다고 생각된다. 현대의 일본불교를 평가할 때 '장례식 불교'라는 말을 쓰는 경우가 있다. 이 표현은 일본의 승려가 장례식이나 주기법회에서만 활동하는 작금의 모습을 비꼬아 말할 때 비교적 많이 쓰인다. 그러니까 현대 일본불교에서 교화란 주로 장례식 등의 의례를 통해 이루어져 왔다고 할 수 있다.

장례식 불교가 태어나게 된 계기로, 에도 江戸 시대에 확립된 사청 寺請제도를 들 수 있다. 에도 초기에 '키리시탄 切支丹 = キリシタン'[4] 이

---

4 무로마치(室町) 시대 후기에 전파된 로마 가톨릭 계통의 기독교와 그 신자를 말함. 역자

개종할 경우 사찰에서 사청장 寺請狀을 발급받아야 했다. 그리고 시마바라의 난 島原の乱[5] 이후 전국적으로 종문조사 宗門改め[6]가 실시되었고, 모든 사람들이 신분을 증명하는 사청장을 의무적으로 발급받아야 했다. 에도 막부로서는 정치적 사회적 질서를 유지하는 데 유용했기 때문에, 키리시탄 관리라는 본래의 의미를 떠나 이 제도를 실시했다. 그것이 사단 寺檀 제도라는 일본불교 특유의 형태를 만들어 낸 것이다.

사단제도는 사원과 단가 檀家[7]의 고정적인 관계를 의미한다. 승려는 단가의 장례의식 등 의례를 집행하고 단가는 사원에 보시하는 형태로 그 관계가 유지되었다. 메이지유신 明治維新의 신불 神佛 분리정책과 제2차 세계대전 후 농지해방을 겪으면서도 사원과 단가의 형식은 유지되었고 현재에 이르고 있다.

수많은 개혁에도 불구하고 일본의 많은 사원이 현존하고 있는 것은 이 사단제도 덕분이다. 그러나 승려가 교화의 대상으로 삼는 것은 주로 그 사원에 소속된 단가로, 상당히 제한적인 것도 사실이다. 오늘날 사원의 공익성이 논란의 대상이 되는 까닭은 이 때문이다. 하지만 일본인의 생사관이 변하면서 장례식 불교라는 형태에도 많은 문제가 발생하고 있다. 다음으로 (1)종교법인의 공익성과 (2)장례의식의 필요성 여부, (3)보시의 정가 표시 문제를 구체적으로 살펴본다.

---

5 1637년에 일어난 시마바라의 농민봉기. 도쿠가와 이에미츠 德川 家光의 기독교 탄압과 영주 교체에 따라 농민들에게 부과된 과도한 세금과 시마바라 성 건축을 위한 노역 때문에 일어난 반란. 역자

6 에도 막부가 기독교 탄압 및 적발을 위해 실시한 제도로, 각 가문 및 개인마다 귀의하고 있는 절의 신자임을 증명하고 이를 장부에 등록하게 했다. 역자

7 산스크리트어 dānapati에서 유래한 단어로, 보시 등을 통해 특정 사원을 경제적으로 지원하는 시주 가문이다. 이 가문들의 지원을 받는 사원을 단나사 檀那dana寺라고 부른다. 역자

(1) 종교법인의 공익성[8]

일본의 종교법인은 과세와 관련해 아래의 4가지 우대를 받고 있다.

① 보시와 불전 등 종교행위에 따른 소득은 공익사업으로 비과세이다.
② 수익사업으로 얻은 소득의 20%까지는 공제되며, 남은 소득에 대한 세율도 22% 경감 세율이 적용된다.
③ 종교 활동에 사용되는 토지와 건물에 들어가는 고정자산세는 비과세이다.
④ 무덤 터와 공원묘지의 건설, 판매, 경영의 주체는 종교법인, 공익법인, 자치단체에 한한다.

이에 대해 우대조치를 재검토해야 한다는 논란이 종종 일어나고 있다. 대표적으로는 우대조치가 종교법인을 부정부패의 온상으로 만들 수 있다는 지적이 있다. 예를 들면 영감상법 靈感商法[9]이나 사기 같은 행위로 고액의 이익을 얻었다 해도, 종교법인임을 핑계로 세금 부담을 줄이려는 사례가 끊임없이 나타나고 있다. 또한 소득을 은닉하기 위해 활동 실태를 확인할 수 없는 종교법인을 이용하는 경우도 있다.

종교법인을 우대하는 것은 불특정다수의 이익과 관련이 있다는, 소위 공익성을 인정하기 때문이다. 신앙을 통해 사람들로 하여금 안

---

8 마이니치(毎日)신문, 2009년 10월 4일자, オピニオン耕論,「宗教法人の優遇措置は必要か」(오피니언 고론, '종교법인의 우대조치 필요한가.')를 참조.
9 초자연적 능력이 있는 것처럼 소비자를 속여 상품을 판매하는 상술. 역자

심하게 하고 사원의 경내지가 환경보전에 기여하고 있는 것도 사실이다. 그러나 현대의 사원은 단가라는 특정 대상만을 위할 뿐이니, 과연 공익성이라는 조건을 충족하고 있느냐는 회의적인 입장도 있다. 사원의 공익성을 회복하기 위해서는 사원과 단가라는 기존 관계만 고집하기보다는, 나중에 제시하겠지만 사회 공헌적 관점 역시 필요할 것이다.

한편으로는 애당초 사원에 공익성이 있어야 하는지 되묻는 입장도 생각해 볼 수 있다. 왜냐하면 공익성은 기업의 사회적 책임(CSR)이란 의미에서 강조되는 말일 뿐 아니라, 비교적 최근의 서양 사회에서 사용되기 시작한 말이기 때문이다. 그렇다면 공익성을 기준으로 일본의 종교를 이해하고자 하는 것 자체에 다소 무리가 있는 것 아닐까. 2008년의 한 조사에 따르면 '종교를 믿는다'고 답한 일본인은 25%에 그치는 데 비해, 90% 이상이 조상을 섬기고 약 80%가 성묘하는 관습을 따른다고 한다.[10] 이와 같은 일본인의 종교관을 고려하면 공익성이라는 관점에서 일본의 종교를 판단하는 데에도 문제가 있다고 할 수 있지 않을까.

(2) 장례의식의 필요성 여부

최근 들어 장례의식의 형태에 대해 이런저런 논란이 일고 있다. 『장례식은 필요 없다』를 쓴 종교학자 시마다 히로미 島田 裕巳는 이른바 '장례식 불필요론자' 중 한 사람이다. 시마다의 주장은 다음과 같다.[11]

---

10 요미우리(読売)신문, 2008년 5월 29일자, 「年間連続調査 日本人」('연간연속조사 일본인')을 참조.

11 마이니치(毎日)신문, 2010년 7월 17일자, ニュース争論, 「葬式はどうあるべきか」(뉴스논쟁, '장례식은 어때야 하는가')를 참조.

현대사회에서 장례를 치르는 데 과도하게 많은 비용이 들어가니, 고령자에게 그 지출은 큰 부담이다. 일찌감치 애도하는 마음보다 비용을 마련하는 문제로 시름에 젖는다. 지금은 도시사회를 중심으로 친척들만 초대해서 치르는 장례가 많아졌다. 비용이 절감되기 때문에 그러한 장례가 늘어난 것은 자연스러운 흐름이다. 또한 불교에 계명戒名이라는 가르침은 원래 없었음에 틀림없는데, 일본불교의 장례에서는 이 관습이 계속되고 있다. 더구나 고액의 계명료를 받는 것은 보시의 정신에 반한다. 모름지기 남겨진 사람들에게 소중한 사람을 잃었다는 마음을 일으키고, 회장자會葬者들이 고인의 훌륭한 삶을 기리는 것이 장례의식 본연의 모습이다.

그러나 이러한 시마다의 주장은 장례의 종교적 의미를 지나치게 경시한 것은 아닐까. 장례는 단순한 종교적 의례에 그치는 것이 아니라, 사람의 죽음을 접하는 체험을 통해 자기 자신의 삶과 죽음에 대해 진지하게 생각해 보는 귀중한 기회가 되기 때문이다. 이러한 의미에서 승려는 사람들에게 장례의 의미를 확실하게 전달하는 것이 중요하다.

승려가 장례 의식에 종사하는 것은 이제까지 일본에서 당연한 것처럼 행해져 왔고, 교화 활동도 장례와 그 후에 잇따르는 불교 행사에서 행해져 왔다. 그러나 현재의 일본인은 승려를 거치지 않고 장례를 치르는 일이 많아졌다. 이는 일본불교가 교화의 기회를 잃어간다는 것을 의미한다. 승려는 기존의 형식에 안주할 것이 아니라 창의적인 방법을 생각하면서 장례에 임해야 할 필요가 있지 않을까.

(3) 보시금의 정가 표시 문제[12]

보시란 보시자의 의지에 따른 것인 만큼, 금화를 보시하는 경우에
도 그 많고 적음을 묻는 일은 본래•없다. 최근에 오보우상 돗토 코무
(おぼうさんどっとこむ = 스님닷컴)라는 회사가 보시의 금액을 명시
한 일이 문제가 되었다. 오보우상 돗토 코무는 승려를 장례식에 파견
하는 것을 의무로 하고 있으며, 보시자가 원하는 대로 승려의 파견료
와 계명료를 선택할 수 있다. 이에 대해 전全일본불교회는 오보우상
돗토 코무에 금액 표시를 삭제할 것을 요구했다. 거기에다 이온(イオ
ン= AEON)주식회사가 마찬가지로 정가 표시 문제로 물의를 빚었
다. 앞서 말한 것처럼 장례의식에 상당히 많은 비용이 든다는 것이
이 문제의 배경이 되었다. 장례가 사원과 승려의 손을 떠나 장례 회
사의 주도 하에 행해지게 된 마당이니, 장례가 비즈니스의 하나로 인
식되는 현상은 우려하지 않을 수 없다.

이상에서 사원을 둘러싼 문제 3가지를 소개했다. 이런 점에서 볼
때 사단제도를 기반으로 한 지금까지의 사원의 모습은 과도기를 맞
이하고 있으며, 새로운 교화 방법을 모색할 시기가 다가오고 있다고
생각된다.

4. 대 對사회적 활동과 참여불교

기로에 선 현재의 일본불교 안에서 새로운 가능성을 기대할 만한

---

12 아사히(朝日)신문, 2011년 10월 6일자, 論争「お布施の定価表示」(논쟁 '보시의 정가 표시')를 참조.

것으로 대 對사회적 활동이 있을 것이다.[13] 불교의 사회적 활동은 세계적으로는 참여불교의 맥락에서 종종 거론된다. 참여불교란 베트남의 승려 틱낙한(Thich Nath Hanh)이 처음 사용한 단어로, 베트남 전쟁이라는 상황에서 출현했다. 틱낙한은 전쟁 반대의 의지를 분신자살(소신공양)로 표현한 승려들의 행동을 설명하기 위해 "Engaged Buddhism(참여불교)"이라는 용어를 사용한 것이다. "engaged(=가담하다)"에는 암묵적으로 "socially(=사회적으로)"라는 의미가 담겨 있다. 이 의미는 특히 고통 苦을 해석하는 참여불교의 관점에서 현저하게 드러난다. 전통적 불교학에서는 고통의 원인을 갈애에 두는 등, 인간 내면을 고찰하는 것이 주요한 방법이었지만 참여불교는 고통의 원인을 인간을 둘러싼 사회에서 찾고 있다. 즉, 사회 문제의 해결이야말로 인간을 고통에서 해방시키는 최대 수단이라고 생각하는 것이다.

무엇보다도 "socially engaged(사회적 참여)"라는 견지는 다분히 서양적이라고도 할 수 있다. "불교는 출가를 중시하고 사회와 적극적 관계를 맺지 않는다." 서양에서는 기독교와 비교하는 관점에서 불교를 이렇게 보는 것이 일반적이다. 틱낙한이 제창한 불교는 그때까지의 불교의 일반적 이미지를 뒤엎으면서 신선한 인상을 주었을 것이다. 그러나 애초에 '불교는 사회와 적극적으로 관계를 맺는 일이 없다'는 것은 전적인 편견이다. 석존의 교단에서도 생산 활동을 하지 않는 출가자들로서는 의식주 생활을 재가신자들의 보시에 의존하고

---

13 이 부분의 서술은 란자나 무코빠드야야(Ranjana Mukhopadhyaya)의 저서 『日本の社会参加仏教 ― 法音寺と立正佼成会の社会活動と社会倫理』, 東信堂, 2005년을 참조했다.

있었으니, 그런 의미에서 출가자는 언제나 사회와 양호한 관계를 유지해야 했기 때문이다.

어쨌든 참여불교는 1980년대 이후, 특히 서양의 불교학 연구자와 불교도들에 의해서 평가되었다. 1990년에는 미국종교학회에서 참여불교를 주요 테마로 한 학회를 개최했다. 그 학회의 보고서에는 예를 들면 스리랑카의 아리야라뜨네(A. T. Ariyaratne)가 이끄는 사르보다야운동, 티벳의 달라이 라마 14세가 중심인 티벳 민족해방운동 등이 각 지역의 참여불교 사례로 거론되고 있었다.

일본불교에서도 예로부터 승려가 사회에 깊이 관여한 예 例가 있었다. 나라 시대에 관개灌漑나 가교架橋 등의 사업을 통해 널리 민중의 지지를 얻었던 교우키 行基, 668~749, 또 가마쿠라 시대에 빈곤한 사람이나 병자의 구제에 힘썼던 에이존睿尊, 1201~1290과 닌쇼 忍性, 1217~1303가 그 좋은 본보기이다. 그러나 그 수는 결코 많지 않았다. 게다가 앞서 말한 장례식 불교의 현실을 생각하면 일본불교의 사회적 활동에서 교화의 새로운 활로를 기대하는 까닭을 이해할 수 있을 것이다.

5. 오늘날 일본불교의 사회 공헌 활동

일본에서 참여불교는 '사회참가불교', '사회를 만들어가는 불교', '사회행동불교' 등의 이름으로 불리며, 소위 사회 공헌 활동과 관련되어 논의되는 경우가 많다. 그러나 참여불교가 회자되기 전부터 일본 불교의 각 종파에서는 대사회적 활동이 이미 시작되고 있었다. 예를 들면 앞서 말한 '한구석을 비추는 운동'은 생명, 봉사, 공생을 지침으로 하여 국내외에서 다양한 활동을 하고 있는데, 이 운동이 시작된 것은 1969년이었다. 그리고 현재 각 종파에서는 사원과 승려 주도의 사회 공헌 활동을 전면적으로 추진하는 경향이 있다. 아래에 제시하는 것은 정부가 정한 특정 비영리 활동 촉진법(NPO법, 헤이세이 平成 10년 법률 제7호)의 〈별표 別表〉이다.[14]

1. 보건, 의료 또는 복지의 증진을 도모하는 활동
2. 사회 교육의 추진을 도모하는 활동
3. 마을 조성의 추진을 도모하는 활동
4. 문화, 예술 또는 스포츠의 진흥을 도모하는 활동
5. 환경 보전을 도모하는 활동
6. 재해 구원 활동
7. 지역 안전 활동
8. 인권의 옹호 또는 평화의 추진을 도모하는 활동
9. 국제 협력 활동
10. 남녀공동 참가사회 형성의 촉진을 도모하는 활동
11. 어린이의 건전육성을 도모하는 활동
12. 소비자의 보호를 도모하는 활동
13. 앞의 각 항목에 열거된 활동을 실시하는 단체의 운영 또는 활동에 관한 연락, 조언 또는 원조 활동

---

14 예를 들면 천태종은 「사회 공헌 활동이란」이라는 팸플릿에 이 〈별표〉를 게재하고 각 사원에 배포하고 있다.

위에 해당하는 활동은 이전부터 일부 사원에서 행해져 왔던 것이
지만, 새로이 사회 공헌 활동으로 주목 받고 있다. 오늘날 일본불교
의 사회 공헌 활동의 실례를 소개하자면 음악, 미술 등의 예술 진흥
을 위해 법당을 개방하는 사원, 노숙자에 대한 배식과 배급에 힘쓰는
승려, 일본 사회에서 문제가 되고 있는 자살 문제와 씨름하는 초超종
파 승려들 등등, 매우 특징적이다.[15]

이렇게 오늘날의 일본불교에서는 사회 공헌 활동이 일종의 교화
활동으로 추진되고 있지만, 각지의 사원과 승려 개개인에게까지 이
런 의식이 스며들어 있지는 못하다. 예를 들면 2005년에 조동종이
행한 종세宗勢조사에 따르면 '실시해야 할 사회 공헌의 내용'이라는
질문에 대한 답변으로 다음과 같은 결과가 나왔다.[16]

- 장례의식과 조상공양 69.3%
- 지역 사회에 대한 공헌 61.1%
- 조동종의 가르침을 널리 전함 59.4%
- 개인의 사회 공헌을 생각함 33.5%
- 평화와 인권과 환경 문제 26.5%
- 국제 공헌 4.0%
- 그 외 3.6%
- 무응답 10.8%

---

15 우에다 노리유키(上田 紀行), 『がんばれ仏教! お寺ルネサンスの時代』, NHKブックス, 2004년과 임상불교
연구소 편집, 『社会貢献する仏教者たち(사회공헌을 실천하는 불교도들)』, 白馬社, 2012년을 참조.
16 복수 답안 선택이 가능한 질문이었다.

장례의식과 조상공양이나 종파의 포교에서 보이는 높은 비율은 무엇을 의미하는가. 전통적 종교 활동을 통해 사회에 기여하고자 하는 사원과 승려 측의 의식이 나타난 것 아닐까. 이 의식이 앞으로 어떻게 변해 가는지 주의 깊게 봐야 한다.

또한 불교의 사회적 활동에 대한 일반적 인지도와 평가를 나타내는 수치도 그다지 높지 않다. 니와노庭野 평화재단이 실시한 조사에 따르면, 종교단체의 학교 교육활동이나 병원 운영 등 사회 공헌 활동의 인지도에 관한 질의응답 결과는

- 알고 있다 34.8%
- 알고 있지 않다 60.3%
- 잘 모르겠다 4.9%

로 나타났다.[17] 게다가 사회 공헌 활동에 대한 평가 관련 질문에 '하든 안하든, 어느 쪽이든 상관없다'는 무관심 응답이 가장 높은 수치를 보였다. 이와 같은 낮은 인지도와 평가를 개선하기 위한 노력이 불교 각 종파에 요구될 것이다.

나아가 근본적인 과제도 있다. 대사회적 활동에는 사회를 냉정하게 관찰하는 것이 요구된다. 그러나 때로는 사회의 통념이 불교 이념과 상충되는 일도 있다. 그런 경우 불교도는 어떻게 행동해야 할 것인가. 한 예로, 제2차 세계대전 때의 불교를 떠올려야 한다. 그때 승

---

17 『「宗教教団の社会貢献活動に関する調査」報告書』(『'종교 교단의 사회 공헌 활동에 관한 조사' 보고서』), 庭野平和財団, 2009년.

려들은 포교라는 이름으로 전쟁에 협력했다. 어떤 의미에서는 당시 사회에 공헌했던 것이다. 그러나 그것이 정말로 불교가 해야 할 역할이었을까. 단연코 그렇지 않다.

사회 공헌 활동은 오늘날의 풍조이기도 하다. 그러나 사원과 승려에 요구되는 것은 풍조에 편승하는 것이 아니라 불교의 이념을 구현해 나가는 것이다. 자비와 연기, 상구보리하화중생 上求菩提下化衆生의 이념을 하나하나 상황에 맞게 실천해 나가는 것이 석존과 고승들의 뜻에 따르는 것이다.

6. 맺는말

장례식 불교의 모습은 비록 그 대상이 단가라는 집단에 제한되어 있기는 하지만, 교화라는 면에서는 상당히 효과적인 것이었다. 그러나 사회의 상황과 사람들의 생사관이 변함에 따라 장례를 통한 교화 활동은 한계에 다다르고 있는 것 같다. 교화 자체가 생각처럼 이루어지기 힘든 상황이다. 오늘날 일본불교에서 사회 공헌 활동이 칭송받게 된 것은, 이 사회를 살아가는 사람들의 말에 널리 귀를 기울이라는 메시지처럼 들리기도 한다. 교화의 대상과 방법에 대해 다시 생각해 봐야 하는 시기임에 틀림없다.

불교에 사회성은 있는가
- 19세기 동아시아의 예수교
배척론(排耶論)을 중심으로

미우라 슈(三浦 周)
다이쇼대학교 종합불교연구소

시작하며 - 문제의 소재

"불교에 사회성은 없다."라는 의견에는 많은 반론이 있을 것으로 예상된다. 교육이나 의료, 사회사업, 지역공헌, 참여불교 등 다양한 반증이 제시될 수 있을 것이다. 그러나 이런 반증들은 승려의 사회 참여가 곧 불교의 사회성인양 양자를 동일하게 취급하는 것이 아닐까? 또 이렇게 제공된 사회 서비스가 실패로 돌아간 경우, 그 사회적 책임은 누가 지는 걸까? 불교와 사회를 둘러싼 언설의 문제점은 그 근본적인 애매함에 있다.

여기서 말하는 사회란 근대사회에 다름 아니다. 불교와 사회라는 테마에는 필연적으로 '근대'의 문제가 포함된다. 근대는 모든 사물과 현상 事象을 영역화해 전문적으로 분화시킨다. 예를 들면 '불도 佛道'는 '종교'가 되고, 이에 입각한 사회적 역할을 다할 것이 요구되었다. 단적으로 말해 세속화되었다. 그러나 19세기 이후 동아시아불교에서는 근대를 둘러싼 모순과 갈등을 많이 볼 수 있다. 이를 도외시하고 '종교'나 '사회'라는 근대적 개념을 자명한 것으로서 논의의 전제로 삼아도 되는 것일까?

예컨대 오늘날 그리스도교와 이슬람교가 급진주의와 이른바 원리주의적 경향을 띠는 데 비해서 불교가 세속주의적인 것은, 불교가 사회계약이라는 개념을 이해했기 때문이 아니라 오히려 전혀 이해하지 못했기 때문에 세속주의적인 것이라고 할 수 있다. 달리 말하면 불교는 사회개량이나 개선, 개혁사상을 갖고 있지 않다. 불교에 사회성이 있다고 한다면 그것은 '사회'로부터 취한 것이다. 이런 의미에서 불교에 사회성이란 없다.

이런 전제에 섰을 때, 불교의 사회공헌을 묻는 것 자체가 넌센스일 것이다. 그럼에도 다시 '사회에 도움이 되는 불교'를 표방하지 않으면 안 되는 강박관념은 어디에서 유래하는 것일까? 이 글에서는 이런 문제의식을 바탕으로 불교와 근대사회와의 접점을 탐구해 보고자 한다.

1. 방법으로서의 예수교 배척론 排耶論

서양 근대와 어떻게 마주할 것인가? 이것이 19세기 동아시아 각
국에 공통된 과제였음은 논할 필요가 없을 것이다. 여기에는 서양의
기술력과 기계라는 기술적 측면을 중심으로 한 서학 西學은 물론, 이
것들의 배경으로 생각된 그리스도교에 대한 대응도 포함된다.

다른 문화와 접촉할 때 나타날 수 있는 대응방식으로 '거절'을 들
수 있다. 단, 이것은 다른 문화 수용의 제1단계이기도 하다. 거절의
방법이 그 대상의 수용 후 모습을 결정짓는다 해도 과언이 아니다.
예를 들면 일본에서 외래의 신 蕃神 혹은 불신 佛神으로 여겨지던 불교
는 수용 후에도 신 神道과의 관계 속에서 전개되었다. 또 거절에는 그
것을 행하는 자의 자기인식이 반영되어 있다. 남은 틀렸고 자기가 옳
다는 명분이 세워짐으로써 거절의 반응을 보인다. 그런 까닭에 거절
은 보수반동 또는 호교론적 색채를 지닌다. 예수교 배척론 排耶論도
그렇다. 그러나 이를 두고 단순한 보수반동이라고 말하길 주저하는
이유는 19세기 동아시아 각국에서 그리스도교가 서양 근대의 상징이
되었고,[1] 그리스도교 측도 신지식과 신기술을 포교의 수단으로 삼고
있었기 때문이다.

그런 까닭에 동아시아의 예수교 배척론을 논한 19세기의 책에도
근대적 지식을 낳은 역사적 실증주의 관점에서 볼 때 잘못된 그리스

---

[1] 柳共烈著, 金容権訳, 『近代朝鮮における天主教弾圧と抵抗』, 彩流社, 2013, p.421에는 "만약 조선이 황사영
(黃嗣永) 등이 주장한 것처럼 천주교를 박해하지 않고 서구 여러 나라와 국제관계를 맺었다면, 조선은 청;淸나
라나 일본보다 개화에 앞섰을 가능성이 있고, 나아가 일본에 국권을 빼앗기는 것과 같은 치욕을 당하지 않았
을 수도 있다."고 한다.

도교 이해가 여기저기 보인다. 이에 대해 그리스도교 역사는 배척자의 그리스도교 교의의 이해부족을 문제 삼지만, 애당초 거절의 대상으로 설정된 그리스도교란 그리스도교 신도나 근대적 학문을 따르는 연구자가 생각하는 그것과는 다르다. 때문에 예컨대 19세기의 예수교 배척론을 불교 대 對 그리스도교의 대립 구도로 파악할 수는 없다.[2]

또 동아시아 불교도의 '세간'에 관한 언설은 항상 유교의 개념을 차용해 이루어졌다. 이것은 "人生在世. 父母爲親. 非父不生. 非母不育", "父母之恩昊天罔極"[3]이라는, 부모의 은혜를 설한 『부모은중경 父母恩重經』에 단적으로 나타난다. 이것이 유교의 핵심개념 가운데 하나인 '효 孝'에 의거한 것임은 말할 나위 없다. 이 경향을 예수교 배척론도 공유한다. 19세기 동아시아의 특질은 새로운 서양의 근대적 가치관과 전통의 중화적 가치관의 이중 기준에 있다고 말해야 할까? 어쨌든 예수교 배척론이 한학 漢學, 儒敎의 필터를 통해 서양 근대에 접했다는 것은, 배척론 서적 중 많이 인용되는 한역 漢譯 그리스도교 서적을 봐도 분명하다.[4] 이렇게 볼 때 예수교 배척론도 근대화를 준비하는 전 前근대사상으로 읽어야 할 것이다.

단, 일본의 전근대사상에서는 훈고주석학 訓詁註釋學으로부터 필연

---

2 三浦周, 「排耶論の硏究」, 『大正大学大学院硏究論集』, 33호, 2009 참조.

3 SAT 大正新脩大蔵経 데이터베이스 참조. http://21dzk.l.u-tokyo.ac.jp/SAT/ddb-bdk-sat2.php (엑세스 2014/11/23)

4 龍溫, 『急策文』, 同, 『総斥排仏弁』, 龍曉, 『諭童弁』, 富樫黙恵, 『内外二憂録』, 南渓, 『淮水遺訣』, 晃曜, 『護法総論』, 龍温, 『闢邪護法策』, 徳鳳, 『護法小策』, 伏水, 『斥耶蘇』, 深憫隠士, 『斥邪曼筆』, 霊遊, 『閑邪存誠』, 深憫隠士, 『斥邪二筆』, 同, 『寒更囈語』, 南渓, 『杞憂小言』, 義導, 『護法建策』, 徹定, 『釈教正謬初破』, 松本巌護, 『露珠閣叢書』, 無名隠士, 『祖先弁謬弁』, 徹定, 『笑耶論』, 勝閊道人, 『護法新論』 등의 그리스도교 배척론서에는 100권 이상의 한역 그리스도교서 및 한역 서학서(西學書)로부터의 인용이 있다. 『幕末明治耶蘇教史硏究』, 日本基督教団出版局, 1973년 참조.

적으로 도출된, 본연의 뜻 原義을 존중하는 경향 古義學, 古文辭學, 國學이 보인다.[5] 이 경향은 기존의 것을 되풀이하는 일을 당연하게 여긴 불교에 '본래의 불교'를 들이대고 大乘非佛說論[6], 불교의 사회적 생산성이 낮음을 문제 삼아 그 무익유해를 지적한다 僧侶遊民論. 이른바 불교 배척론 排佛論이다. 이와 같은 전근대사상 내의 상극 相克도 포함해서, 불교와 근대사회와의 접점을 밝히려는 것이 이 글의 목적이다.

2. 일본과 한국의 예수교 수용과 배척

여기에서는 일본과 한국의 예수교 수용 및 배척의 기본적 공통점과 차이점을 확인한다.

1) 예수교 수용의 계기

널리 알려진 바와 같이 일본은 프란시스코 사비에(Francisco Xavier, 1506~1552)의 포교(1549)를 계기로 예수교를 받아들였다. 한편 한국의 경우는 이승훈 李承薰, 1756~1801이 북경에서 세례를 받은 것(1784)이 계기였다고 한다.[7] 수용의 계기가 능동적인지 수동적인지의 차이가 있을 테지만, 한국인 스스로 그리스도교를 수용했다는 언설은 한국 그리스도교사에서 교세 教勢 확장의 근거 내지 이유

---

5 三浦周(文責), 「"近代"における大乘非仏説説と排仏論―その思想および歴史的背景として―」, 『大正大学綜合佛教研究所年報』, 제32호, 2010년 참조.

6 三浦周, 같은 곳.

7 浅見雅一, 安廷苑, 『韓国とキリスト教』, 中央公論社, 2012, p.44.

로 간주되기 일쑤이고, 또 그런 통념이 널리 퍼져 있다.[8]

2) 금교 禁教와 탄압

일본에서는 ①1565년과 1569년 오오기마치 천황 正親町天皇의 금교령, ②1587년과 1596년 도요토미 히데요시 豊臣 秀吉의 금교령 伴天連追放令, ③1612년과 1613년 도쿠가와 이에야스 德川 家康의 금교령 등, 크게 세 번에 걸쳐 금교령이 내려졌다. 그리고 1613년 이후 1858년 일미 日美 수호통상조약(거류지 내·외국인을 대상으로 한 신교 信教의 자유)과 1873년 그리스도교를 금지한 고찰 高札[9]의 철거(포교의 묵인), 1899년 내무성령 제41호(포교의 공인)가 공표되기까지, 약 240년 이상 그리스도교가 금지되었다.

일본에서 일어난 그리스도교에 대한 대규모 탄압이라면 1597년 26성인의 순교, 1622년 겐나 대순교 元和大殉教(55명 순교), 1637년 아마쿠사·시마바라 天草·島原의 난(37,000명 순교?), 1867년 우라카미에서 4차례 진행된 그리스도교 탄압 사건 浦上四番崩れ(3,394명 유배 중 662명 순교)을 들 수 있다.

한편 한국에서는 ①1791년 신해박해 辛亥教難, 尹持忠, 權尙然의 처형, 이승훈의 배교 背教, ②1801년 신유박해 辛酉教難(300명 순교), ③1839년 기해박해 己亥教難(113명 순교), ④1846년 갑오박해 甲午教難(한국인 최초의 가톨릭 사제 김대건의 처형),⑤ 1866년 병인박해 丙寅教難(8,000명 이상 순교), ⑥1871년 신미박해 辛未教難(척화비) 등

---

8 淺見雅一, 安廷苑, 같은 곳.

9 금령, 법령, 죄인의 죄상 罪狀 등을 적어 길가에 높이 세운 판자. 역자

여러 번의 탄압이 있었지만, 일본과 달리 외국인 선교사를 모두 없애는 것 같은 금교 기간은 없었다. 그리스도교 공인은 1883년 조영 朝英 수호통상조약(외국인에 제한해 신교 信教 자유의 보장)을 거쳐, 1866년에 체결된 조불 朝佛 수호통상조약 조문에 몰래 그리스도교의 포교를 의미하는 '교회 教誨'라는 문구가 포함됨으로써 이루어졌다.[10]

3) 배척자의 입장

일본에서는 금교령과 함께 그리스도교도가 아님을 증명하는 문서 寺請証文를 사찰이 발행했던 만큼, 그리스도교 배척에 앞장선 것은 주로 불교였다.

한국에서는 관료파벌 가운데 하나인 남인파 南人派, 후에는 신서파 信西派가 서학 西學의 한 분야로 그리스도교를 연구했다.[11] 그 때문에 그리스도교에 대한 배척도 당파싸움(붕당정치)의 와중에 행해졌다. 따라서 배척을 담당했던 것은 사림파 — 서인 西人 — 노론 老論 — 벽파 僻派 — 공서파 攻西派 계통이었다. 즉, 예수교의 수용과 배척에서 핵심이 된 것은 조선의 국교 國教라고도 할 수 있는 주자학(유교)이었다.

4) 그리스도교의 호칭

일본에서는 가톨릭을 천주교 天主教, 프로테스탄트를 예수교 耶蘇教로 구별하지만, 그리스도교 전체를 아우른 호칭으로 '吉利支丹', '切

---

10 柳洪烈著, 金容權訳, 『近代朝鮮における天主教弾圧と抵抗』, 彩流社, 2013, p.318.

11 柳洪烈著, 金容權訳, 같은 책, p.10.

支丹', '鬼理死端', '基督敎' 등을 들 수 있다.[12] 한국에서는 가톨릭을 천주교, 프로테스탄트를 기독교, 개신교, 예수교로 구별한다.[13]

5) 배척 이유 및 슬로건

①그리스도교 국가의 침략(제국주의), ②그리스도교의 신 神 관념 無君無父, ③서양의 기술력과 기기 洋才・西器, 인심을 현혹시킴에 대한 경계는 일본과 한국에 공통적이다. 다만 일본에서는 금교 기간에 그리스도교에 대한 혐오감 邪敎觀이 일어나 이것이 배척의 이유가 됐음에 비해, 한국에서는 예수교의 수용과 배척에서 모두 관료가 주체였기 때문에 유교적 정통론에서의 일탈이 배척 이유가 되었다. 이런 차이는 두 나라의 예수교 배척 슬로건에서 현저하게 드러난다. 일본의 슬로건은 '호법 護法이 곧 호국 護國'[14]이었고, 한국의 그것은 '위정척사 衛正斥邪'[15]였다.

3. 전근대사상 ― 불교 배척론과 예수교 배척론

고려에서는 『고려판대장경 高麗版大藏經』이 간행되는 등 불교가 두

---

12 三浦周, 「排耶論の研究」, 『大正大学大学院研究論集』, 33호, 2009 참조.

13 浅見雅一, 安廷苑, 『韓国とキリスト教』, 中央公論社, 2012, pp.9~10.

14 杞憂道人, 『闢邪管見録』, 「総論」의 말미에 "国ノタメ法ノタメ聊サカ微表ヲ陳スルコト爾リ"라고 되어 있다.

15 姜在彦은 『西洋と朝鮮』(朝日新聞社, 2008, pp.211~212)에서 "위정척사(衛正斥邪)의 사상이란 쉽게 말하면 정학(正學)을 보위하고 사학(邪學)을 배척하는 사상이다. 여기서 말하는 정학이란 공자 → 맹자 → 정자(程子) → 주자(朱子)로 이어지는 도통(道統, 고대로부터 유교의 도를 전한 성현의 계보)으로서, 그 도통의 순결성을 고수하기 위해 이단인 사학을 배척하는 것이 쇄국양이(鎖國攘夷)의 사상적 내용"이라고 서술한다.

텁게 비호됐음에 반해, 조선에서는 1392년 건국 이래 숭유폐불 崇儒廢佛 정책이 취해져 사찰뿐만 아니라 종파의 통폐합도 단행되었다. 1664년 현종 顯宗에 의한 승원 僧院의 폐쇄 이유를 보자.

① 불교는 중화 中華에서 일어난 것이 아니라 다른 곳의 것이다.
② 인과응보라는 잘못된 견해를 갖고 윤회의 망설 妄說을 논한다.
③ 농업을 하지 않고 놀면서 재물을 소비할 뿐이다.
④ 삼대 三代의 후에 나타난 것으로, 상고 上古의 법이 아닌 것이다.
⑤ 머리를 삭발하고 헌강 憲綱에 위배되는 일이 잦아 정교 正敎를 훼손한다.[16]

이것들은 ①외래성, ②허망한 설, ③놀고먹는 사람 遊民, ④비 非정통성, ⑤반사회성으로 정리된다. ①외래성과 ④비 非정통성은 같은 취지의 이야기라고 할 수 있다. 유교적 정통론은 구체적인 문제로 보기 어려우니 여기서는 외래성에 주목하고자 한다. 이 ①④②③⑤는 일본의 불교 배척론에서도 볼 수 있다. 이하 그 예를 들어본다.

①외래성(④비정통성) ― 林羅山, 『本朝神社考』(1638~1645?)
무릇 우리나라 本朝는 신국 神國으로, 신무제 神武帝가 하늘을 이어서 극 極을 세운 이래 계속 이어져 계속 받들어, 천황의 혈통 皇緖 끊이지 않고 왕도 王道 오직 넓어지니, 이는 우리 천신 天神이 주신 바의 길이다. [그런데 그 왕도가] 중세 中世에 약간 쇠약해짐에 불씨 佛氏가 그 틈을 타 저 서천 西天, 인도의

---

16 李光來著, 柳生真訳, 『韓国の西洋思想受容史』, 御茶ノ水書房, 2010, p.43.

법을 옮기니, 우리 동역東域, 일본의 풍속俗을 바꾸었다. 왕도 이미 쇠락하고 신도神道도 점점 피폐해졌으나 그래도 이 이단異端, 불교이 우리를 여의고서 세우기 어려운 까닭에 좌도左道의 설을 펼쳐 말한다. (중략) 태양의 신은 대일大日이니, 대일의 본국本國이기 때문에 일본국日本國이라고 이름 붙인다. (중략) 지금 나(=저자)는 여러 책을 살펴 장차 신도의 일神事을 닦으려 한다.[17]

②허망한 설 — 山片蟠桃, 『夢之代』(1820)

십만억불토라고 하는 것, 어느 정도인지 알지 못한다. 지구의 지도를 보니 천축天竺의 서쪽은 '하루시야ハルシヤ', '아라비아アラビヤ', '유대ジュデヤ', '나트리야ナトリヤ'로부터 구라파 제국을 거쳐서 또 대양大洋이 있고, 그 서쪽에 '아메리카'라는 대국이 있다. 그것을 지나서 또 대양을 거쳐서 일본日本과 한토漢土를 지나 원래의 천축으로 돌아온다. 경經에서 말하는 극락極樂이라는 것은 없다. 이렇듯 허망한 설로서 실제 이야기實說가 아님을 알아야만 한다.[18]

③놀고먹는 사람遊民 — (1) 熊沢蕃山, 『集義和書』(1672), (2) 熊沢蕃山, 『大学或問』(1686), (3) 太宰春台, 『聖学問答』(1732), (4) 司馬江漢, 『春波楼筆記』(1811)

(1) 비구, 비구니, 야마부시山伏[19]는 놀고먹는 사람 가운데 큰 부분을 차지한다.[20]

(2) 진실로 불법을 구하고자 출가한 자는 만 명에 백 명일 것이다. 그 다음

---

17 改造文庫, 『本朝神社考』, 改造社, 1942, pp.22~23.

18 『日本思想大系43 富永仲基 山片蟠桃』, 岩波書店, 1973, pp.451~452.

19 밀교의 일파인 슈겐도 修驗道의 수행자. 역자

20 『日本思想大系30 熊沢蕃山』, 岩波書店, 1971, p.386.

은 신체장애자이거나 사농공상士農工商 [어느 신분이든] 한 사람[분]의 일을 할 수 없는 자, 어쩔 수 없이 출가한 자 만 명에 천 명이나 있을 것이다. 그 외는 모두 도세渡世, 세상살이를 위해 간모姦謀를 꾀하고 음욕육식婬欲肉食에 실컷 빠지는 일 재가在家보다 더하다. 동숙同宿, 제화諸化, 강호江湖라 해서, 큰 절에 기거하는 자 대다수는 악인, 도적이라고 말할 수 있다.[21]

(3) 석씨釋氏의 도道는 부모의 집을 나가고 처자를 버리며, 위로는 임금君을 없애고 아래로는 신하臣를 없애며, 사농공상士農工商의 업을 하지 않고, 가족을 갖지 않고, 걸식하여 살아가고, 나무 아래 돌 위에 좌선하여 심법心法을 닦아 일체의 정욕情欲을 금하여 고목과 꺼진 재와 같이 되는 일에 힘쓴다.[22]

(4) 지금의 승려는 천하의 유민遊民으로서 출가出家의 업業이 없다. 불도佛道도 국민을 다스림에 일조一助로 대비해야 함에도 지금의 승려는 자기 한 사람을 닦는 일조차 하지 못하니, 도대체 승려는 출가라고 하여 집은 없고 우민憂民으로 하여금 비유방편으로써 교도敎導하는 것을 업으로 한다.[23]

⑤반사회성 — 安井眞祐, 『非火葬論』(1685)

근래 민간에 [이런 이야기가 있다.] 사람의 아비 죽음에 화장火葬을 한다고 하여 승려를 청해서 사체死體의 털을 깎다가 잘못하여 머리에 상처를 입혔기 때문에 처자친척들이 아주 화내고 슬퍼하며 [그 승려를] 심하게 원망하고 책망하며 고통을 느꼈다. 사체에 조그만 상처를 입히는 것조차 슬퍼하며 책망

---

21 『日本思想大系30 熊沢蕃山』, p.446.

22 『日本思想大系37 徂徠学派』, 岩波書店, 1972, pp.114~115.

23 『司馬江漢全集第二巻』, 八坂書房, 1993, p.63.

하는 것은 (아비에 대한) 사랑과 존경의 정성이 없어지지 않았기 때문이다. (중략) 화장을 반갑게 여기고, 천하와도 바꿀 수 없는 부모의 몸을 극악인 極惡 人을 처벌하는 방법 火葬으로 처리하는 게 매우 한심스럽다.[24]

①『本朝神社考』는 불교 때문에 일본 원래의 방식이 훼손되었다고 주장한다. 하야시 라잔 林羅山은 그 원인을 불교가 취한 '동화 同化', 예를 들면 '태양의 신 天照大御神'은 대일여래 大日如來이며 대일여래의 본국이기 때문에 일본 日本이다라는 말에서 찾는다. 따라서 불교의 외래성, 일본의 고유성을 분명히 하고자 이 책을 짓는다고 한다.

②『夢之代』에서는 자연과학 地理의 지식으로부터 불교의 '십만억 불토'(서방극락정토)가 비판되고 있다. 야마가타 반토우 山片蟠桃는 '천축 天竺, 인도'으로부터 서쪽으로 향해도 '하루시야'(페르시아), '아라비아', '유대'(中近東), '나트리야'(아나트리아[투르크]?), '구라파 제국', '대양 大洋'(대서양), '아메리카', '대양'(태평양), '일본', '한토 漢土'를 거쳐 본래의 '천축'에 돌아가니, 어디에도 서방극락정토 등은 없다고 한다.

③『集義和書』, 『大学或問』, 『春波楼筆記』에서는 현재(근세)의 승려는 본래의 출가가 아니라고 비판되며, 지금의 출가는 직업 渡世이라고 한다. 단, 『聖学問答』에 본래 출가가 정의되어 있지만 그 역시 효 孝의 관점에서 비판된다.

⑤『非火葬論』에서는 화장을 불교의 습속 習俗, '서융 西戎의 비루한

---

24 早稲田大学 古典籍 데이터베이스 참조.
http://archive.wul.waseda.ac.jp/kosho/i13/i13_00907/i13_00907_0042/i13_00907_0042.pdf(엑세스 2014/11/23)

습속'[25])이라고 하고서 죄인의 처형(화형)과 같은 방법으로 유체를 장사지내는 것을 비판하고 있다. 『효경 孝經』에 "身体髮膚受之父母不敢毁傷孝至始也."[26]라고 있는 것처럼 신체를 상하지 않게 하는 것, 또 『예기 禮記』에 "父母全而生之, 子全而帰之, 可謂孝矣."[27]라고 있는 것처럼 부모로부터 받은 신체를 온전히 하는 것이 효라 한다면, 온전한 유체는 효의 구현이다. 따라서 화장은 유체 파괴로서 불효가 된다. 또 『효경』에 "父子之道天性也, 君臣之義也."[28]라고 있는 것처럼 효는 천성적인 것이며 동시에 군신 본래의 모습이기도 하다. 즉, 불효는 '가정' 뿐만 아니라 '나라'에도 반 反한다.

일본의 불교 배척론에서 ①외래성(④비정통성)과 ⑤반사회성은 불교의 자체 노력으로는 해결할 수 없다. 이것을 포함하여 일본의 불교 배척론을 살펴보자.

우선 실제 불교 배척론서 書의 기술에서 배척의 대상을 확인해보자. 레이유우 霊遊의 『閑邪存誠』(1865)에서 배척 대상은,

그들은 희귀한 보물과 진기한 화폐, 진주, 비취, 대모갑 등을 갖고 와서 그것을 시여하여 가난한 민중들을 풍족하게 하며, 또한 약초 薬草를 처방하여

---

25 早稲田大学 古典籍 데이터베이스 참조. 상동.

26 維基文庫 自由的図書館 참조.
http://zh.wikisource.org/wiki/%E5%AD%9D%E7%B6%93#.E9.96.8B.E5.AE.97.E6.98.8E.E7.BE.A9.E7.AB.A0.C2.B7.E7.AC.AC.E4.B8.80(엑세스 2014/11/23)

27 維基文庫 自由的図書館 참조. 상동.
http://zh.wikisource.org/wiki/%E7%A6%AE%E8%A8%98/%E7%A5%AD%E7%BE%A9(엑세스 2014/11/23)

28 維基文庫 自由的図書館 참조. 상동.
http://zh.wikisource.org/wiki/%E5%AD%9D%E7%B6%93#.E9.96.8B.E5.AE.97.E6.98.8E.E7.BE.A9.E7.AB.A0.C2.B7.E7.AC.AC.E4.B8.80(엑세스 2014/11/23)

병에 걸린 환자들을 치료했다. [그것을] 본 사람들은 마음이 도취하고 눈이 부시며, 남녀노소 모두 그들의 법에 귀순했다.[29]

라며, 진귀한 보배와 기이한 재화로써 사람을 유혹하는 것으로 되어 있다. 이것을 죠우넨 超然은 『斥邪二筆』(1866)에서,

　　사교 邪教의 건립은 모두 신기한 수법에 의하여, 사람들이 좋아하는 것으로 써 속이고 유혹하는 수밖에 없다.[30]

라고, 즉 불교는 신기 新奇, 색다르게 변한 모양라고 단적으로 정리한다.
　예수교 배척론에서는 외래 신지식과 신기술이 그리스도교와 동일 시된다. 이 글에서는 이를 그리스도교와 구별하기 위해 '크리스천예 수キリシタンヤソ'라고 하겠다. 이것은 예수교 배척론이 그리스도교와 전혀 무관하게 외관상의 '신기'함에서 비롯되는 경우[31]가 있기 때문이 고, 더욱이 그리스도교에 대한 혐오감 탓에 중상모략으로 나타나는 것이 일반적이기 때문이다. 예를 들면 예수교 배척론서에는 유체 파 괴를 행하는 크리스천예수에 관한 기술이 보인다.

　　杞憂道人, 『闢邪管見録』(1861)

29　필자 소장본, 靈遊, 『閑邪存誡』, 二丁, 獨醒館蔵版, 간행년도 미상.

30　필자 소장본, 深懺隠士, 『斥邪二筆』, 八丁, 衛道書屋蔵版, 慶応 二年(1866).

31　예를 들면 17세기 후반의 하이카이(俳諧. [무로마치 말기에 시작된 익살스러운 내용의 연가. 역자])의 세계 에서, 그때까지의 '고풍(古風)' 정문파(貞門派)에 대해 '신풍(新風)' 담림파(談林派)가 발흥했을 때, 담림파 의 하이진(俳人)인 井原鶴永(西鶴)와 菅野谷高政은 '阿蘭陀流·伴天連', 즉 크리스천예수로 비난받았다. 鶴 永과 高政은 그리스도교도는 아니다. 이 비난은 첫 구절의 신기함에 가해진 것이었다.

병자의 눈을 도려내 약으로 삼으며, 죽은 이의 지방과 피를 끓여 기름으로 하며, (중략) 어린아이를 죽여 먹을 것으로 쓰며,[32]

「浦上異宗之義探索書」(1867)

시가의 소문에는 죽은 이에게 못을 박고, 또한 죽은 이의 이마를 십자형으로 자르고, 그 외 여러 가지 다양한 기이한 일이 있습니다. 그렇지만 모두 허언 虛言으로 들은 바입니다.[33]

'풍설 風說', '허언 虛言'이라 하고 있으니 중상모략임을 알 수 있지만, 여기에서 크리스천예수는 유체의 혈액을 끓여서 기름으로 쓰고, 못을 박고, 이마를 십자로 찢는다고 되어 있다. 이러한 풍문이 생기는 것은 서양의학(해부학)이 신기하게 여겨졌기 때문이다. 한역 漢譯 서양의학서 『全体新論』에 대한 반박인 레이유우 靈遊의 『閑邪存誠』(1865)에서는

'죽은 지 얼마 안 됨'이라 함은 그 간격을 놓지 않는다는 뜻이다. 나는 이 말을 보고 대단히 공포를 느꼈다. 왜냐하면 사람이 죽고 아직 그 체온도 사라지지 않았는데 벌써 칼로 사체를 찢고, 가죽을 벗기고, 뼈를 빼고, 살을 가르고, 근육을 쪼갠다. 이러한 짓은 야차 夜叉나 귀신 鬼神보다도 가혹하다. 인정을 모르는 것에서도 심한 것이다. 의술에 있어 그런 것이 무슨 이익이 있겠는가?[34]

---

32 필자 소장본, 杞憂道人, 『闢邪管見録』, 「総論」, 二-三丁, 緣山藏版, 文久元年(1861).
33 維新学会編, 『幕末維新外交史料集成』, 第一書房, 1978, p.42.
34 필자 소장본, 靈遊, 『閑邪存誠』, 二一丁, 獨醒館藏版, 간행년도 미상.

라고 하여, 사망 직후의 유체 해부가 비판되고 있다. 서양의학을 매개로 한 이 같은 중상모략은 그 자세한 경위는 모르겠으나 한국에서도 있었던 것으로 보인다.

　1884년 4월, 현재의 가톨릭 대성당인 명동성당이 건축된 것이 원인이 되어 전교 傳教 금지령이 포고되었다. 같은 해 여름에는 **외국인 선교사가 자식을 유괴해서 인체실험을 하고 있다는 중상모략**이 발단이 되어 외국인 선교사와 그리스도교 계통의 학교가 습격을 받았다. 이러한 사건은 그리스도교에 반감을 가진 위정자가 일반 사람들의 무지를 이용해서 일으킨 것이라고 생각되고 있다.[35] (강조는 필자)

　'인체실험'이라는 번역문을 보건대 앞서 든 그리스도교 배척론서와 같은 언설이 정말이지 똑같이 항간에 유포돼 있었던 것으로 보인다. 그렇다면 크리스천예수에게 왜 유체 파괴라는 속성이 주어진 것일까? 우선 침략과 신 神 관념에 대한 비판을 보자.

　한국 : 헌종憲宗, 「斥邪綸音」(1839)
　아! 아버지가 없다면 어디로부터 태어나며, 어머니가 없다면 어떻게 자란다는 것인가? 저 비천한 이들은 자신을 낳은 이가 육체의 부모이고 천주天主는 영혼의 부모로서, 친애하고 존숭하는 일이 천주에게 있고 부모에게 없다고 말하며 스스로 부모와 연을 끊는다. 이것이 도대체 혈연의 인륜으로서 감히 행할 수 있는 일인가?[36]

35　浅見雅一, 安廷苑, 『韓国とキリスト教』, 中央公論社, 2012, p.98.

36　李光来著, 高坂史郎訳, 『韓国の西洋思想受容史』, 御茶ノ水書房, 2010, pp.53~54.

일본 : 杞憂道人, 『闢邪管見録』(1861)

조상의 신주神主를 변소에 내버리고, 신불의 형상形像을 불 속에 던져 넣
고, 군주나 아버지를 친구처럼 여기고, 관리들을 사갈蛇蝎처럼 여기고, 국토
를 개나 쥐처럼 여기고, 짐승을 개미나 이처럼 여겨 죽인다. 천체가 선회하고
지구가 움직인다는 설을 제창하며, 우민愚民들을 선동하여 화기火器나 군함
을 만들고 전투를 즐기며,[37]

후자의 인용문 첫머리에 보이는 신주神主, 위패를 변소에 버린다고
한 선조 제사의 부정은 한국에서도 일어나지만, 일본의 다른 예에 주
목해보자.

「過テ邪教ヲ信ゼシ人正法ニ皈スル話」, 『明治新因縁集』(1889)

무사시노쿠니 武蔵國, 무사시국 구마가야에키 熊谷驛, 구마가야역의 호장 戸長인
□□□□□□씨는 대대로 정토종 淨土宗이며 구마가야데라 熊谷寺, 구마가야
사의 단가인데, 교제상의 사정이라든가 친한 친구의 권유라든가 그런 것에 의
해 예수교 신도의 그룹에 들어가, 자택의 **제단神棚을 헐고 불상 및 조상의 위
패位牌 등을 곳간 구석에 밀어 넣으며 향이나 꽃을 공양하지 않을 뿐만 아니
라 자칫하면 발로 흩뜨리는 것**을 보고, 친어머니는 속으로 그 분별이 없는 짓
에 분노했지만 그렇게까지 [예수교에] 심취해버린 이상 간청해도 소용없을
거라고 생각하여, 병에 걸린 것도 아닌데 자리에 누워 울며 지내고 마침내 식
사를 끊고 죽음을 기다렸다.[38] (강조는 필자)

37 필자 소장본, 杞憂道人, 『闢邪管見録』, 「総論」, 二丁, 縁山蔵版, 文久元年(1861).

38 大高文進編, 『明治新因縁集』, 沢田文栄堂, 1889, pp.2~4.

여기서도 '예수교 신도의 무리'에 들어간 아들은 제단 神棚, 불상 佛像, 위패를 함부로 다룬다. 혹은 그렇게 인물 설정이 되어 있다. 병에 걸린 체하여 금식을 감행, 죽음으로써 설득하려고 하는 어머니의 존재가 아들의 행위를 더 부각시킨다. 이 이야기는 어머니의 참뜻을 들은 중개자가 이를 아들에게 알려, 아들이 이전의 잘못을 뉘우치고 마음을 고쳐먹어 어머니에게 의탁하여 선조의 추선공양 追善供養을 대대적으로 행하며 결말을 향한다.

어머니의 참뜻은 '믿음과 믿지 않음은, 부모 자식 간이라도 그 마음은 각각이기 때문에 그것은 그(아들)의 마음대로일 것이다. 하지만 불상이나 위패에 무슨 허물이 있는가.'[39]라는 것으로, 친아들이라고 해도 신심은 별도이지만 불상이나 위패를 함부로 다루는 것은 도리가 아닌 것으로 설명된다. 이 대목에서, 근세 중후기까지 일본 각지에 보이는 '반단가 半檀家'[40] (한 집이 복수의 사원과 사단 寺檀 관계를 맺는 형태. 신부 嫁의 재산권을 배경으로 한 신심의 보장이라고도 말할 수 있다.)의 영향을 보는 것도 가능할 것이다. 그러나 어머니의 참뜻을 대신 말하는 중개자는 아들에게 '효도의 대의'와 '이교 異敎의 위선'[41]을 설한다. 이것을 해석해 보자.

『중용 中庸』에 "事死如事生, 事亡如事存, 孝之至也."[42]라고 있듯이, 살아 있는 이를 섬기는 것처럼 죽은 이를 섬기는 것이 효의 최고라면

39 大高文進編, 같은 곳.

40 朴澤直秀,「半檀家の再檢討」,『東京大学日本史学研究室紀要』, 제8호, 2004 참조.

41 大高文進編,『明治新因緣集』, 沢田文栄堂, 1889, pp.2~4.

42 維基文庫 自由的図書館 참조.
http://zh.wikisource.org/wiki/%E7%A6%AE%E8%A8%98/%E4%B8%AD%E5%BA%B8(엑세스 2014/11/23)

위패를 함부로 다루는 것은 불효이다. 다만 죽은 이를 섬기는 기준은 살아 있는 이를 섬기는 도리에서 구해진다. 살아 있는 이에 대한 봉사가 전제로서, 이의 방기는 죽은 이를 섬기는 것의 방기도 의미한다. 최악의 불효인 것이다. 즉, '예수교 신도의 무리에 들어가서'라는 사실은 부모의 부정(『중용』의 살아 있는 이) → 선조의 부정(『중용』의 죽은 이) → '가정'의 부정(『효경』의 父子之道天性也) → '국가'의 부정(『효경』의 君臣之義也) → 질서의 붕괴(이교의 위선)라는 도식으로 전개될 수 있을 것이다. 이것을 거꾸로 놓고 보면 '효도의 대의'가 된다.

예수교 배척론의 논점이 효孝에 있는 것은 분명할 것이다. 때문에 크리스천예수에 불효의 상징으로서 유체 파괴라는 속성이 주어진 것이다.

앞서 "한국의 중상모략이 발단이 되어 외국인 선교사와 그리스도교 계통의 학교가 습격"받은 사례를 소개했지만, 이것이 "일반 사람들의 무지를 이용"했다고 꼭 그렇게 말할 수만은 없다. 왜냐하면 여기서 말하는 크리스천이란 일종의 레테르(라벨링)로, 대다수가 '그럴 법 하다'고 긍정하지 않으면 레테르가 되지 않는다. 달리 말하면 레테르를 붙임으로써 어떤 불안이나 불균형이 승화 또는 시정된다고 믿는 문화토양[43]을 공유하고 있지 않으면, 레테르는 기능하지 않는다. 단, 이런 문화토양이나 사회적 기능을 '무지'로 보고 근대의 지知를 통해 계몽해 가는 것이 19세기 동아시아가 대면한 서양 근대라고도 말할 수 있다.

---

43 小松和彦, 『憑靈信仰論』, 講談社, 1994 참조.

이제까지 불교 배척론과 예수교 배척론을 살펴보았지만 그 비판의 구도는 흡사하다. 불교 배척론이 ①불교의 외래성, ②불교의 반사회성 僧侶遊民 = 불효, ③효를 매개로 한 일종의 레테르 → 유체 파괴(화장)라는 구도를 가짐에 비해, 그리스도교 배척론은 ①크리스천예수의 외래성, ②크리스천예수의 반사회성(그리스도교의 신 관념 : 無君無父) = 불효, ③효를 매개로 한 일종의 레테르 → 유체 파괴(서양의학)라는 구도를 지닌다. 두 이론은 왜 같은 구도를 보이는 것일까?

첫째, 두 이론의 비판 원리가 유교적 질서 형성론에 의거해 있기 때문이다. 19세기 동아시아에서 이문화(서양 근대)와의 접촉에 즈음한 '거절'은 신기함을 그릇된 것으로, 예정조화를 옳은 것으로 삼는 '질서'에 의해 이루어졌다. 일본의 경우, 불교는 그 같은 질서와 다르지 않은 것을 전제(신도와 유교와 불교의 삼교 일치, 왕법이 곧 불법[44])로 하고 이것이 '호법 護法이 곧 호국'이라는 슬로건으로 연결된다.

둘째, 외래성과 비 非사회성에서 비롯된 레테르는 스스로의 노력만으로 없어지지 않는다. 불교는 한학 漢學, 유교과 국학 國學, 神道으로부터의 비판(레테르)을 그리스도교에 돌리고, 나아가서는 크리스천예수의 배척으로 자신의 사회적 유익성을 어필한 것이다. 즉, 그리스

---

44 晃曜의 『護法総論』(1869)에는 "신(神), 유(儒), 불(佛) 삼도(三道)는 원래부터 이 나라에서 동거하는 형제와 같고, (삼자가) 정립하는 것이 올바른 길이기 때문에, 삼도의 학자들이 힘을 모으고 마음을 함께하여 예수교를 막아야 하는 것이다."로 되어 있고, 義導의 『王法為本談』(1877)에는 "안과 밖을 생각하면 두 가지 뜻이 있을 것이다. 하나는 본원(本院. [자기 종파의 중심 사찰. 역자])의 법주(法主. [본원의 가장 지위 높은 승려. 역자])가 스스로 가르쳐 주는 불법을 안으로 하며, 조정이 국법(國法)으로 분부하는 정령을 밖으로 한다. 이는 자타를 나누어 안과 밖으로 하는 뜻이다. 또 하나는 왕법(王法)도 불법도 (신身·구口·의意) 삼업(三業)의 악을 타이르고 선업의 선을 권하지만, 일단 안과 밖을 나눌 때는 왕법은 신과 구라는 외면적 모습을 다스리고, 불법은 의업(意業)이라는 내면적 마음을 근본으로 한다. 따라서 '밖에는 왕법이 있고'라고 설하셨다."라고 되어 있다.

도교 배척은 목적이 아니라 수단인 것이다.

결론

현재 한국의 그리스도교도가 인구의 3할을 점하는 것[45]에 비해 일
본에서 그 비율은 1할도 채 되지 않는다. 예수교 배척론의 논점이 효
에 있었던 것에 비추어 보면, 이 차이는 한국의 그리스도교가 선조
제사로 추도식[46]을 준비했던 반면, 일본에서는 메이지 정부에 의한
'신장제 神葬祭'(신도)의 추진과 그리스도교 재 再포교의 시기가 겹쳐
진 탓에 그리스도교가 장례와 상례를 집행할 수 없었던 때문이라고
생각된다.[47] 그러나 신학자 나카미치 모토오 中道基夫가 "다른 예배식
문 式文이 그만큼 큰 변화를 이루지 않았음에도 불구하고 장례식문만
은 일본적 요소를 많이 포함하고 있다."[48]고 지적하고 있는 것처럼,

---

45 浅見雅一・安廷苑,『韓国とキリスト教』, 中央公論社, 2012, pp.7~9.

46 『韓国とキリスト教』(p.150)는 "한국에서는 가톨릭과 프로테스탄트를 망라해 본래 기일(忌日)에 행해야 하
는 선조 숭배를 그리스도교의 추도식 거행으로 대체하게 되었다. 이러한 이교(異敎)의 의식을 그리스도교의
의식으로 대체하는 것이 그리스도교 포교에 가져온 역할은 매우 크다."고 지적한다.

47 三浦周,「「近代」における葬祭問題の考察」,『佛教文化学会紀要』, 제20호, 2012, p.34. "예를 들면 메이지 5
년(1872) 6월13일, 정부는 장례행렬에 관하여 '개인 장례를 금지하고 장례의식은 신관(神官)승려에 의뢰해
야만 하는 건'이라는 태정관포고(太政官布告)를 발령했다. 여기서 말하는 '개인 장례'란 주로 불교식에 의하
지 않는 장례의식을 가리키지만 구체적으로는 그리스도교 장례가 대상이다. 이것은 게이오(慶應) 3년
(1867)에 시작된 나가사키(長崎)의 비밀 크리스천의 체포, 강제개종, 고문, 유배 등 이른바 우라카미에서 4
차례 진행된 그리스도교 탄압 사건의 발달이 불교 장례의식 거부였기 때문이다. 혹은 이듬해 2월의 '切支丹
宗門'禁制의 고찰철거(高札撤去)'(그리스도교의 포교 묵인)을 예측한 예방조차—개인장례의 금지는 그리스
도교의 포교를 방해하는 것으로, 실질적으로는 그 금교(禁敎)를 의미한다.—였는지도 모른다. 요컨대 이 법
률은 그리스도교 대책이기도 했다."

48 中道基夫,「日本におけるキリスト教葬儀式文のインカルチュレーション (1) : 日本メソヂスト教会の葬儀
式文」,『神學研究』, 49, 2002, p.94.

일본에서도 효 孝와 선조 제사에 대한 배려를 볼 수 있다.

그러나 이미 언급했듯이 예수교 배척론은 수단이지 목적이 아니었다. 그렇다면 그 목적은 어디에 있었는가? 이를 논함으로써 불교 배척론과 예수교 배척론이 전 前근대사상이라는 말의 의의 意義를 제시하고자 한다.

우선 불교 배척론의 요지는 ①외래성(④비정통성), ②허망한 설, ③놀고먹는 사람 遊民, ⑤반사회성이었다. 이것들을 메이지 첫 해(1868)에 뜻을 같이 한 승려들이 결성한 초 超종파조직, '제종동덕회맹 諸宗同德會盟'이 제시한 과제 8개조에 적용해 보자. 8개조의 과제란 (1)王法佛法不離之論, (2)邪敎硏窮毁斥之論, (3)三道鼎立練磨之論, (4)自宗敎書硏覈之論, (5)自宗舊弊一洗之論, (6)新規學校營繕之論, (7)宗宗人材登庸之論, (8)諸洲民間敎諭之論으로, 이것은 불교가 이후 전념해야 할 여덟 가지 과업인 동시에 불교 배척론의 비판에 대한 회답으로도 생각할 수 있다.

①외래성(④비정통성) → (1)王法佛法不離之論, (2)邪敎硏窮毁斥之論, (3)三道鼎立練磨之論

②허망한 설 → (2)邪敎硏窮毁斥之論, (4)自宗敎書硏覈之論

③놀고먹는 사람(遊民) → (5)自宗舊弊一洗之論, (6)新規学校営繕之論, (7)宗宗人材登庸之論, (8)諸洲民間敎諭之論

⑤반사회성 → (2)邪敎硏窮毁斥之論, (5)自宗舊弊一洗之論

여기에 구체적 현상을 덧붙여 보자.

①외래성(④비정통성) → 신도 국교화神道 國敎化 정책에 준한 대교원체제 大敎院體制, 황도불교 皇道佛敎 등

②허망한 설 → 근대불교학, 종문宗門 계열 대학에 보통 학문의 도입,[49] 정신주의 精神主義 등

③놀고먹는 사람 遊民 → 계율 부흥운동, 신新불교운동, 종문 계열 대학 설립, 승려의 해외유학, 사회사업(자선, 감화, 가난구호), 해외포교, 의료사업, 지역공헌 등

⑤반사회성 → 승려의 장발화長髮化와 대처, 장례의식불교 등

이렇게 볼 때 불교의 대외적 현상은 거의 불교 배척론과 예수교 배척론에서 유래한다. 이것을 전근대사상이라고 하는 까닭이다. 이를 매개로 해서 불교와 승려는 근대사회와 대치해 왔을 테지만, 이 전근대사상이 유교적 질서 형성론에 입각해 있다는 점을 잊어서는 안 된다. 전근대사상(예수교 배척론)에서 '불교'와 '질서'가 다르지 않다고 하며 '왕법이 곧 불법'이란 모토가 채택된 탓에 불교와 사회를 둘러싼 말들의 애매모호함이 빚어지고, 전근대사상(불교 배척론)에서 불교가 유해무익하다는 일종의 레테르가 붙여졌기 때문에 현재의 불교까지도 '사회에 도움이 되는 불교'라는 강박관념을 가지고 있는 것이다.

결국 불교에 사회성은 없다. 또 앞 절에 인용한 『闢邪管見錄』을 저술한 기유우 도우진 杞憂 道人과 정토종 초대 관장 우가이 데츠죠우 養鸕 徹定, 1814~1891는 앞의 책에서 자신들을 '방외 方外의 무리'[50]라고 규

49 阿部貴子, 「明治期真言宗の大学林教育 普通学導入をめぐる議論と実際」, 江島尚俊, 三浦周, 松野智章編, 『近代日本の大学と宗教』, 法藏館, 2014 참조.

50 『闢邪管見録』에는 "그 [외국과의] 무역 및 인접국과의 수교나 해변 방위 등의 일은 세속의 바깥에 있는 자가

정한다. 이에 근거한다면 승려에게도 사회성이 있어서는 안 될 것이다.

마지막으로 굳이 문제제기를 하자면, '질서'는 쉽게 달리 읽을 수 있다. 현재는 '사회'라고 되어 있지만 예전에는 '국가'로 되어 있었다. 현대의 시바 고우칸 司馬 江漢[51]에게 "우민 憂民을 비유방편으로 교도 敎導하는 것을 업 業으로 한다."고 비판 받고 싶지 않다면 부화뇌동은 절대 삼가야 할 일이다.

굳이 논의해야 하는 일이 아니다."로 되어 있고, "내가 치림(緇林. [승가(僧伽)를 말한다. 역자])에 있으면서 함부로 이런 행위를 하는 것은 외람이라는 죄를 면할 수가 없다."라고도 되어 있다.

51 에도 후기의 서양화가, 수필가. 역자

외래 불교의 일본 진출에 관한 고찰

호시노 소(星野 壯)

다이쇼대학교

1. 들어가는 말[1]

다짜고짜 사적인 이야기부터 시작해서 송구스럽지만, 필자는 석사 논문을 집필할 때부터 이민 연구와 종교사회학의 선행연구를 참고하면서 재일在日브라질인의 생활과 신앙실태를 조사하기 위해 주로 기독교에 주목하여 필드워크를 진행해 왔다. 그간 리먼쇼크로 인한 세계적 경기 후퇴와 동東일본대지진 등의 발생으로, 재일브라질인들을 둘러싼 환경은 급변했다. 또한 보통 브릭스(BRICs)라고 불리는 신

---

1 이 글의 <들어가는 말>과 이어지는 <뉴커머(newcomer)와 종교 연구의 현황>에서 제시하는 상세한 수치 등은 모두 <법무성 체류외국인 통계>(과거의 <등록외국인 통계>)의 각 연도별 통계(http://www.moj.go.jp/housei/ toukei/toukei_ichiran_touroku.html. 2014년 3월 확인)에서 인용했다. 마찬가지로 위 웹페이지의 데이터를 사용한 혼카와 유타카(本川 裕)에 의한 <표 1>도 참조하길 바란다.

흥국 중 하나로 축구 월드컵, 올림픽 등의 개최에 따라 거듭 활기를 띠는 그들의 모국 브라질과 일본의 경제상황은 1980년대 후반의 상황과는 반대인 것처럼 보인다. 또 실제로 재일브라질인 인구수는 최근 수년간 3분의 2로 감소했다.

재일브라질인의 감소와 달리, 상대적으로 아시아로부터의 이민은 상승세를 유지하고 있다. 일본과의 관계에서 복잡한 과거를 지니고 지리적으로 일본과 가까운 구 舊식민지로부터의 이민도 근년 일본과의 관계 악화 등에 따라 다시 주목받고 있다. 즉, 지정학적으로 일본과 끈끈한 연관관계에 있는 이들 국가로부터 일본으로의 이민은 앞으로도 일정 수준을 유지할 것으로 예상된다. 그리고 앞으로도 이와 같은 에스닉 그룹(ethnic group)과 일본 사회 사이에서, 다나카 마사카즈 田中 雅一가 종종 제기하는 "'교섭'과 '교류'라는 협조적이고 평화적인 개념으로 포용할 수 없는 폭력과 권력, 갈등과 저항을 포함한 '컨택트 존(Contact Zone, '접촉영역')'²"(田中 2007)이 발생하게 될 가능성도, 안타깝지만 부정할 수 없다.

이상과 같은 흥미와 관심 아래 이 글에서는 대만의 불교계 NGO인 '대만불교자제기금회 臺灣佛敎慈濟基金會, 이하 자제회'의 일본지부를 살펴보겠다. 먼저 이민 연구에서 종교 연구의 결핍 등을 지적하고 자제회를 다루는 의의를 확인하겠다. 다음으로 자제회 대만본부의 역사를 해외진출을 중심으로 돌이켜 보겠다. 그리고 일본지부에 대한 선행연구가 다루지 않았던 호스트 사회(host society)와의 관여방식에

---

2 '컨택트 존'은 간단히 말하면 '서로 다른 문화적 배경을 가진 사람들과의 접촉이 일어나는 영역'이라고 정의되며, 프랫(Mary Louise Pratt)이 *Imperial Eyes*(『제국의 눈』, 1992)에서 처음으로 학계에 제시했다고 한다.

대해 간단히 서술하겠다.

물론 이런 작업만으로 위에 제시한 모든 문제와 관심에 답할 수는 없다. 이 글은 유감이지만 어디까지나 조사와 분석 도중에 하는 보고 일 뿐이다. 즉, 이 글은 향후 연구를 겨냥한 예비적 연구에 해당함을 분명히 해두겠다.

2. 뉴커머(newcomer)와 종교 연구의 현황

재일외국인(등록외국인) 수의 변화(매년 말 기준)

국적(출신지)별 재일외국인(등록외국인)수의 변화
(단위: 명)

	1992년 말	2012년 말	증감수	배율
총 수	1,281,644	2,033,656	782,012	1.6
한국·조선	688,144	530,046	-158,099	0.8
중 국	195,334	652,555	457,221	3.3
브 라 질	147,833	190,581	42,778	1.3
필 리 핀	62,218	202,974	140,756	3.3
페 루	31,051	49,248	18,197	1.6
미 국	42,482	48,357	5,875	1.1
그 외	114,612	359,895	245,283	3.1

(참고) 장기통계

(자료) 법무성<재일외국인 통계(구 등록외국인 통계)>

<표 1> 뉴커머 도래기의 외국인 인구증가에 대해서
(출처 : 혼카와 유타카(本川 裕), 「사회실정 데이터 : 외국인 수의 추이(국적별)」,
http://www2.ttcn.ne.jp/honkawa/, 2014년 3월 확인)

1970년 이후 일본으로 건너와 어느 정도 장기간 일본에서 지내게 된 외국인은 일반적으로 '뉴커머(newcomer, 新來外國人)'[3]라고 불린다. 고마이 히로시駒井 洋 등의 견해에 따르면 1980년대에 '흥행' 비자로 입국하여 엔터테이너로서 번화가에서 많이 일하던 필리핀인, 1980년대 중반에 중화인민공화국이 사비유학을 자유화함에 따라 증가한 중국인 유학생과 취학생, 일본과의 사이에서 비자 상호면제협정이 맺어져 비자 없이 관광을 목적으로 입국해 그대로 취직하기도 했다는 이란인, 파키스탄인, 방글라데시인, 그리고 1989년 해외여행자유화 이후 일본 방문 경향이 높아진 한국인, 1990년 '출입국관리 및 난민인정법 入管法'이 일본계 외국인과 그 배우자의 단순노동을 인정하여 체류자격을 부여함에 따른, 남미출신 일본계 외국인들이 대표적 뉴커머로 꼽힌다.(駒井 외 編 1997)

실제로 이들 뉴커머 도래기의 외국인 인구증가는 〈표 1〉과 같다. 먼저 총외국인수를 보면 1965년에 체류외국인 전체수가 665,989인이었던 것이, 2010년에는 2,134,151인이 되었다. 또한 그들의 출신국을 보면 전쟁 전부터 이어져 온 역사적인 경위에서 한 때는 한국 출신자가 중심이었지만, 뉴커머 도래기 이후에는 아시아 전역, 남미 등 출신지의 광역화와 다양화가 진행되고 있다.

위와 같은 '일본 사회의 국제화'라고도 할 수 있는 상황 속에서 일본인 연구자가 체류외국인의 일본에서의 활동에 주목하는 것도 어쩌

---

3 그에 비해 20세기 전반 강제연행 등으로 일본에 온 구식민지 출신자, 또는 그들의 자녀 세대 이후의 사람들은 '올드커머(oldcomer, 舊來外國人)'라고 불린다.

면 당연한 일이었다. 실제로 법학, 경제학, 교육학, 사회학, 문화인류학 등 모든 분야의 연구에 진전이 있었다고 할 수 있다. 그러나 종교학 또는 모든 분야에서의 종교 연구 축적에 대해서라면, 그다지 축적되지 않았다는 것이 정답이다. 이는 연구자들이 외래 종교단체나 재일외국인의 종교생활을 등한시했기 때문이 아니다. 꼭 그 이유를 꼽으라고 하면, 연구자들이 그 중요성을 인정하면서도 연구의 중심에 두지 않았던 탓이다. 그러나 외래 종교단체 및 재일외국인의 종교생활 연구의 중요성은 도시사회학자인 오쿠다 미치히로奧田 道大가 "(신주쿠나 이케부쿠로 등의 집단주거지역의) 외국인 주거자들의 일상생활, 정신구조에서의 신앙, 종교의 역할은 상당히 크다. 그런 가운데 지역사회의 교회, 사원, 모스크 등의 존재는 말하자면 광역화와 협역화가 재결합하는 에스닉 네트워크의 결절점으로 기능하고 있다."고 말한 데서도 분명하다.(奧田, 田嶋編著 1993. 奧田, 鈴木編著 2001) 다만 이런 전반적 경향 속에서도 이이다 다카후미飯田 剛史와 다니 도미오谷富 夫의 두꺼운 연구서는 잘 알려져 있다.(飯田 2002. 谷 1994)[4]

근년에 들어 상황은 점차 변하고 있다. 즉, '뉴커머와 종교'라는 영역도 문제 부문으로 인지되어 왔다. 예를 들면 사쿠라이 요시히데櫻井 義秀 등 일본인 연구자와 이원범 등 한국인 연구자에 의한 일한日韓 양국의 한국계 종교, 일본계 종교에 관한 공동연구, 미키 히즈루三木 英와 사쿠라이櫻井 등에 의한 일본 뉴커머의 종교생활에 관한 연구,

---

4 이이다와 타니 모두 뉴커머로서 한국인을 연구대상으로 하고 있다. 따라서 수십 년의 거주 이력을 가진 한인(韓人)들의 종교생활을 그려내는 데서 이들이 사용한 분석틀을 그대로 계승하기란 어렵다고 생각한다.

요시하라 가즈오 吉原 和男 등에 의한 논문집과 사전의 편찬 등을 대표적 업적으로 들 수 있다(櫻井, 李編 2011. 三木, 櫻井編 2012. 吉原編 2013. 吉原 외 編著 2013). 이들 연구에서 대상이 된 교단이나 에스니시티(ethnicity)를 개괄하자면 남미계, 한국계, 필리핀의 개신교와 가톨릭 교단의 동향과 신도의 추세, 나아가서는 무슬림의 네트워크 구축과정 등이 연구 범위에 포함되어 있다.[5]

다만 일본의 이민 연구를 강제한 원인이 된 뉴커머의 대표격인 재일브라질인 등 라틴아메리카로부터의 이민은 도쿄, 오사카 등 대도시권에는 적고, 동해지방이나 북관동지방의 공업집적지역에 몰려있다. 결과적으로 종교연구도 이들 지역에 한정되게 된다. 오사카시로 눈을 돌리면, 그 곳의 뉴커머나 외래 종교에 대한 연구에서는 한국계 개신교의 교회에 대한 연구가 많다는 것을 알 수 있다.

예컨대 도쿄의 외국인 집중주거지역이라 하면 도쿄도 東京都 신주쿠구 新宿區의 가부키초 歌舞伎町 지구[6]와 이케부쿠로 池袋 지구 등이라 할 수 있다. 실제로 이들 구역에는 많은 한국계 개신교회가 있다. 그러나 이렇게 상황을 추적하는 방식으로 한국계 개신교회에만 연구가 한정되는 것은 좋은 현상이 아니다. 오히려 이 지역의 재일외국인과 외래 종교의 모든 상황을 파악하기 위해서는 다른 에스니시티의 또

---

5 또한 무슬림에 대한 유력한 연구로 히구치 나오토(樋口 直人) 등의 공동연구도 들 수 있다.(樋口 외 2007)

6 여기서 자제회 일본지부가 있는 신주쿠구에 대한 데이터를 제시해 둔다. 2013년 7월 1일자 신주쿠구의 총인구수는 322,895인이며, 이 가운데 외국인 등록자수는 33,342인으로 되어 있다. 즉, 약 10%가 외국 국적 주민이다. 국적별로 보면 1위가 중국적(籍)으로 12,408인(대만인을 포함), 2위 아래로 한국 또는 조선(11,865인), 네팔(1,336인), 미얀마(1,047인), 베트남(1,008인)순이었다. 참고로 위에 언급한 '법무성 체류외국인 통계'에서는 2012년 말부터 '중국'과 '대만'을 나누어 표기하고 있다.(2013년 6월 말 시점에서 중국 647,230인, 대만 29,466인으로 되어 있다) 이상의 데이터는 모두 '신주쿠구 주민 기본 장부 인구·외국인주민 국적별남녀별인구'(2013년 7월, 12월에 확인. http://www.city.shinjuku.lg.jp/kusei/file02_00029. html)에서 얻었다.

다른 신앙생활, 또 다른 종교전통을 계승하는 교단의 추세에 대해서
도 주목해 다각적으로 검토할 필요가 있다.

위와 같은 사정을 감안하면, 대만계 불교교단인 자제회 일본지부
에 대해 연구한다는 것은 연구사적으로도 의의가 있다고 생각된다.

3. 자제회란? (대만에서의 개요와 역사 개관)

<그림 1> 자제회 대만본부의 홈페이지 (http://www.tzuchi.org/, 2013년 12월 확인)

그러면 자제회란 어떤 단체인가. 자제회에 대해서는 이미 일본에
서도 주로 가네코 아키라 金子 昭, 가와무라 신칸 川村 伸寬, 무라시마

겐지 村島 健司 등에 의한 연구가 착실히 거듭되고 있으며, 그 개요는 점점 분명해지고 있다.(金子 2005, 2011, 2013. 川村 2008. 村島 2012, 2013) 아래에서는 이들 가네코, 가와무라, 무라시마의 연구를 적절히 참고하여 자제회의 개요와 역사에 대해 돌이켜보고자 한다.

자제회란 비구니 석증엄 釋證嚴, 1937~ 스님이 대표로 있는 FBO (Faith-Based Organizations) 및 NGO(Non-Governmental Organizations) 단체로, 대만 동부의 화롄시 花蓮市 교외에 본부를 두고 이타주의 이념에 입각한 사회공헌사업을 국제적으로 전개하고 있다. 중요한 것은 종교 교단이 아닌 NGO 단체라는 것이다. 사실 이 단체의 설립 초기부터 그 구성원들은 많은 재가 여성회원을 중심으로 하고 있고, 증엄 스님을 포함한 출가자들은 소수에 그치고 있다. 설립 이후 자제회 사업을 대만 국내에서 전개했고, 그 후에는 해외에도 전파하여 현재 38개국에 자제회 지부 또는 연락소가 있다.

1986년에 불과 800인 밖에 없었던 회원수는 1980년대 후반 이후 급속히 증가해[7] 1990년에는 100만 인을 돌파했으며, 그 후에도 성장을 계속하여 현재는 대만을 중심으로 전 세계에 500만 인이나 되는 회원이 있는 세계 최대의 불교계 NGO가 되었다.

창시자인 증엄 스님이 출가한 이유인즉, 23세 때 아버지가 뇌졸증으로 급거한 것을 계기로 불문 佛門에 들어갔다 한다. 스님은 동부 화롄시의 보명사 普明寺에서 수행을 시작했다. 그 후 1963년에 인슌 印順 스님 아래에서 수계했다고 한다.[8]

---

7 이는 계엄령이 1987년에 해제된 것에도 큰 영향을 받았다고 생각된다.
8 참고로 인슌 스님은 1971년 다이쇼대학교에서 후쿠이 고우준(福井 康順)의 지도 히에 『중국선종사』란 논문을 제출, 박사학위를 취득했다.

<그림 2> 대만 지도와 자제회 본부의 위치 (google map (https://maps.google.com/, 2013년 12월 확인을 토대로 편집)

    대만의 사회보장제도는 지금도 일본만큼 완비되어 있는 것은 아니지만, 1960년대 당시에는 더욱 열악한 환경에 있었다. 특히 지방 의료 환경의 열악함은 말로 표현할 수 없을 정도였다. 그런 사회적 틈새를 보충해 온 것이 종교이다. 특히 기독교의 역할은 굉장히 컸다. 증엄 스님도 가톨릭교회의 사회활동과 자선활동을 직접 경험하고 자극을 받았다고 한다. 1996년에는 화롄시에서 제자들과 30명의 주부를 데리고 '불교자제공덕회'를 설립했다.

    증엄 스님은 주로 빈곤층의 생활을 지원하는 것으로 모임의 활동을 시작했다.[9] 그 후 서서히 활동을 넓혀가던 중, 1980년 1월 화롄시에 불교자제종합병원을 건설한 것을 계기로 대만 각지에 의료시설을 건설해 갔다. 의료에 관한 자제회의 활동은 '의료지업 志業'이라고 불

---

9 이를 자제회에서는 자선지업(慈善志業)이라고 규정하고 있다.

렀다. 그 후로도 유치원부터 대학원에 이르는 교육기관정비('교육지
업'), 자제회의 실천을 세계에 알리기 위한 활동('문화지업') 등으로
활동을 넓혀갔다.[10]

자제회가 전개하는 위와 같은 사회사업의 이념으로는 앞서 말한
'4대지업(자선, 의료, 교육, 인문)'을 들 수 있다.[11]

한편 위와 같은 자제회의 성장을 대만의 역사를 좇으며 이해해 보
자. 이가라시 마사코五十嵐真子에 의하면, 일본 통치기 이전부터 기
독교가 대만에 들어와 사회에 영향을 주었다고 한다. 종전 후 일본의
지배에서 벗어나면서 본격적으로 기독교의 모든 종파가 신자를 획득
하기 위해 분주하게 움직이고 활동의 규모를 키워나갔다. 그러나
1960년대 후반에 들어오면 기독교의 교세가 정체하게 된다.

실은 1960년대부터 1970년대까지의 이 시기는 국제사회에서 대
만의 지위가 낮아져 가는 시기와 겹쳐있다. 이 시기에 대만(중화민
국)을 대신하여 중국 본토를 지배하는 공산당정권, 즉 중화인민공화
국은 세계 여러 나라와 국교를 맺어갔다. 반면 국제사회에서 대만의
지위는 상대적으로 저하되었다. 이 같은 지위 저하와 고립이 서양에
대한 반발과 무관심으로 이어져, 서양에서 들어온 기독교 그 자체의
쇠퇴를 초래하고 사람들의 관심도 끌지 못하게 된 것으로 보인다.

이가라시에 따르면 그 대신 불교가 기독교의 사회활동과 포교활동

---

10 특히 개신교의 대규모 교회 등에서 실시한 특징적인 '텔레반젤리즘(Televangelism)'(텔레비전 등을 이용한
복음전도)에서 힌트를 얻은 것으로 보이는 '대애(大愛) 텔레비전'을 각국에서 방영하고 있다. 대애 텔레비전
에서는 증엄 스님의 설법이나 근행(勤行) 이외에도 알기 쉽게 불교의 가르침을 설하는 프로그램 등이 갖추어
져 있다.

11 여기에 4개의 사업(환경보전, 골수은행, 지역봉사활동, 국제구원)을 더해 '팔대족적(八大足跡)'이라고 표현
하는 경우도 있다.

등의 영향을 깊게 받은 결과, 불교 내부에서 개혁운동이 일어나는가 하면 고학력층을 중심으로 신자를 늘려갔다고도 한다. (五十嵐 2006) 이가라시는 '불광산 佛光山'이라는 불교교단이 이 조류에 속한다고 말하는데, 동시에 자제회도 그런 흐름 가운데 있었다고 할 수 있을 것이다.

한편 이런 역사의 영향을 받으며 성장한 자제회의 다른 성장요인으로 어떤 것을 생각할 수 있을까. 가네코와 가와무라, 무라시마의 의견을 종합하면 다음과 같다. (金子 2005, 川村 2008, 村島 2012, 2013)

① 정치적 중립
② 대만 사회복지정책의 지체(1992년 당시 자제회의 복지관계 지출액이 정부 지출액의 2.5배였다.)
③ 대만의 경제적 성장
④ 종교적인 것에 대한 대만인의 존경과 강한 신뢰감

①에 대해 말하자면, 다른 여러 종교가 적극적으로 정치활동에 참가하고 종교운동이 정치운동을 강력하게 지원하는 모습을 많이 보이는 반면, 자제회는 정치활동에 관여하지 않음으로써 대만 사회에서 일정하게 신용을 획득할 수 있었던 것이다.[12] ②에 대해 말하자면, 앞서 살핀 바와 같이 사회복지정책의 지체로 인한 사회의 틈새를 종교

---

12 이는 자주 지적되는 면이다. 대만의 정교(政敎)문제 전반을 개관하면서 특히 반(反)원자력발전운동과 종교 활동에 대해 정리한 논문으로 施芳瓏의 논문을 들 수 있다. (Shih 2012=2013)

교단이 메워왔다. 그리고 자제회도 그런 상황 속에서 힘써 결실을 내온 것이다. ③에 대해 말하면 1960년대 이후의 국제적 고립을 계기로, 대만은 국민당정권 하에서 뚜렷한 수출지향 산업을 지속적으로 성장시킨 결과 동아시아의 네 마리 '작은 용 小龍'의 하나로 불리며 소위 경제 기적을 일으킨 것이다.(Shih 2012=2013) ④의 요인에 대해서는 많은 논문들이 해명한 바와 같다.

다음으로 자제회가 전全지구적으로 퍼질 수 있었던 이유에 대해 생각해보자. 실은 1960년대 이후 대만인들의 해외이주가 늘어났다. 앞서 말한 것처럼 1960년대 이후 대만은 경제성장을 이루었지만 1985년의 실질 실업률은 15% 정도로 높았기 때문에, 가족의 일부 구성원이 미국이나 일본 등으로 이주하여 취직하는 일도 있었다고 한다. 또한 대만의 과도한 수험경쟁을 피해 자녀를 외국에서 교육시키려는 계층이 있었고, 부유층 중심으로 자녀만 따로 외국의 친척에게 맡기는 형태도 나타났다고 한다. 아울러 국제적 고립과 계엄령 하의 답답함도 국외로의 탈출을 부추겼다고 생각된다. 이렇게 가족의 일부가 이주한 후에도 대만에 남겨진 가족이나 친척과 밀접한 연대를 유지하면서 대만 사회와의 사회적 상승을 이루어내는 경우도 보게 된다.[13] 이가라시는 이런 사람들의 활동과 네트워크를 배경으로

---

13 이런 이민 스타일은 '트랜스내셔널(transnational)한 이민'이라고 부를 수 있을 것이다. 트랜스내셔널한 이민이라는 말을 학계에서 처음 언급했던 이는 글릭-쉴러 등이라고 한다.(Glick-Schiller, Basch, and Szanton-Blanc 1992) 아래와 같은 서술이 트랜스내셔널한 이민에 대한 좋은 설명이 된다. "즉, 이제까지의 국제노동력 이동현상은 '일시적 객지벌이' 아니면 '영주이민'이라는 틀로 인식되어 왔다. 그러나 '현재와 같은 교통, 통신수단의 현저한 발달 등을 특징으로 하는 글로벌 세계의 이주현상은 이 이분법적 틀로는 파악할 수 없는 이주형태를 발생시키고 있는 것 아닌가'라는 문제에 대한 관심에서 나온 개념이다. 실제로 어떤 이민을 트랜스내셔널한 이민이라고 부를 수 있을까. 일반적으로는 장래에 최종적으로 귀국할 뜻이 있으면서 자국과 이주한 국가 간 왕복을 반복하고, 두 나라에 걸치는 사회적 관계를 구축한 이민자들을 가리킨다. 구

해서 1960년대에 발흥한 불교계 단체의 네트워크도 해외로 퍼진 것 같다고 말한다.(五十嵐 2006) 다만 일본으로의 이주에 관해서는 식민지 지배의 영향에 따른 여러 요인과 물리적 근접성, 문화적 근접성을 고려할 필요가 있을 것이다.[14]

4. 일본지부에 대해서[15]

<사진 1> 자제회 일본지부의 외관 (필자 촬영)

체적으로는 송금, 통신수단, 일시적 귀국을 통해 자국과의 끈끈한 연대관계를 유지하면서, 자국에 '부재중' 인 채로 사회적·경제적 상승을 달성하고, 귀국 준비를 하면서도 동시에 이주한 국가에서 취직, 생활을 하는 등과 같은 '삶의 방식'이다."(森 1999, 2~3)

14 '식민지 지배의 영향에 따른 여러 요인'이란 일본어를 이해하는 세대의 존재, 전쟁 전부터 일본에 살던 재일 화인(華人)들, 대만의 근대화를 일으킨 주체로서의 일본에 대한 독특한 감정 등으로 생각되는데, 이들을 신 중하게 해석할 필요가 있을 것이다. 이는 앞으로의 과제로, 이 문제를 다루는 별도의 글을 기약하고 싶다.

15 이하 다루는 일본지부의 성립에 대해서는 자제회 일본지부 홈페이지('자제일본' 홈페이지, 2013년 7월, 11 월에 확인. http://tw.tzuchi.org/jp/)와, 일본지부 부회장 및 다른 위원들과의 인터뷰 내용에 근거한다(2010 년 10월과 11월, 2013년 6월과 11월의 인터뷰). 또한 자제회 일본지부에 대한 가네코 아키라의 충실한 선행 연구도 있다.(金子 2008) 이 글도 가네코의 연구에 많은 영향을 받았음을 밝힌다.

다음으로 자제회 일본지부를 살펴보자. 일본지부는 謝富美를 중심으로 1991년에 발족했다. 謝富美가 초대 일본대표로 취임했다. 10년 전 대만에서 교통사고를 당하고 간신히 살아남은 謝富美는 사고 직후 증엄 스님을 만나 대만 자제회의 회원이 되었다. 일본과 인연이 있던 터라 그 뒤에 일본지부(분회)를 설립하는 데 관여하게 되었다고 한다.

	위원 · 자성慈誠 (남성위원) 수	봉사활동 종사자 수	회원수
1992년	3명	약 30명	약 50명
2010년	72명 (자성12명)	약 300명	약 4500명

<표 2> 자제회 일본지부 회원수의 변화 (자제회 일본지부 홈페이지 http://tw.tzuchi.org/jp/, 2013년 12월 확인을 참고로 필자가 작성.)

초기에는 혼고 本郷에 있는 도쿄대학 불교청년회의 방을 빌리거나 회원의 집 등에서 모였다고 한다. 그러다 산겐자야 三軒茶屋로 이전한 후 2001년부터 신오쿠보 新大久保에 위치한 7층 단독빌딩(현재의 자제 慈濟빌딩)을 매수해 리모델링한 다음 이곳으로 지부를 옮겼다. 설립 후 약 20년에 걸친 일본지부의 성장에 대해서는 〈표 2〉를 보면 잘 알 수 있다. 위원이라고 불리는 이 모임의 중심인물은 20배 이상으로, 봉사활동자는 10배, 그리고 회원수에 이르러서는 90배나 증가했다.[16]

---

16 이들 멤버십의 차이와 관련해서, 위원은 중심이 되어 사업을 행하는 멤버라고 이해해도 좋을 것 같다. 위원이 되기 위해서는 3~5년 정도 공부를 하면 될 수 있다고 한다.

자제회 일본지부[17]는 어떤 사업을 벌이고 있을까. 앞서 말한 홈페이지의 설명들이나 위원들과의 인터뷰를 종합하면 ①3대 이벤트(하나마츠리 化祭り, 백중 中元, 사은회)를 위시한 각종 이벤트, ②노숙자를 위한 배식, ③통역 제공, ④일본어와 중국어 교실, ⑤각종 의료시설에 대한 출장 청소, 또는 입소해 있는 대만인들의 지원, ⑥장애인들과의 식사회, ⑦경전 공부 모임, 증엄 스님의 저서를 읽는 독서회 개최, ⑧재일대만인과 중국인을 위한 상담창구, ⑨고독감을 해소하기 위한 친구 소개, 국제결혼에 관한 고민상담, ⑩장례식 회사 소개, 가격조절, 장례식 운영, ⑪그 외의 금전적 원조 등이 있다.

①에 대해 말하자면 각 행사의 성대함이 일본의 대만인 커뮤니티에서 익히 알려져 있고, 가부키초 지구에 사는 일본인이 참가할 때도 있다고 한다. ②는 산야 山谷 지구와 요요기 代々木 공원에서 자제회 단독으로 실시하거나, 배식 및 배급에 앞장서온 기존의 일본 NPO 등과 협동관계를 구축하여 주1, 2회 주기로 실시하고 있다. 현재는 일본인 스탭(staff)들도 중요한 역할을 담당하게 되었다.[18] ③과 ④에 대해서는, 당연한 이야기지만 대만인만을 대상으로 한 사업이 아니라 대만인과의 교류를 필요로 하는 일본인 측의 의뢰, 또는 중국 본토 출신자의 의뢰에 응하는 경우도 있다고 한다. ⑤와 ⑥에 대해서는, 일본에서 고도의 선진의료를 필요로 하는 재일대만인, 또는 선진의료가 필요해 대만에서 건너온 대만인을 지원하는 것부터 시작했지

---

17 본부와 일본지부의 관계에 대해 말하자면 통신환경의 정비, 또한 원래 지리적으로도 가까워 이동도 편리하기 때문에 본부와의 결합 정도가 굉장히 강했다고 한다. 즉, 일본지부는 기본적으로 본부의 지시에 따르며 교재와 경전 등도 본부의 것을 사용한다고 한다.

18 자제회 일본지부를 방문한 비회원 대만인 여성의 증언이다. ①에 대해서는 보다 확실한 정보를 앞으로 수집할 생각이다.

만, 얼마 안 있어 중국인 등 다른 재일외국인과 일본인 장애자에 대해서도 실시하게 되었다고 한다.

또한 NGO로서 자제회의 강력함을 보여준 사례로 동일본대지진 피해 때의 활동이 언급되어야 할 것이다. 자제회 각국 지부는 대만본부에서 금전적, 물질적 지원을 받는다. 이시마키 石卷시, 가마이시 釜石시, 리쿠젠타카다 陸前高田시 등에서 각 세대별로 3만엔~7만엔의 성금을 건넨 것은 잘 알려져 있다. 이 성금의 비용과 피해자들에게 배포한 의류나 인쇄물, 또한 기부된 스쿨버스 비용 등도 대만본부에서 지급되었다고 한다.(金子 2013)

이상을 전체적으로 보면 ①에서 ⑥, 나아가 동일본대지진 피해 당시의 활동은 대만인에 그치지 않고 중국인을 중심으로 한 일본에 존재하는 다른 에스니시티, 게다가 호스트 사회의 주민인 일본인에게까지 그 범위를 넓힌 사업이라고 할 수 있다. 또한 재일대만인을 대상으로 삼고 자기 이익만을 추구한 활동이 아니라 상당히 이타적인 활동이라고 할 수 있을 것이다. 그에 비해 ⑦과 같은 공부 모임이나 ⑧, ⑨, ⑪과 같은 상담창구 및 원조사업, ⑩과 같은 '이국 異國'에서의 죽음에 관한 문제는 기본적으로 회원, 또는 재일대만인 커뮤니티라는 닫힌 에스닉 집단을 향한 사업임을 알 수 있다.[19]

현재로서는 회원 내 대만출신자의 균일성이 유지되고 있다. 따라서 의사소통에 사용하는 언어는 대체로 대만어 閩南語를 사용하지만, 많은 회원이 필요에 따라 북경어나 일본어를 쓰고 있다. 이는 어찌되

---

[19] 회원의 에스니시티는 기본적으로 대만출신이 압도적으로 많지만, 동일본대지진 때 현장에서의 구조 활동과 다른 사업을 계기로 본토출신자 등도 회원으로 참가하게 되었다고 한다.

없든 대만인이 수적으로 우세하기 때문에, 소통의 주요 언어는 자연스럽게 대만어가 될 수밖에 없다. 그렇기 때문에 일본인이 방문해도 좀처럼 융화되기 힘들다는 문제를 갖고 있다. 이를 해소하기 위해 일상적으로 일본어를 사용하도록 신경 쓰고 있다고 한다.[20] 또한 남녀 비율에 대해서는 〈표 2〉에 보이는 것처럼 여성이 중심이 되고 남성은 소수에 불과하다. 대만본부와 비교해 봐도 일본지부의 회원 대부분은 여성 주부들이라고 할 수 있다.

6. 결론을 대신해서

<사진 2> 요요기 공원에서의 자제회 일본지부의 배식 모습 (필자 촬영)

아직 조사와 분석이 부족하지만 일단 이 글에서 살펴본 것을 정리하고, 향후 조사와 분석의 지침을 제시하면서 결론을 대신하려 한다.

---

20 참고로 2010년과 2013년의 인터뷰는 일본어로 진행했다.

자제회는 대만 종교문화의 역사적 문맥 속에서 태어나, 이타주의에 입각해 전 지구적 활동을 벌여온 불교계 단체로, 1990년대 일본진출 이후 일본에서도 현지 상황에 맞춘 이타적 활동을 모색해 왔다고 할 수 있다.

다만 이렇게 이타利他를 중심으로 하는 단체도 모국을 떠나오면 '광역화와 협역화가 재결합하는 에스닉 네트워크의 결절점結節点'이라는 역할을 맡게 된다. 실제로 자제회도 재일대만인을 위한 폐쇄적 사업을 전개하기도 했었다. 이점은 해외에 진출한 종교단체의 교회 등이 에스닉 커뮤니티 센터로 기능함을 지적한 선행연구에서 벗어나지 않는다.[21]

여기서 흥미로운 것은 증엄 스님이나 자제회 활동에 감동받아 종교적 동기를 바탕으로 이타적 활동에 참가하고 자제회 회원이 됨으로써, 일본사회의 재일외국인들 자신이 동시에 아주 중요한 상호보완적 에스닉 네트워크에 참가하게 된다는 사실이다. 즉, 재일대만인에 한정되지 않는 이타적 활동에로의 참가가 자제회 일본지부 내부의 유대를 더욱 강화시키고 있는 것 아니냐는 것이다. 회원들 이야기를 들어봐도 그들 나름대로의 생각과 이해 속에는 '자리自利'와 '이타利他'가 강하게 결부되어 해석되고 있는 경우가 많았다.[22]

이 글에서는 이 중대한 문제를 상세히 검토할 수 없었다. 아래 제시한 향후 작업의 결과에 기대를 거는 것은 그래서다.

---

21 이런 사실을 확인하고 있는 선행연구는 굉장히 많지만, 일본의 대표적 연구로는 이노우에 노부타카(井上 順孝)의 연구를 들 수 있다.(井上 1985)

22 이것이 지극히 불교적 해석인지의 여부는 일단 이 글에서 문제 삼지 않기로 한다.

① 중심회원, 일반회원, 비회원, 활등에 참가하는 일본인, 일본 입국시기 등에 따른 분류, 그 처지가 각기 다른 개인들을 대상으로 한 심도 있는 라이프 히스토리 인터뷰.
② 세밀한 개인사 속에서 일본과 대만 관계의 특수성을 도출하기.
③ 타국의 자제회 지부와 일본지부의 비교 검토.
④ 일본의 다른 종교교단, 다른 에스니시티와의 비교 검토(교단별, 세밀한 개인사별) 등.

위와 같은 작업을 통해서 앞으로도 일본의 외래종교(특히 불교)에 대해 파악하고 분석해가겠다. 끝으로 이 글이 가능하면 갈등 없이 일본 내에 수많은 '컨택트 존'을 창출하는 데에 조금이라도 기여할 수 있기를 바란다.

(후기)

이 글을 쓰면서 오오츠카 노부오 大塚 伸夫 선생님, 가네코 아키라 金子昭 선생님, 무라시마 겐지 村島 健司 선생님께 큰 신세를 졌습니다. 진심으로 감사드립니다.

【 참고문헌 】

Glick-Schiller, Nina, Linda Basch, and Cristina Szanton-Blanc, 1992, "Transnationalism: A New Analytic Framework for Understanding Migration.", N. Glick Schiller, L. Basch & C. Szanton-Blanc(eds.), *Toward a Transnational Perspective on Migration*, New York: New York Academy of Sciences.

Pratt, M. L., 1992, *Imperial Eyes: Travel Writings and Transculturation*, London: Routledge.

Shih, Fang-Long, 2012, "Generating power in Taiwan: nuclear, political and religious power", *Culture and religion*, 13 (3)., pp.295-313. (＝星野壮 訳, 2013, 「台湾にわきおこる力―原子力・権力・宗教の力―」, 『現代宗教』, 2013, 秋山書店).

飯田剛史, 2002, 『在日コリアンの宗教と祭り―民族と宗教の社会学―』, 世界思想社.

五十嵐真子, 2006, 『現代台湾宗教の諸相―台湾漢族に関する文化人類学的研究―』, 人文書院.

井上順孝, 1985, 『海を渡った日本宗教―移民社会の内と外―』, 弘文堂.

奥田道大, 鈴木久美子 編, 2001, 『エスノポリス・新宿 / 池袋―来日10年目のアジア系外国人調査記録―』, ハーベスト社.

奥田道大, 田嶋淳子 編, 1993, 『新宿アジア系外国人―社会学的実態報告―』, めこん.

金子昭, 2005, 『驚異の仏教ボランティア―台湾の社会参画仏教「慈済会」―』, 白馬社.

_____, 2008, 「日本的風土における台湾生まれの宗教福祉活動―慈済基金会日本支部の活動事例を通じて」, 『天理台湾学報』, 17, 天理台湾学会.

_____, 2011, 「東日本大震災における台湾・仏教慈済基金会の救援活動」, 『宗教と社会貢献』, 1(2), 宗教と社会貢献研究会.

_____, 2013, 「世界最大の仏教NGO, 震災支援大規模に―50億円直接配る―」, 『中外日報』, 2013年1月24日, 中外日報社.

川村伸寛, 2008, 「慈済会について」, 『日本仏教社会福祉学会年報』, 39, 日本仏教社会福祉学会.

駒井洋外 編, 1997, 『新来・定住外国人がわかる事典』, 明石書店.

櫻井義秀, 李元範 編著, 2011, 『越境する日韓宗教文化―韓国の日系新宗教・日本の韓流キリスト教―』, 北海道大学出版会.

田中雅一, 2007, 「コンタクト・ゾーンの文化人類学へ―『帝国のまなざし』を読む―」,

  Contact Zone, 1, 京都大学人文科学研究所人文学国際研究センター.

谷富夫, 1994, 『聖なるものの持続と変容―社会学的理解をめざして―』, 恒星社厚生閣.

樋口直人, 稲葉奈々子, 丹野清人, 福田友子, 岡井宏文, 2007, 『国境を越える―滞日ムス
  リム移民の社会学―』, 青弓社.

藤井健志, 1997, 「台湾における日系新宗教の展開(4)」, 『東京学芸大学紀要　第2部門』,
  48, 東京学芸大学.

三木英, 櫻井義秀 編著, 2012, 『日本に生きる移民たちの宗教生活―ニューカマーのもた
  らす宗教多元化―』, ミネルヴァ書房.

村島健司, 2012, 「台湾における生の保証と宗教―慈済会による社会的支援を中心に―」,
  『関西学院大学社会学部紀要』, 114, 関西学院大学社会学部.

＿＿＿＿, 2013, 「台湾における震災復興と宗教―仏教慈済基金会による取り組みを事例
  に―」, 稲場圭信, 黒崎浩行 編著, 『震災復興と宗教』, 明石書店.

森幸一, 1999, 「ブラジルからの日系人デカセギの15年」, 『ラテンアメリカレポート』,
  16(2), 日本貿易振興機構アジア経済研究所.

吉原和男 編著, 2013, 『現代における人の国際移動―アジアの中の日本―』, 慶應義塾大
  学出版会.

吉原和男, 吉原直樹, 蘭信三, 伊豫谷登士翁, 塩原良和, 関根政美, 山下晋司 編著, 2013,
  『人の移動事典―日本からアジアへ・アジアから日本へ―』, 丸善出版.

지역변동과 불교사원
– 특히 '과소화(過疎化)'가 사원에 끼친 영향

나와 기요타카(名和 淸隆)
슈쿠토쿠대학교 정토종 총합연구소

1. 시작하며

일본에서는 특히 고도경제성장기(1950년대 중반~1970년대 중반)에 도시로 인구가 이동함에 따라 지방의 '과소화 過疎化'가 일어났다. 과소화란 지역의 인구가 감소하는 것인데, 과소 지역의 특징으로는 저출산 및 고령화, 지역 산업의 쇠퇴, 그리고 이런 여러 조건들의 결과 지역민들의 생활수준이 유지되기 어려워지는 상태를 수반하는 경우가 많다.

일본의 많은 불교사원은 단가 檀家 제도에 의지해 주로 지방에 거주하는 단가의 구성원들을 대상으로 포교활동이나 장례, 법사 法事

등의 의례를 집행해왔고, 단가는 불교사원에 대한 경제적 지원을 제공했다. 이처럼 사원은 해당 지역에 거주하는 단가를 주요 대상으로 삼아왔기 때문에, 과소화로 인한 지역인구 감소가 사원에 큰 영향을 주는 경우가 있다.

과소화가 일어난 사회적 상황이란 고도성장기(1955~1973년)를 계기로 젊은이들이 도시로 유출되면서 인구의 사회적 감소가 일어났고, 1990년대에는 이런 사회적 감소에 더해 사망자 수가 출생자 수를 상회하는 자연적 감소가 시작됐음을 말한다. 즉, 고도성장기를 계기로 젊은이들이 쏟아져 나가자 지방의 신규 출산건수가 줄고 잔존인구가 고령화되는 저출산 고령화 현상이 두드러지게 된 것이다.

야마시타 유우스케山下祐介는 과소 지역의 경향을 "세대 간 다른 장소에 거주"하는 현상으로 파악한다. 그는 인구를 "다이쇼大正 말기부터 쇼와昭和 1~9년생[1926~1934년생. 역자]", "베이비 붐 세대[단카이 세대. 1940년대 말을 전후한 시기의 세대]", "단카이 주니어 세대[1970년대 세대]"라는 세 가지 세대 층으로 분류하고, 이러한 세대 층이 각기 다른 장소에서 다른 생활방식을 영위하고 있음을 지적했다. 즉, 다이쇼 말기부터 쇼와 1~9년생 세대의 특징은 기존의 생활방식을 부모로부터 물려받아 태어난 곳에서 그대로 살고 있다는 것이다. 한편 전후戰後 베이비 붐 세대는 주로 지방에서 태어났지만 그 중 많은 사람들이 도시로 이동했다. 그리고 저성장기 세대인 단카이 주니어 세대는 처음부터 도시에서 태어나 자란 탓에 이미 도시생활이 익숙한 계층이다. 그런데 이처럼 세 가지 세대 층의 삶이 나뉘어 있는 상황이라 해도 이제까지는 다이쇼 말기부터 쇼와 1~9년생들이 건재했다. 때문에 이전의 사회형태가 유지될 수 있었고 과소 지역의 문제도 두드러지게 나타나지 않은 채 현재에 이를 수 있었던 것이다. 그러나 현재에는 과소 지역의 중심 역할을 해 왔던 전쟁 전에 태어난 세대(쇼와 1~9년 세대)가 80세를 넘어 죽음을 맞이하는 시기로 접어들게 되었다.[1]

이와 같은 상황에서 과소 지역의 사원들은 현재 어떤 상태에 있으며 이후 어떻게 될 것인가. 필자가 속한 정토종 총합연구소 淨土宗 總合研究所의 '과소 지역 사원에 관한 연구반 過疎地域における寺院に関する研究班'에서는 과소 지역에 있는 정토종 사원의 현재 상태, 그 사원들이 벌이고 있는 활동을 파악함을 목적으로 2008년부터 과소 지역 정토종 사원에서 청취조사를 벌였다.[2] 또 2012년에는 〈과소 지역에 위치한 사원에 대한 설문 조사 過疎地域における寺院へのアンケート調査〉를 실시했다. 이 글에서는 2012년에 실시한 설문조사 결과[3]를 중심으로 과소 지역에 위치한 정토종 사원의 문제에 대해 보고하고자 한다.[4]

---

1 山下祐介, 『限界集落の真実(한계집락의 진실)』, ちくま新書, 2012.

2 청취조사를 실시한 지역 및 사원들의 목록은 다음과 같다. 와카야마현(和歌山県) 아리타(有田), 히다카(日高), 노가미(野上) 지역 8개 사원(2008년 11월). 지바현(千葉県) 미나미보소(南房総) 지역 8개 사원(2009년 10월). 야마나시현(山梨県) 야쓰시로(八代), 쓰루(都留) 지역 6개 사원(2010년 3월). 니가타현(新潟県) 사도시(佐渡市) 5개 사원(2010년 7월). 시마네현(島根県) 이와미(石見) 지역 12개 사원(2010년 12월, 2011년 6월). 고치현(高知県) 무로토(室戸), 도사시미즈(土佐清水) 지역 4개 사원(2011년 12월). 구마모토현(熊本県) 아마쿠사(天草), 미나마타(水俣) 지역 11개 사원(2013년 3월). 홋카이도(北海道) 마쓰마에(松前), 에사시(江差), 왓카나이(稚内), 레분(礼文), 루모이(留萌) 지역 13개 사원(2013년 7월). 이 조사의 결과보고는 정토종 총합연구소 발간, 『教化研究』, pp.20~23 (2019~2012)에 게재되었다.

3 설문조사 결과는 소수점 이하 첫째 자리에서 반올림하여 표시했다. 그 외 사원의 기초적 정보 등에 관해서는 소수점 이하 둘째 자리에서 반올림하여 표시한다.

4 물론 이런 문제들은 과소화의 영향 뿐 아니라 가정 내에서 신앙의 계승 문제 등을 위시한 다양한 요인과 연관되어 있다고 생각한다. 또한 각 지역, 각 사원이 안고 있는 문제나 그 심각성 정도는 다르다.

2. 과소 지역에 위치한 정토종 사원과 설문조사의 개요

1) 과소 지역에 위치한 정토종 사원의 기초적 정보

　헤이세이 平成 24년 2월 현재 정토종의 사원 수는 7,051개(총대본산 總大本山 포함)이다. 그 내역은 정주사원 正住寺院[5] 5,589개(79.3%), 겸무사원 兼務寺院[6] 1,319개(18.7%), 무주사원 無住寺院[7] 136개(1.9%), 그 외 7개(0.1%)이다. 8대 본산 사원을 제외한 모든 정토종 사원 중 과소 지역에 위치한 정토종 사원은 987개로[8] 전체의 14.0%를 차지하고 있다. 987개 사원의 내역은 정주사원이 710개(전국 정주사원의 12.7%), 겸무사원이 277개(전국 겸무사원의 21%)이며, 겸무사원 쪽이 정주사원에 비해 과소지역에 있는 비율이 높음을 알 수 있다.

　지역에 따라 과소 지역 소재의 사원 비율은 커다란 차이를 보인다. 정토종은 일본 내 47개 교구를 두고 있는데, 과소 지역 소재 사원의 비율이 높은 교구는 이와미(石見, 100.0%), 아키타(秋田, 70.8%), 오이타(大分, 64.9%), 홋카이도 다이이치(北海道第1, 67.6%), 홋카이도 다이니(北海道第2, 57.6%), 에히메(愛媛, 50.0%), 아오모리(靑森, 48.2%), 나가사키(長崎, 43.3%)이다. 한편 과소 지역 소재 사원의 비율이 낮은 교구는 도쿄(東京, 0%), 사이타마(埼玉, 0%), 가나가와(神奈川, 0%), 오오사카(大阪, 0%), 오와리(尾張, 0%),

---

5　주지가 사원을 경영하는 사원. 역자

6　전임주지가 없는 사원. 역자

7　주지가 없는 사원. 역자

8　여기에서 언급하고 있는 과소 지역에 위치한 정토종 사원 987개는 주지가 없는 사원(無住寺院)과 대행 주지가 있는 사원(代務寺院)을 제외한 것이다.

이가(伊賀, 0%), 시가(滋賀, 0.8%), 미카와(三河, 1.9%), 이바라키 (茨城, 2.0%), 도야마(富山, 2.9%), 기후(岐阜, 3.4%)이다.

2) 설문조사의 개요

이 설문은 2012년 6월, 정토종 총합연구소와 사원문제 검토위원 회(정토종 총무소 소관)가 과소 지역[9]에 위치한 정토종 사원(무주사 원과 대무사원 代務寺院[10] 제외)에 대해 실시한 조사로, 정주사원에 대한 설문조사(710개 사원에 배포. 회수 627건, 회수율 88.3%)와 겸 무사원에 대한 설문조사(277개 사원에 배포. 회수 236건, 회수율 85.1%)를 각각 실시했다. 설문지는 해당 사원에 직접 발송했고, 회 수는 해당 사원이 소속되어 있는 조직, 교구, 정토종 총무소를 거쳐 회수했다.

질문내용은 ①답변자의 신분(나이, 주지 경력 등) ②사원에 대하 여(입지 지역, 수입 등) ③단가에 대하여(단가의 수, 단가의 증감 등) ④사원의 활동과 이후 전망에 대하여(개최행사, 후계자의 유무 등) 이다. 정주사원 설문조사지와 겸무사원 설문조사지는 일부를 제외하 고는 동일한 내용으로 이루어져 있으며, 질문의 개수는 정주사원 설 문지가 34항(서술형 문항 포함 총 18항), 겸무사원 설문지가 43항 (서술형 문항 포함 총 20항)이다.

이 글에서는 겸무사원 설문조사의 내용에 대해서는 다루지 않고

---

9 과소지역자립촉진특별조치법(過疎地域自立促進特別措置法) 2조 1, 33조 1, 33조의 「구(舊)/지정지역 (旧·指定地域)」, 헤이세이(平成) 24년 4월 1일 현재.

10 무주사원(無住寺院)이란 주지가 없는 사원을 말하며, 대무사원(代務寺院)이란 임시로 다른 사원의 주지가 대행주지(代務住職)로서 사원의 유지 및 경영을 맡은 사원을 말한다.

정주사원 설문조사에서 도출된 정토종 정주사원의 상황에 대해 보고하고자 한다.

3. 경제적 문제에 대하여

여기에서는 사원의 경제적 문제에 대해 살펴본다.

1) 사원 주지의 겸직

우선 겸직 상황을 살펴본다. 여기에서는 현재 겸직하고 있거나 혹은 과거에 겸직을 한 적이 있는지를 물어보았다.

귀 사원의 주지는 겸직을 하고 있습니까? 혹은 과거에 겸직한 적이 있습니까? (본산 등 타 사원에서의 직무도 포함)

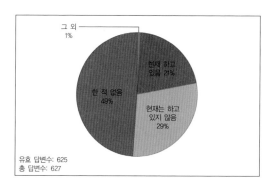

"현재 하고 있다." 21%, "현재는 하지 않지만 전에는 했다." 29% 였다. 여기에서 겸직이란, 본산 등의 타 사원에서 활동한 것도 포함

된다. 또 설문에는 명기되어 있지 않으나 사원에서 유치원이나 사회복지법인을 경영하고 있는 경우에는 겸직이 반드시 경제적 요인에 의한 것이라고 보지 않았다. 또한 애초에 겸직 경험이 반드시 경제적 요인에 의한 것이라고도 말할 수 없다.

여기에서 "현재 하고 있다." 혹은 "현재는 하지 않지만 전에는 했다."고 답한 이들만을 대상으로 겸직의 이유가 경제적인 것이었는지 물어보았다.

겸직을 하고 계시거나 혹은 한 적이 있는 것은 경제적 이유(사원에서 나오는 급료로는 생활이 어려움) 때문입니까?

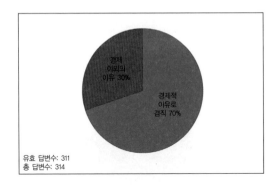

"경제적 이유로 겸직한다.(혹은 했다.)"고 응답한 사람이 70%인데, 이런 답변을 한 이들은 정주사원 설문 답변자 전체의 35%에 해당한다. 즉, 과소 지역에 위치한 정토종 정주사원의 약 35%가 사원에서 받는 급여만으로는 생활할 수 없다고[11] 답한 것이다.

이와 같이 경제적 이유 때문에 겸직할 수밖에 없는 상황임에도 불구하고 "공무원이나 교사 등이 승려가 법무法務를 쉬려는 것을 점점 이해하지 못한다."거나 "겸직하는데도 일감이 없다."는 답변도 있다. 겸직마저도 점차 어려워지는 상황이라 할 수 있다.[12]

2) 단가 수의 감소

사원의 경제적 문제와 결부된 문제로 단가 수가 감소하는 현실을 들 수 있을 것이다.

최근 20년 동안 증가와 감소를 합한 단가의 가구수 변화는 어느 정도입니까?

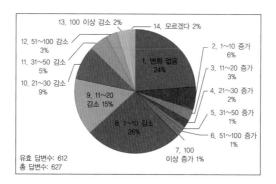

---

11 '생활이 어렵다'는 것은 물론 주지의 가족 형태나 배우자의 직업 유무 등의 조건과도 복잡하게 얽혀있을 것이다. 또한 기대하는 생활수준에 따라서도 '생활이 어렵다'는 기준은 개인차가 있을 수 있다.

12 자유기술 문항 32, 과소(過疎)라는 상황이 귀 사원에 끼치는 문제, 혹은 이후에 끼치게 될 문제 등이 상기 질문에 반영되지 않았다면 알려주십시오(過疎という状況が貴寺院に及ぼしている問題、あるいは今後及ぼすであろう問題など、上の質問の他にありましたら、教えてください)에 대한 답변에 의거했다.

최근 20년간 단가 수의 변화를 물었다. "감소했다."(8, 9, 10, 11, 12, 13 답변의 합계)는 답변이 60%로 다수를 차지하고 있다. 한편 "증가했다."(2, 3, 4, 5, 6, 7 답변의 합계)는 답변은 14%로 낮은 비율이며, "변화 없음"이 24%였다. 감소한 가구수를 보면 가장 많은 것이 1~10가구의 감소로 26%이다. 다음으로 11~20가구의 감소가 15%, 21~30가구의 감소가 9%이다. 51가구 이상 단가가 감소했다 (12, 13 답변의 합계)는 답변도 5%이다. 단가 가구수의 규모에 따라서도 그 영향에 차이가 있겠으나, 51가구 이상 단가가 감소할 경우 사원에 영향을 크게 미칠 것이라는 점은 분명하다.

3) 법요출사 法要出仕 기회의 감소

설문에서는 사원의 경제상황이 악화되고 있는지는 직접적으로 묻지 않았다. 그러나 청취 조사에서 보시 수입이 감소하고 있다는 상황을 들을 수 있었으며, 그 요인으로 단가 가구수의 감소나 단가의 경제상황 악화 등에 따른 보시 수입의 감소, 장례 등 다른 사원으로의 법요출사 法要出仕[13] 기회가 적어진 것 등이 제시되고 있다.[14] 이 법요출사 기회 役僧機会의 증감에 대해 설문조사에서 물었다.

---

13 법회 등의 종교행사 업무. 역자
14 정토종총합연구소(浄土宗総合研究所) 발간, 『教化研究』, pp.20~23 참조.

역승役僧 등으로 출근하는 기회에 증감이 있습니까?

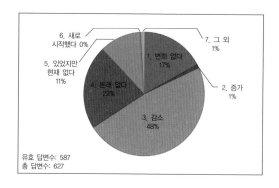

역승의 기회 증감을 묻는 질문에 "감소했다."는 대답이 48%로 가장 많았다. "있었지만 없어졌다."고 답한 11%와 합하면 약 6할에 달한다. 이 질문에는 "본래 역승의 기회가 없다."고 한 답변(22%)도 포함되어 있으므로, 역승을 하고 있는(해 왔던) 답변자만으로 한정한다면 "감소했다."는 비율은 보다 높아지게 된다. 그리고 "변화 없다."는 답변은 17%, "증가했다."는 답변은 겨우 1%에 불과했다. 이 역승 기회의 감소는 특히 소규모 사원의 경우 경제적으로 그 영향을 크게 받는다고 한다.[15] 감소의 이유는 장례 때 참여하는 승려 수가 줄어든 것 등 여러 가지이나, "각 사원이 수입의 증가를 목적으로 역승을 의뢰하는 경우가 줄어들었다."는 의견도 보인다.[16]

---

15 각주 14와 동일.
16 문항 32(자유기술)의 답변에 의거.

4) 단가 거주 반경의 광역화 문제

앞서 보았던 단가 수의 감소 원인으로는 단가의 후계자가 없어 단가가 끊어진 경우 絶家, 또 단가를 그만두는 경우 離檀 등을 꼽을 수 있다. 이 '이단 離檀'도 단가가 다른 지역으로 이주하여 절에 이단하겠다는 의사를 전달하고 떠나는 경우도 있지만, 단가가 다른 지역으로 이사하여 그대로 연락이 안 되거나 단가의 후계자가 있더라도 다른 장소에 거주하는 탓에 연락처를 알 수 없는 경우, 현지에 남아 있는 고령자가 사망함에 따라 사원과 단가의 관계가 끊어진 상황도 볼 수 있다.[17]

과소 過疎라는 상황은 단가의 거주 반경을 크게 확장시켜, 이에 따라 원거리에 거주하는 단가가 늘어나는 상황을 야기했다. 그리고 이런 단가의 광역화는 이단 離檀이라는 문제뿐 아니라 사원과 단가의 관계성에까지 변화를 초래했다.

원거리[18] 단가의 비율을 묻는 질문(유효 답변수 604, 총 답변수 627)에서는 1~2할이 29%, 다음으로 1할 미만이 25%, 2~3할이 21%, 3~4할이 11% 순이다. 4~5할은 4%, 5할 이상은 2%였으며, 거의 없다는 답변이 8%였다.

"원거리 단가와 소원해진 경향이 있다고 생각하는가?"라는 질문에는 "그렇다."가 61%라는 높은 비율을 나타냈다. "모르겠다."가 27%, "아니다."는 11%였으며, 사원과 단가의 거주지가 멀어짐에 따라 양자 간의 관계성이 옅어지고 있다고 느끼는 것으로 나타났다.

---

17 각주 14와 동일.

18 이 경우 "먼 거리(遠方)"란 "사원의 일상적 행동 범위(인근 시도를 포함) 외의 지역"으로, 구체적인 범위에 대해서는 응답자의 주관에 맡겼다.

먼 곳으로 이사한 단가는 사원과 교류가 줄어드는 경향이 있다고 느끼십니까?

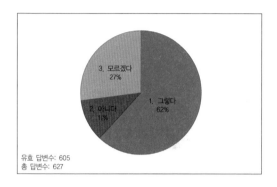

거리가 멀어진 단가와의 관계가 줄어든다는 것은 구체적으로 "법사法事를 의뢰하는 일이 줄어들었다.", "행사 참가율이 낮아졌다.", "탑파塔婆나 공양권供養札 신청률이 떨어졌다.", "장례나 수계를 거주지역의 승려에게 부탁한다.", "거주지에서 장례를 마치고 매장만 하러 오는 경우가 있다."는 답변들이 있었다.[19]

이처럼 원거리로 이주한 단가에 대해 사원은 어떻게 대처할 것인가. "원거리 단가에 특별한 조치가 필요하다고 느끼는가?"라는 질문에는 "그렇다."가 75%, "아니다."가 25%로 답변자 4분의 3이 원거리 단가에 대해 무언가 조치가 필요하다고 느끼고 있다. 그런데 "원거리 단가에 특별한 조치를 하고 있는가?"라는 질문에는 "그렇다." 42%, "아니다."가 58%였기 때문에, 원거리 단가에 어떤 대처가 필요하다고 생각하면서도 구체적인 조치를 취하지 않는 사원이 많음을

---

19 각주 14와 동일.

알 수 있다.

원거리로 이사하는 단가에 대한 특별한 활동이나 조치의 필요성을 느끼십
니까?

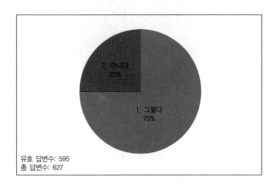

원거리로 이동한 단가에 특별한 활동이나 조치를 취하고 있습니까?

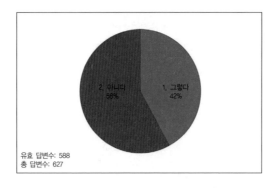

자유기술 형식으로 "원거리로 이동한 단가에 대한 활동이나 조치
를 알려주십시오."(문항19-1)라는 질문에 많은 답변들이 올라왔는
데, 그 내용을 크게 분류하면 "송부물을 부지런히 송부", "인터넷으

로 사원의 정보를 발신", "자주 자택에 방문", "절의 행사에 충실을 기하고, 행사에 참가하기 쉬운 환경을 조성한다.", "원거리에 거주하는 단가를 위해 거주지 근처에서 합동 법회를 연다."로 나눌 수 있었다.

이 중 거주지 근처에서 열리는 합동 법회에는 사원이 개별적으로 행하는 경우와 교구 단위에서 주최하는 것이 있는데, 이 교구 단위의 합동 법회란 이와미 石見 교구 시마네현 島根県가 주최하고 헤이세이 19년부터 도쿄 증상사 增上寺를 모임장소로 하여 수도권의 단가 신도를 위해 열었던 합동법회를 말한다. 매년 1회 8월 오봉 お盆에 개최하고 있으며, 행사 전 수도권 지역 단가 신도의 참여와 탑파와 회향 신청을 모집한다. 이와미 교구로부터는 승려 십 수 명이 참가하여 법회를 지내며, 그 후 매해 다르긴 하나 차담모임 茶話會, 법화모임 法話會, 본산 경내 순례 등을 행하고 있다. 수도권 소재의 단가 신도 약 100명이 매년 참가하고 있으며, 이를 기회로 친척 모임을 갖는 가족도 있다고 한다. 또 이 합동 법회에 참가한 후 다시 이와미의 보리사 菩提寺로 참배하러 오는 단가도 나오고 있다.[20]

4. 사원의 향후 전망

사원의 이후 전망과 관련하여 설문에 나타난 내용을 살펴보겠다.

---

20 이와미 교구 동경법회(石見教区東京法要)에 대해서는 2012년도 정토종 총합학술대회(度浄土宗総合学術大会)에서 다케다 미치오(武田 道生)가 발표한 논고인 「過疎地域における浄土宗寺院の現状と課題─石見教区の事例(과소 지역의 정토종 사원 현상과 과제─이와미 교구의 사례)」를 참고하라. 이 안에는 법회 참가자를 대상으로 한 설문조사 결과도 보고되어 있다.

특히 앞으로 20년 뒤 단가의 증가 혹은 감소를 어떻게 예상하는지, 사원의 후계자 여부는 어떤지, 사원을 정주사원으로 유지할 것인지 아니면 겸무사원으로 전환할 것인지 등을 살펴보겠다.

1) 향후 20년 단가의 증감 예상

앞으로 20년 뒤 귀 사원에 속한 단가의 증감은 어떠할 것으로 예상하십니까?

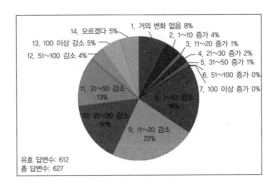

앞으로 20년 뒤 단가의 수가 어떻게 변하리라 예상하는지를 물었다. 감소한다(8, 9, 10, 11, 12, 13 답변 합계)는 대답이 79%로 다수였다. 한편 증가한다(2, 3, 4, 5, 6, 7 답변 합계)는 답변은 8%로 적었고, 거의 변화 없음이 8%이다. 먼저 "최근 20년 동안의 증가와 감소를 합한 단가의 가구수 변화는 어느 정도였습니까?"라는 설문을 보자. 이에 대해 감소했다는 답변이 60%, 증가했다는 14%, 변화 없음이 24%였다. 많은 주지들이 최근 20년보다도 향후 20년 뒤 단가가 더 많이 줄어들 것이라고 예상하고 있다.

또 가구수의 예상 감소치를 보면 가장 많은 것이 11~20가구의 감소 23%, 1~10가구의 감소가 18%이다. 다음으로 21~30가구의 감소가 16%로 나타난다. 51단가 이상이 줄어들 것으로 예상하는 답변 (12, 13답변 합계)도 9%이다. 과거 20년 동안의 단가 감소 수는 1~10가구 감소가 26%, 11~20가구의 감소가 15%, 21~30가구가 9%이며, 51가구 이상의 단가가 감소했다는 답변이 5%였다. 즉, 단가의 감소 경향도 앞으로 20년 뒤에는 더 커질 것이라고 예상하고 있다는 것이다.

이와 같이 사원의 주지는 최근 20년보다도 앞으로 20년 뒤에 단가의 감소가 더욱 심각해질 것이라고 보았다.

2) 사원의 후계자에 관하여

"귀 사원을 이을 예정인 분이 계십니까?"라는 질문에 대한 답변은 "있다." 70%, "없다." 30%였다. 다만 답변자의 나이가 젊어 후계자를 아직 정하지 않은 경우를 예상할 수 있으므로, 60세 이상의 답변자에 한정해 이 답변들을 추출해 보면 "있다."가 76%, "없다."가 24%(유효 답변수 344, 총 답변수 354)였다. 60세 이상의 주지에게 후계자가 '미정'인 상태라는 것은, 사원 승계에 관한 절실한 문제라 할 수 있을 것이다. 즉, 약 4분의 1의 사원이 현재 급박한 후계자 문제를 안고 있음을 알 수 있다.

귀 사원을 이을 예정인 분이 계십니까?

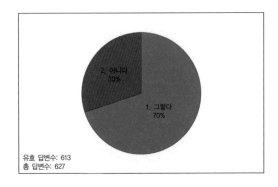

이 후계자의 유무에 관한 답변을 단가의 규모로 나누어 분석하면 이렇다. 단가 201~300가구의 경우에는 "있다."가 73%(유효 답변수 78, 총 답변수 80), 단가 101~200가구의 경우에는 "있다." 74%(유효 답변수 168, 총 답변수 171)이며, 전체 답변자 수치인 "있다." 70%와 큰 차이를 보이지 않는다. 그러나 단가 100가구 이하를 살펴보면 "있다."가 57%, "없다."가 43%이다. 단가 100가구 이하의 사원에서는 후계자가 미정인 사원이 4할을 넘게 되는 것이다. 또한 단가 50가구 이하에서는 "있다."가 56%(유효 답변수 104, 총 답변수 107)이므로, 단가 100가구 이하에서 도출되는 수치와 거의 차이가 없다. 따라서 사원의 후계자 유무와 관련해서는 단가 100가구 이하인가 아닌가가 큰 분기점이 된다는 것을 알 수 있다.

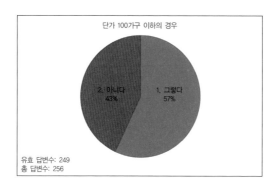

단가 100가구 이하의 경우

2. 아니다
43%

1. 그렇다
57%

유효 답변수: 249
총 답변수: 256

게다가 후계자가 없다는 것도 문제이지만, 청취조사에 따르면 "자식은 있지만 자식이 사원의 후계를 이을 마음이 없다.", "자식은 있지만 사원을 물려줄 생각은 없다."는 경우도 보인다.[21] 또 후계자가 있는 경우에도 "후계 예정자는 있지만 도시에서 일하고 있어 좀처럼 돌아오지 않는다."[22](문항32의 자유답변)는 경우도 보인다.

3) 사원의 전망에 관하여

"귀 사원의 전망에 대한 당신의 생각을 답해 주십시오."라는 질문은 사원을 현재처럼 "정주사원으로 유지할 것인가", "겸무사원으로 운영할 것인가", "합병이나 해산할 것인가", "다른 지역으로 옮길 것인가", "그 외"라는 선택지 안에서 사원의 미래에 대한 답변을 받았다.

그 결과는 "정주사원으로 유지한다."가 86%, "겸무사원으로 운영한다." 9%, "합병, 해산한다." 1%, "다른 지역으로 이전한다." 0%,

---

21 각주 14와 동일.

22 각주 16과 동일.

"그 외"가 4％였다. "겸무사원으로 만든다."고 답변한 9％가 장차 반드시 겸무사원이 될 것이라 볼 수는 없다. 그러나 후계자가 미정인 사원이 3할이라는 것을 감안하더라도, 과소화 지역에 있는 사원의 약 1할은 겸무사원으로 바뀔 가능성을 간직하고 있는 것이다.

귀 사원의 전망에 대한 당신의 생각을 답해 주십시오.

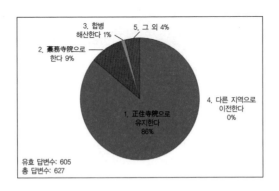

"겸무사원으로 운영한다."는 답변을 단가의 규모로 나누어 살펴보면, 단가 201~300가구(유효 답변수 78, 총 답변수 80)에서는 "겸무사원으로 운영한다."가 4％, 단가 101~200가구(유효 답변수 167, 총 답변수 171)에서는 3％이다. 이로부터 우리는 단가 수가 101가구 이상의 경우 사원의 겸무화兼務化를 생각하는 사람이 적음을 알 수 있다. 게다가 단가 201~300가구, 단가 101~200가구 모두의 경우에 "합병하거나 해산한다."는 답변은 0％였다.

한편 단가 100가구 이하의 경우를 보면 "겸무사원으로 운영한다."는 대답이 18％에 달한다.(유효 답변수 242, 총 답변수 256) 또한 "합병, 해산"도 3％나 보인다. 단가 50가구 이하의 경우를 보면 "겸무사원으로 운영한다."가 29%까지 치솟는다(유효 답변수 101, 총 답변수 107). 게다가 "합병, 해산한다."는 4%이다. 이로써 단가 100가구 이하의 경우에서는 미래에 겸무사원화兼務寺院化를 생각하는 비율이 급격이 높아지며, 그 경향은 단가 50가구 이하의 경우에 한층 절실한 문제로 다가옴을 알 수 있다.

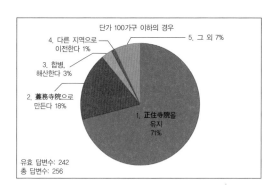

5. 기타 문제

여기에서는 문항 32 "과소過疎라는 상황이 귀 사원에 끼치고 있는 문제나 향후 예상되는 문제 등, 위의 질문 외에 다른 것이 있다면 알려 주십시오."(자유 기술)에 대한 답변을 토대로, 설문 문항에서 제기한 문제들 외에 문제로 꼽히는 것들을 정리해 보고자 한다.

우선 사원 조직의 약화를 들고 있다. 예를 들어 총대總代, 단가의 대표자와 역원役員, 단가의 임원의 고령화로 활동이 정체된 청년회에 새로운 사람이 들어오지 않으며, 영창회詠唱会의 고령화나 인원 감소로 인한 활동의 정지 등을 들고 있는 것이다.

또 단가의 의식 변화라는 문제도 제기되었다. 예를 들어 "현재 남아있는 고령자가 절을 지탱하고 있지만, 다음 세대가 되면 괴멸적일 것이다.", "절이 단가의 것이라는 의식이 없어졌다. 절간의 부엌을 수리할 때 주지가 스스로 하라며 총대總代가 지출을 거절하기에 주지가 자신의 돈으로 수리하고 있다. 경내의 제초에 관해서도 주지가 사는 곳이니 알아서 하는 것이 당연하다고 여겨 제초할 사람을 고용할 비용의 조성을 인정받지 못한다."는 대답이 보였다.

그 밖에도 단가가 먼 곳으로 이주함에 따라 생기는 문제도 들고 있다. 장례에 관해 "도시의 절이 어느새 단가의 장례를 맡아서 하고 있어 관계가 악화될 수 있다."는 답변, 또한 묘지에 관한 문제로는 "무연고 무덤이 늘고 있다."거나 "절에 무단으로 이장하는 사람도 있으며 유골만 남기고 가는 경우도 늘었다."라는 응답도 보인다.

그 외에는 경제적 이유로 "가람을 유지할 수 없다."는 의견이 있었다.

6. 마치며

이제까지 설문조사 결과를 중심으로 하여 과소화 지역의 사원에서 일어나고 있는 경제적 문제와 관련한 겸직, 역승출사役僧出仕 기회의 감소, 단가 감소, 단가 거주지의 광역화 문제, 그리고 사원의 장래에 관해서는 단가 감소 예상, 사원 후계자, 앞으로의 사원 경영 등에 대해서 살펴보았다. 설문 결과에서 볼 수 있듯이, 과소화는 여러 측면에서 사원에 큰 영향을 끼치고 있음이 밝혀졌으며, 특히 단가 100가구 이하의 경우에는 후계자를 정하지 않았거나 겸무사원으로 만들 예정인 사원도 많은 것으로 밝혀졌다.

향후 일본은 인구 감소와 저출산, 인구 고령화가 한층 가속화될 것으로 예상되고 있다. 인구문제연구소 人口問題研究所에서 발표한 〈일본의 장래인구추산 日本の将来推計人口〉(헤이세이 平成 24년 1월 추산)에 따르면, 2060년이 되면 일본의 인구는 8,674만 명, 고령화 비율은 39.9%에 이를 것으로 예측되고 있다. 2014년 5월에는 일본창성회의 日本創成会議, [민간인 주도의 정책제언기관. 역자]가 〈소멸가능도시 消滅可能性都市〉를 선정, 발표했다. 소멸가능도시란 2040년에 20∼39세 여성 인구가 절반 이하로 떨어지는 지역을 가리키는데, 이 소멸가능도시가 전국에 523개 행정 구역(전국의 29.1%)에 달한다. 인구 감소와 출산율 저하 및 고령화가 빠르게 진행되면서 사원의 단가도 향후 한층 더 급격히 줄어들 것이다.

또 근래에 고령자의 단독세대, 부부세대가 급격히 증가하고 있다. 1980년(昭和 55년)에는 고령자의 단독세대, 부부세대 합계가 28.1%였으나 1990년에는 36.9%, 2000년에는 47.2%, 2010년에는 54.1%[23]로 불과 30년 만에 배로 증가했다. 고령자 단독세대, 부부세대가 증가한다는 것은 세대 간에 다른 장소(지역)에 거주하고 있는 상황이 증가하고 있음을 알려준다. 오늘날, 지금까지 지역이나 사원의 주요 지지기반이었던 "다이쇼 말기부터 쇼와 1∼9년생" 세대가 80세

---

23 일본 내각부(内閣府), 『平成26年版 高齡社会白書(헤이세이 26년판 고령사회백서)』

를 넘었고, 단가에도 큰 세대교체가 일어나고 있다. 이 단가의 세대교체에는 사원과 단가 관계의 계승(신앙이나 제사, 사원과 단가의 전통적 접촉 방식 등)이라는 점에서 어려움이 생기는 경우도 많다. 또 단가의 세대교체에는 '거주지가 사원과 떨어져 있는 사람들과 어떻게 관계를 유지할 것인가'라는 문제를 안고 있는 경우도 많이 보이며, 원거리 遠距離로 인한 곤란이 따른다. 이런 의미에서, 앞으로 10~20년 뒤 사원에 다대한 변화가 일어날 것임에는 틀림없다고 할 수 있을 것이다.

필자는 지금껏 과소화 지역의 사원에 대한 청취조사에 몸담아 오면서 사원이 안고 있는 다양한 문제를 파악할 수 있었다. 그런데 조사 과정에서 필자는 종종 "여러 문제가 있지만 아직까지는 그럭저럭 괜찮다. 그런데 다음 세대는……."이라는 말을 듣곤 했다. 설문조사에서도 향후 단가 감소가 가속화될 것이라고 예상한 답변자가 많은 것, 그리고 "현재 남아있는 고령자들이 절을 지지하고 있지만 다음 세대가 되면 괴멸적일 것이다."라는 답변이 나오는 것도 미래에 대한 불안에 기인한 것으로 보인다.

지방 사원 활동에서의 보살사상에 관하여

스즈키 교겐(鈴木 行賢)
다이쇼대학교

일본불교는 전국 각지에 존재하는 사원과 소속 승려(주지)에 의해 유지, 운영되고 있다. 또한 각 사원은 단신도 檀信徒라 불리는 재가 불자의 보시를 통해 지원을 받고 있다. 그러나 2차 세계대전 이후 60년이 지나는 동안 도심부에 개발이 집중되고 도시 위주의 번영이 있었는가 하면, 지방은 인구가 감소하고 과소화가 진행되면서 지역에 따라서는 사원 활동 자체가 성립될 수 없게 되는 문제가 나타나고 있다. 이런 위기 상황에서 기존의 단가 檀家 제도에 의존하는 사원도 있지만, 기존 활동에 구애됨 없이 새로운 시도를 하여 사찰 활동에 적용하고 있는 곳도 존재한다.

이 글은 한 지역 사원 활동의 실태에 초점을 맞춘 것으로, 불자로서의 승려와 지역 불교신자들에 주목하고 그들의 활동 근저에 흐르는 보살사상에 대해 고찰하고자 한다. 여기서 보살사상이란 이른바 불교사상으로서의 보살사상이라기보다는, 더 구체적으로 보살의 존재방식인 '자행화타 自行化他'를 가리킨다. 자행화타의 정신과 그 실천에서 불자와 재가신자들의 사원 활동의 의미를 찾으려는 것이다.

1. 마을 활성화와 사원 활동

① 이이노마치 飯野町에 관하여

이 글에서 다루는 지방 사원은 후쿠시마현 후쿠시마시 이이노마치 飯野町에 소재한 고다이인 五大院이라는 천태종 사원이다. 필자는 지금 이 고다이인의 겸무주지 兼務住職로 근무하고 있다.

원래 이이노마치라는 마을은 에도 시대 이후로 줄곧 양잠업이 성한 지역이었고, 메이지 시대 이후로는 직물산업이 번성해 지역 경제를 지탱하면서 전후 戰後 일본 부흥에도 일조하게 되었다. 그러나 중국으로부터의 저렴한 생사 生絲 수입이 증대하면서 직물산업과 양잠업이 쇠퇴한 결과 과소화가 진행되었고, 마침내 최근에는 후쿠시마시에 합병되었다. 이 합병으로 행정 중심이 후쿠시마 시청으로 옮겨갔고, 이때까지의 지역 행정 기능의 대부분이 축소되어 최저 업무만이 잔존해 있다. 곧, 마을 자체의 구심력이 떨어지는 상황이 진행 중이다. 이런 까닭에 지역의 과소화가 더욱 가속화될 수 있다.

정작 예로부터 지역의 중심이었던 것은 사원과 신사라고 해도 과언이 아니다. 왜냐하면 사원과 신사는 근현대 행정기관보다 훨씬 더

오래전부터 그 지역에 존재하고 있었기 때문이다. 신사는 그 지역의 개창에 깊이 관련된 유래를 지닌 곳이 많고, 사원은 에도 시대 이래의 단가 제도를 담당해오기도 했던 만큼 그 지역과 주민의 삶에 깊이 관계하고 있다. 실로 사원과 신사는 지역의 중심이고 생활의 기반이어서 주민과 깊은 관계를 맺어온 것이다. 그러나 메이지 유신의 신불분리령 神佛分離令, 전후 정교분리 政敎分離의 원칙, 농지 해방 등에 따른 경제적 수입 감소 등을 이유로, 주지와 신주 神主는 사원과 신사의 유지 및 존속을 위해 본래의 직무 외에 겸업에 종사하게 되었다.[1]

② 고다이인 五大院에 관하여

고다이인은 슈겐도 修驗道의 개조 엔노교자 役行者가 개창한 것으로 전해진다. 그 주지는 엔노교자의 제자의 후예라고 일컬어지고 에도 시대에 쇼고인몬제키 聖護院門跡에 소속되었으며, 오데고 小手鄕[2] 지역 슈겐 사원의 통할을 맡을 정도로 극히 융성했다.

또한 고다이인 출신의 승려로 죠도 쟈쿠슌 張堂寂俊, 龍禅子·大龍이 있는데, 입목도 入木道를 계승할 정도의 서예가로서 쥬손지 곤지키도 中尊寺 金色堂의 표주 標柱, 규슈 다자이후 太宰府 제온지 世音寺의 표주 같은 작품들이 남아 있다.

고다이인 주지는 이이노마치 주민의 생활에 깊이 관여했었다. 그

---

1 전후 사원과 신사의 주지와 신주는 교직에 종사하는 등으로 겨우 생계를 유지하게 되었다. 또한 규모가 작은 사원이나 신사의 주지와 신주는 사원과 신사가 폐지(법인해산)되어 귀농해버리는 일도 많았다.

2 오데고(小手鄕)는 出羽三山開山峰子皇子의 모친인 小手姬에서 유래한다. 福島県 旧伊達郡 川俣町, 飯野町, 月館町과 福島市 小国 地区를 포함하는 일대의 옛 명칭이다. 川俣町 秋山 地区에 있는 여신산(女神山)을 중심으로 한 지역. 小手姬는 아들을 그리워하여 동북(東北) 지방에 일부러 와서 이 지역에서 죽어 여신산에 매장되었다는 전설이 있다. 小手姬는 양잠 기술을 전해 이 지역에서는 양잠의 신으로도 신앙되고 있다.

러나 근년 후계자가 끊기고 주지가 부재하기에 이르렀고, 그 후 30년간 지역에서조차 잊힌 존재가 되어버렸다.

③ 고다이인 연일 緣日 개최까지의 경과

당시 이이노마치에서는 호라후키대회 ほらふき大会라는 이벤트가 마을 주최로 행해졌다. 그 행사는 참가자가 '큰 허풍 大ほら'을 외치고 모두 크게 웃게 된다고 하는 내용으로, 매년 2월에 개최되고 있었다. 그리고 '허풍' 가운데 마을 행정을 활성화하는 내용을 다루어, 촌장의 자문기관인 '마을 만들기 위원회'[3]에서 협의하여 실제로 실현 가능한 '허풍'을 마을 행정에 반영하려는 흐름이 있었다.

고다이인 연일은 그 '허풍' 가운데에서 생겨났다. 어느 참가자가 말한 "마을 가운데 고다이인이라는 사원이 있다. 거기에 지장보살을 세우고 스가모 巢鴨의 도게누키 지장보살 とげぬき地藏처럼 만들어 마을을 번영하게 하고 싶다(는 취지의)"라는 발언을 했다. 이 일이 마을 만들기 위원회에서 다루어졌고, '고다이인 연일을 생각하는 모임 五大院緣日を考える会'[4]이 발족되면서 당시 주지인 필자에게 연락이 왔다. 그 후 연일 개최를 구체적으로 준비하는 모임이 진행되었다. 그 내용은 다음과 같다.

(1) 천태종 사원 고다이인에 대한 주지(필자)의 해설

---

3 이이노마치 마을의 유지가 조직하는 이이노마치 자문위원회. 'ほら吹き大会'(허풍떨기 대회)의 내용을 검토하여 실현 가능성을 고려하고 마을 행정을 활성화하려는 목적이 있었다.

4 마을 만들기 위원회의 분회. 발족 후에 고다이인에 관한 역사, 문화, 인물 등을 연구하고 고다이인 연일 준비 단계를 지원했다.

(2) 후쿠시마시 역사자료관(당시) 후지타 사다오키 藤田定興의 해설. '슈겐 사원으로서의 고다이인'

(3) 후쿠시마시 문화센터 선생님의 해설. '고다이인의 불상 佛像'

(4) 지역 향토사가의 고다이인 해설

이와 같은 준비모임을 거듭하면서 고다이인에 대한 이해를 심화시켜 나가고, 고다이인의 본존인 부동명왕의 연일 28일을 매월 개최일로 정해 헤이세이 平成 13년 11월 28일에 고다이인 연일이 부흥하는 형식으로 개최되었다.

2. 고다이인 연일의 내용

다음으로 고다이인 연일의 내용에 관해 구체적으로 어떤 활동을 하는지 살펴보도록 한다. 우선 연일 전체의 흐름을 살펴보고, 다음으로 연일을 직접적으로 지원하는 사람들, 간접적으로 관계되는 사람들에 관해 살펴보도록 한다.

① 연일의 흐름

우선 연일은 부동명왕 연일인 매월 28일에 집행하고 있다. 부동명왕 호마기도 護摩祈禱는 10시, 12시, 14시의 3회로 행해진다.

고다이인 경내는 이이노마치 상점가 중앙에 면해 있고, 그 주변을 이이노마치 우체국과 병원, 은행 등이 둘러싸고 있다. 참배객은 경내에 이르러 우선 라쿠암 樂庵이라고 불리는 접수처에서 기도 신청을 마치고 본당에 들어간다.

본당 내에서는 내진 内陣을 마주하는 외진 外陣에 착좌하여 기도를 받는다. 호마기도를 행하는 중에 승려의 안내를 받아 기원목 祈願木을 들고 내진에 들어가며, 호마의 불꽃에 기원목을 던진 뒤 본존에 기원을 하고 외진으로 돌아와 기도를 마친다.

그 뒤 본당 내의 방에서 경단 국(단고지루, だんご汁)이나 말차를 접대 받고, 또 당내에서 행해지는 이벤트를 관람하고, 경내에 열려 있는 매점 등에서 쇼핑을 하고 돌아간다는 흐름으로 구성된다.

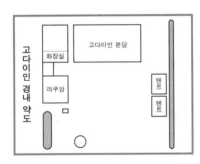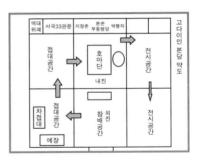

<고다이인 경내 약도>

② 연일을 직접적으로 지원하는 사람들

실제 연일을 지원하는 것은 '고다이인 연일을 개최하는 모임 五大院 縁日を開く会'[5]의 사람들이다. 이 구성원들이 실제 연일의 기획과 운영

---

5 원래는 '고다이인 연일을 생각하는 모임'에 참가하던 사람들이 그대로 옮겨간 것이다. '생각하는 모임'이 마을 자문위원회의 위치에 있는 탓에 마을 자문위원회가 연일을 주관할 경우 발생할 정치적 문제 때문에 별도의 조직으로 독립적인 형식을 취한 것이다.

을 맡고 있다. 원래는 이이노마치의 '마을 만들기 위원회'의 구성원이기도 하고, 분회인 '고다이인 연일을 생각하는 모임'의 구성원이기도 하다. 연일의 기획과 운영은 연일에 임해 동시적으로 여는 다양한 이벤트들을 입안하고 실행하는 일이다.

구체적 활동으로는 매월 8일, 그 달에 행하는 기획을 입안(기획회의[6])하고, 18일에는 기획준비[7]를 하며, 27일에 사전 준비[8]를 행하고 있다. 28일 당일에 하는 일의 내용은 접수, 경내 안내, 접대 등으로 다양하다. 접수는 기도 접수와 부적 배부를 담당하고, 경내 안내는 처음으로 온 참배객 안내를 하며, 접대는 말차와 경단 국을 대접하는 일이다. 그 외에도 연일의 포스터와 유인물을 만들고 소식지를 복사해 지역 시설에 배포하는 등, 연일 개최에 관한 모든 일에 종사하고 있다. 이런 분담은 각자 맡아서 하고 있는데, 자신이 할 수 있는 일을 자연스럽게 분담하여 하고 있다.

③ 연일을 간접적으로 지원하는 사람들

연일에는 호마기도를 하는 외에 경내에 매점이 열린다. 이 매점은 원래 연일이 마을행사로 시작된 것이기도 해서 마을 내 상점가의 사람들이 나와서 운영한다.

---

6 매월 8일 밤 고다이인 본당에서 행하고 있다. 28일에 행하는 이벤트를 결정하고 관계자와의 협의, 무엇이 필요한지 등등 세세한 절차를 정한다.

7 매월 18일 고다이인 본당에서 행하고 있다. 구체적으로는 그 달에 행하는 이벤트 절차를 준비하는 것이다. 구체적으로 이벤트를 의뢰한 당사자와 여러 차례 연락을 취한 뒤 27일에 어떻게 준비할 것인가를 결정하고, 담당자도 정한다. 담당자는 예정된 사람이 맡는다. 연일의 깃발을 경내에 세우는 것도 이 날 행한다.

8 연일 전날인 27일에 행한다. 본당 청소와 경내 청소, 경내 포스터 준비, 이벤트 작품의 대여와 전시 등, 28일 당일에 적합한 준비를 한다.

a. 오카미상 서미트 おかみさんサミット

오카미상 서미트는 그 지역 상점가의 부인부 婦人部를 일컫는다. 평상시에는 점포를 돌보고 있지만, 자신들이 저장식품이나 소품을 만들어서 마을 내의 이벤트에도 출점하고 있다. 연일에는 상기 물품과 계절 물품 등을 판매하고, 또 접대용 단고지루의 준비를 돕는 등, 보이지 않게 연일을 지원하고 있다.

b. 이이노 서도회 飯野書道會

마을 내 서예학원의 강사와 생도들이다. 연일에는 본래 주지가 행해야 하는 기도찰 祈禱札의 원의 願意, 원주 願主의 글을 담당하고 있다. 그 외에 일이 없는 경우 말차 접대를 돕는다. 또 신춘 휘호전에서는 작품전시회도 한다.

c. 상점가에서 내는 매점

원래 마을 행사로 시작한 것인 만큼 지역 상점으로서는 연일에 매점을 설치하고 싶어 한다. 야키소바와 미타라시 단고나 고다이인 만쥬 등, 각자 출점하여 연일을 떠들썩하게 한다. 최근 후쿠시마 시내의 신체장애자 시설이 출점했고, 미나미소마 南相馬市시의 피난자가 신 神에게 바치는 나무 榊를 배부하는 등, 출점 참가자가 늘어나고 있다.

d. 기타

연일에는 개인적으로 참가하여 돕는 이들도 있다. 예를 들면 단고지루의 조리를 돕는 이들이나 스스로 키운 꽃을 장식하러 오는 이,

다도의 소양이 있는 이는 말차 접대를 담당하고, 떡메 치기가 있다면 떡메 치기를 하고, 떡을 아담하게 정리하는 등, 다양한 이벤트를 뒤에서 지원한다. 이런 도움은 특히 의뢰를 받아 와주는 것이 아니라 자발적으로 참여해 맡아서 하고 있는 것이 특징이다. 각자 모두와 조화롭게 지내고 싶어 하기 때문이기도 하다.

④ 연일에 참가하는 사람들

平成25년 五大院 緣日·행사		
1月	初不動 · 節分	新春書道展
2月	모모노셋쿠 (桃の節句)	히나마쓰리 · 츠루시비나
3月	민담모임 (民話のつどい)	민담모임 (民話の会)
4月	단오절 (端午の節句)	하나마쓰리 (花まつり)
5月		蛙文字와 陶芸親子展
6月		고향물산전 (ふる里物産展)
7月		
8月	밤의 연일 (夜の御縁日)	민담모임 (民話の会)
9月		山野草展
10月		
11月	縁日12周年	떡치기 (餅つき)
12月	納不動	一年展 · '고엔무스비' (ご縁結び, 연맺음)

본당 내에서는 매회 다양한 이벤트가 개최되는데, 마을 내외의 다양한 사람들을 초청하여 행한다. 작품을 만드는 마을 주민, 작품을

발표하려는 외지인, 이벤트 관계자의 승낙을 얻어 전시를 바라는 이
들, 마을 취미 모임(꽃꽂이, 도예, 사진, 회화 등)에 발표의 장을 제
공하는 등, 전시의 경위는 다양하지만 모두 연일을 북돋아주고 있다.

왼쪽 표는 연일의 연간 전시(平成 25년)를 제시한 것이다.

1월은 신춘 서도전으로, 마을 내 서예학원생의 작품을 전시한다.
또한 세쓰분모임 節分會으로서 입춘 전날 밤 액막이로 콩을 뿌리는 일
을 한다.

2월에는 마을 내 보육원에서 츠루시비나 작품 전시가 있다. 이 시
기에 마을 내에서는 '이이노 츠루시비나 마쓰리'가 개최되고, 연일과
맞물려 상점가는 대단한 성업을 이룬다. 이 츠루시비나도 고다이인
연일의 이벤트로서 마을 내의 츠루시비나 작가가 전시한 것이 마을
이벤트⁹로 발전하는 하나의 계기가 되었다.

3월은 민담 모임으로서, 민담을 지방 방언으로 이야기하는 '이이
노 민담 모임' 이벤트이다. 민담 모임은 8월에도 열리는데, 특히 초
등학교에서 민담 모임을 지도하고 있어 3월에는 초등학생의 민담도
발표된다.

4월은 단오절로, 마을 내에서 5월 인형을 빌려 받아 전시하고 보
육원아 작품도 전시한다. 원아들도 보러 와서, 처음으로 보는 호마
불꽃과 단고지루를 만끽한다. 또한 동시에 석가 탄신을 축하하는 '하
나마쓰리'도 행해지므로 감차 甘茶를 (불상에) 뿌리는 등 평소 경험할
수 없는 것을 즐길 수 있는 기회가 된다.

---

9 고다이인 연일 이벤트로 개최된 '츠루시비나 전시회'(つるし雛展)를 계기로 이이노마치 상점가의 여성들이
'츠루시비나'를 만들게 되고, '이이노 츠루시비나 마쓰리'라는 마을 내 이벤트로 발전했다. 매년 2월 말에서 3
월 초순에 걸쳐 행하는 행사가 되었다. 올해(헤이세이 26년)에 제7회가 된다.

이와 같이 매월 다양한 행사가 개최되어 연일을 붐비게 한다. 그 중에서도 보육원 아동과 초등학생의 참가 경험은 '연일을 보며 자랐다'는 추억을 만들 수 있는 기회가 된다. 현재 연일은 13년째를 맞게 된다. 10년을 넘어서 바야흐로 지역에도 뿌리를 내리게 되었다는 느낌이다. 더 나아가 10년을 넘어 20년을 맞을 무렵 '연일을 보면서 자란 세대'가 바야흐로 20대가 되고, 다시 10년 뒤 연일이 30년 후를 맞을 무렵 이 세대가 부모 세대가 되면, 진정한 의미에서 지역에 뿌리를 내린 연일이 된다. 무척 시간이 걸리는 일이지만 '마을 활성화' 이벤트로 시작한 연일이 지역에 없어서는 안 될 요소가 되기 위해서는 현재의 아이들이 연일과 접촉하는 것이 중요하다.

⑤ 연 緣을 맺는 날

연일이란 본존인 불보살과 연을 깊게 하고 그 위덕과 이로움을 받는 날이라는 의미이다. 그런데 그것을 사람과 사람 사이의 인연을 맺는 날로 파악할 수 있다. 연일을 계기로 친해지는 이, 또한 오랜만에 재회하는 이 등, 다양한 일이 연일을 매개로 맺어져 왔다. 오랫동안 교류하게 되고 서로를 존중하고 서로를 지지하는 장이 될 수 있는 날이 연일이라고 할 수 있다.

사람과 사람을 주선해서 다음 세대로 잇는 장으로서 '연일'이 그 지역에서 '마을 활성화'의 근간이 되고, 그 지역을 형성하는 데 중요한 의미를 지니게 된다고 할 수 있다. 마을 활성화는 지역 활성화를 도모하고자 다양한 수단을 강구해 왔다. 그 수단들은 극적인 강심제 強心劑 역할을 하긴 했지만 일회적인 것에 불과하고 결코 오래 가는 것이 아니었다.

고다이인 연일은 직접 참가하는 사람들과 간접적으로 돕는 사람들 등 많은 사람들이 관계를 맺는 가운데 개최되어 왔다. 거기에는 '무리가 없도록', '상황이 나쁠 때에는 쉬어도 좋다'고 하는 자세가 관통하고 있다. 마음의 여유를 갖고 서로 도울 수 있도록 하는 것이다. 이 것이야말로 '마을 활성화'로서, 오랫동안 지속할 수 있는 방책이기도 하다.

농촌에서는 '맺음 結, ゆい'이라는 상조의 정신이 있다. 모내기, 벼 베기 등 농번기에는 서로의 논밭 일을 돕거나 다 같이 지붕 갈이를 돕는 등 다양한 맺음이 있다. 이런 정신이 연일 참가자들 중에도 존 재하는 것이다.

서로 마음을 다해 서로 돕는다고 하는 일은 불교에서 말하는 '자행 화타 自行化他'의 정신과도 통한다고 할 수 있다. 보살의 마음이기도 한 자행화타는 부처가 되기 위한 스스로의 수행이 그대로 다른 이를 교화하여 인도하는 길이기도 하다는 것을 보이는 것인데, 맺음의 정 신과 연일에 종사하는 사람들에게도 통하는 것이다.

연일을 개최한 지 10년째로 접어들며 지역 행사로서 인지도가 높 아지고, 그리하여 더욱 매진하고자 하는 때, 10년째를 맞아 '이제부 터다'라고 다짐하는 찰나에 대지진이 일어났다. 연일에 관계되는 사 람들은 실로 그때에 '자행화타'의 정신으로 재해 수습에 임했다.

3. 동일본대지진

① 동일본대지진

헤이세이 23년 3월 11일 금요일 일본의 근저를 엎는 대재해가 일어났다. 동일본대지진이다. 후쿠시마현은 지진과 쓰나미, 원전폭발사고, 그리고 지금도 소문에 의한 피해의 한가운데에 있다고 할 수 있다.

고다이인 연일을 개최하는 모임의 구성원들은 지진 직후인 3월 28일 연일을 주선하는 것을 멈추고, 그 대신 피난해온 사람들에게 배식을 자발적으로 벌였다. 그 자발성은 결코 피난 온 사람들을 동정하는 마음에서 비롯된 것이 아니고, 또 방사능 오염 속에 있는 동포들에 대한 동포의식에서 비롯된 것도 아니다. 단지 "그렇게 하지 않으면 안 된다."는 마음에서 움직인 것이다. 그 뒤, 다행히 다음 달인 4월 28일에 연일을 부활시켜 현재까지 계속하고 있다.

② 이타테 마을 飯館村 전체 피난

고다이인이 있는 이이노마치에는 원전폭발 사고로 마을 전체 피난을 지시받은 이타테 마을이 피난을 오게 되었다. 마을 사무소를 비롯하여 주민 70세대의 임시 주택, 이타테 중학교와 기업 등의 임시 시설도 마을 내 건립되었다.

6월의 연일에는 이타테 마을 부흥 지원의 제1탄으로 이타테 마을 물산전을 개최했다. 이타테 마을 촌장 간노 노리오 菅野典雄도 내방하고 피난 지역인 이이노 지역에도 인사를 갔다. 그곳에서 이타테 마을의 북 연주 그룹인 도라도리다이고 虎捕太鼓의 연주도 있었다. 이타테 마을의 전체 피난이라는 사건의 와중에 그 구성원은 후쿠시마와 소마, 도쿄 등으로 흩어지게 됐으므로 이곳에서의 연주가 마지막 연주가 될 것이었다. 그런데 도쿄에서 이 연주를 취재해 전국에 방송되었다. 그룹 멤버들이 눈물을 흘리며 연주하는 모습은 전국 방송망을 타면서 인구에 회자되었다. 이로써 일본 전역의 행사에 도라도리다이고 멤버들이 초대되었다. 그룹 멤버들은 "다시는 만나지 못한다고 생각했는데, 자주 만나게 됐다."라며 기뻐했다.

③ 부흥 지원 연일

그 이후 연일에는 이타테 마을 부흥 지원을 위한 몇 번의 이벤트를 개최하여 왔다. 그런 모든 인연을 주선한 것이 고다이인의 연일 관계자였다. 이집트의 응원도 있었다. 예컨대 아라비아 현악기 우드의 연주자 무스타파 사이드가 일본에 와서 기원 콘서트가 열렸다. 그 뒤에도 색소폰 콘서트 등 기회가 닿는 대로 이타테 마을 지원 행사를 개최해 왔다.

이와 같은 이벤트가 피난 온 이타테 마을 사람들의 적극적 참가를 촉구하는 것은 아니지만, 놀러 와서 즐기도록 하고 싶다는 바람을 가지고 열리고 있는 것이다. 고다이인 연일에서는 지진 후 3년이 지난 현재에도 이와 같이 이타테 마을 지원 이벤트를 열고 있다.

④ 진혼 鎭魂 지장존 地藏尊 건립

지진 이후 다양한 사람들이 지진 피해 지역을 지원하러 현지에 왔고 피해 복구를 응원하고 있다. 임시 주택 위문, 경청 자원자 등 다양한 지원이 이루어지고 있으며 현재에도 진행되고 있다. 그런 가운데 지진 직후 후쿠시마현 지역은 원전사고로 인한 방사능 영향을 염려한 탓인지, 많은 이들이 접근하길 꺼려하는 상태였다. 또한 고다이인이 있는 이이노마치 주변은 피난할 필요가 없는 지역으로 되었지만, 피난 지시 지역과 그 외 지역의 구분이 분명하지 못한 탓도 있었고, 피난하지 않아도 된다고는 했으나 불안하게 생각하는 주민도 많아서 아이들을 피난시키는 등, 부득이하게 독자적으로 피난을 하는 가정도 있다. 이와 같이 지진 직후부터 현재에 이르기까지 주민의 마음은 편치 못하고 막연한 불안 속에 있는 것이다.

진혼 지장존은 위와 같은 불안을 배경으로, 특별한 인연 덕분에 건립된 것이다. 재해지역 지원 활동은 트위터(Twitter)와 페이스북(Facebook) 등의 SNS를 통해 왕성하게 정보가 교환되고 있었는데, 마침 필자가 페이스북에 게재된 천태종 도치기 栃木 교구의 불교 청년회 활동을 접할 기회를 얻었다. 도치기 교구 불교청년회는 미야기 宮城현의 재해지역 지원으로 "모두의 도서관 프로젝트"의 원조와 임시주택에 대한 위문으로 스틸팬 콘서트를 하고 있었다. 그 기사를 본 필자가 (당시) 청년회 사무국 시모무라 유칸 霜村 裕寛에게 "이타테 마을 부흥 지원"으로 콘서트를 열 수 있느냐고 연락을 취했다. 스틸팬에 관해서는 그룹에 참여하고 있는 천태종의 승려 니시무라 지유 西村 慈祐와 협의하였다.

같은 시기에 지역 석재점 石材店 사장 미우라 고이치 三浦 貢一가 필자에게 상담을 요청했다. 그는 "우리들이 사는 동네는 때마침 피난하지 않고는 있다. 하지만 정말 괜찮은 것이냐는 불안감이 있다. 마음

안이 답답하다. 무엇인가 하고 싶은 것이다."라고 말했다. 사장은 지장존 건립을 발원하고, 스스로 지장존을 모시고 미야기현 이시노마키 石巻시 이시노마키항 港과 오카와 大川 초등학교, 미나미산리쿠쵸 南三陸町의 방재 청사를 찾아 불공을 드리고 왔다. 또 미나미산리쿠쵸의 민박시설 다카쿠라쇼 高倉莊의 주인으로부터 미나미산리쿠쵸의 돌을 받아서 지장존의 대좌로 하고, 다시 이타테 마을에서 나는 석재를 이용해 대좌로 삼을 생각을 가지고 있었다. 그 지장존에 "'지진 피해에 관한 많은 사람들의 마음을 담아 막연한 불안의 마음을 승화시키고 싶다'는 염원을 담겠다."고 말하는 거였다. 그리고 건립지로서는 연일로 참배가 많은 고다이인 경내를 선택한 것이었다.

이 두 사안은 같은 시기에 진행되고 있었는데, 그것을 엮은 것이 고다이인 연일이었다. 부흥 지원 콘서트 개최에 즈음해 운반 요원으로 도치기 栃木 불교 청년회 회원이 도우러 왔던 바, 지장존 건립 장소로 고다이인 경내를 제공하기로 했던 만큼, 지장존 점안 공양의 법요를 도치기 불교 청년회에 의뢰한 것이다.

이런 왕래를 페이스북상에서 한 것인데, 거기에 또 참가를 표명한 한 인물이 있었다. 도쿄에서 지원활동을 벌이고 있던 "히토자시의 모임 ひときじの会, 십시일반의 모임"의 요시미즈 가쿠겐 吉水 岳彦이었다. 히토자시의 모임은 도쿄 산야 山谷 지구에서 지원활동을 벌이는 단체이지만, 지진재해 직후에는 이와테 岩手현 산리쿠 三陸 지방 지원활동을 독자적으로 실시하고 있었다. 또 요시미즈 가쿠겐은 정토종 승려이기도 하므로, 후쿠시마현 이와키시의 지원활동도 가고 있었다. 마침 필자와도 인연이 있었던 터라 페이스북상의 소통 과정에서 참가를 표명한 것이었다.

헤이세이 24년 4월 28일 토요일의 연일은 이이노마치 부흥 지원으로 천태종 도치기 교구 불교청년회 멤버, 그리고 스틸팬 그룹 '도리니스타'의 멤버, 동경에서 온 '히토자시의 모임'의 멤버가 참가하고, 이와키시에서는 정토종 보리원의 시모무라 신코 霜村 真康도 참가한, 성대한 행사가 되었다.

불교청년회는 기도를 보좌했고 기도 중간에 스틸팬 콘서트가 있었으며, 히토자시의 모임의 회원은 초콜릿 풍듀 접대에다 풍선 아트까지 벌였다. 오전과 오후 2회 콘서트가 열렸으며 토요일이었으므로 많은 아이들도 참여해 크게 붐볐다. 3회째의 호마 기도를 마치고 마지막으로 진혼 지장존 점안 법요가 천태종 도치기 교구 불교청년회에 의해 집행되었다. 회장 스가와라 도신 菅原 道信 선생님의 지도 하에 지장화찬 地藏和讃을 영창하고 점안 법요를 집행하면서 참가한 모든 이들의 분향이 이루어지고 진혼 지장존이 점안되었다. 지장존의 건립 유래기에는 다음과 같이 새겨졌다.

〈진혼 지장존 건립 유래기〉

진혼 지장존은 헤이세이 23년 3월 11일 동일본대지진에 의한 쓰나미 피해의 희생자, 원전사고로 인한 희생자, 그리고 희생된 모든 정령을 인도하기 위하여, 고다이인을 결연지로 선정하여 권청했습니다. 지장존은 이곳에 진좌 鎭座하기 전 미야기현 이시노마키시 미나미산리쿠 마을을 순석하고, 그 영혼을 달래며 나아가 희생자가 나온 모든 마을과 인연을 맺기 위해 미나미산리쿠 마을과 이타테 마을에서 나온 돌을 받침대로 이용했습니다.

지장존은 육도의 모든 목숨을 이끌어 능히 교화하는 존이십니다. 바라옵건대 지장존의 대자대비 서원의 힘에 의지하오니 지진 피해자의 마음, 지진 희생자의 마음, 나아가 건립에 관한 모든 사람들의 마음을 그 손에 올려 평안하게 하시고, 모든 인연을 맺어 사람들의 소원도 풀어주시고 현세와 미래세에도 이익을 돌려주시기를.[10]

지장존 건립도 고다이인 연일 개최처럼 많은 사람들의 인연을 엮는 형태로 실현되었다.

⑤ 정리

진혼 지장존의 건립도 인연이 인연을 엮는 형태로 성립하였다. 그것은 필자 자신이 그때까지 맺을 수 있었던 연이 고다이인 연일이라는 장에서 원래는 엮이지 않는 연을 끌어들여 뜻밖의 진혼 지장존 건립이라는 인연을 이끌어 낸 것이다.

전교대사 사이쵸最澄의 말에 '자기를 잊고 남을 이롭게 하는 것이 자비의 극치이다 忘己利他 慈悲之極'라는, 보살관을 표현한 말이 있다. 지진 후 1년 동안 소문이 오가는 가운데 참여한 멤버들에게는 망기이타의 정신이 있다고 할 수 있다. 현県 밖에서 많이 참여해 주신 일은 원전 사고로 눈에 보이지 않는 불안 속에 있는 현지 주민들에게 큰

---

10 鎮魂地蔵尊建立由来記. 五大院 境內에 건립된 鎮魂地蔵尊의 대좌에 새겨져 있는 명문. 찬문은 필자 및 다이쇼대학교 강사 霜村叡真師의 지도로 작성되었다. 진혼 지장존의 대좌는 미야기현 미나미산리쿠쵸의 靑石을 대좌로 하고, 참배자가 쉬도록 큰 자연석과 명문이 새겨진 네모난 돌을 꾸며놓았다. 이 자연석과 명문석은 이타테 마을의 돌을 이용해 조성했다.

용기를 준 것이다. 현지 주민에게 밖에서의 응원은 든든한 지원이 된다.

4. 연일의 사고방식과 보살사상

연일은 부동명왕의 연일인 매월 28일에 (연중 12회) 행해지고 있다. 연일이란 본래 부처님과의 인연을 깊게 하는 날이라는 의미이지만, 고다이인 연일에서는 사람과 사람을 맺는 연 緣맺음이기도 하다. 1년을 마무리하는 "마지막 부동"의 연일에서는 1년을 돌아보는 '1년 행보전 一年の歩み展'이 열린다. 거기에서는 1년 동안 열린 행사의 포스터 등을 전시하고 '고엔무스비 ご緣結び, 연맺음'[11]로서 '주먹밥 おむすび'을 나눈다. 1년을 돌아보고 처음 인연을 맺은 사람들, 인연을 깊게 한 사람들과의 교류가 새로운 인연을 끌어당기는 것을 실감하는 것이다.

고다이인 연일에서는 '고다이인 연일을 여는 모임'의 멤버가 각각 담당 부서를 맡고 있다. 부서의 일은 접수와 차 접대, 안내 포스터 만들기 등 다방면에 걸쳐 있는데, 부서 담당자들은 자연스럽게 각자 성미에 맞는 부서와 일을 선택하는 것이다. 또한 돕는 사람들도, 참배하는 사람들도, 각자 모두 서로 아는 사이이기도 하다. 그 날에 참배를 통해 서로 만나는 것이다. 사람들과 사람들의 연을 깊게 하는 것이 연일인 것이다.

"호혜"의 정신과 "인연맺음"의 정신에는 보살의 존재방식인 '자행

---

11 ご緣結び······ 주먹밥의 발음 '오무스비(おむすび)'와 연맺음의 발음 '고엔무스비(ごえんむすび)'를 결부시킨 것이다.

화타 自行化他'와 상통하는 것이 있다고 할 수 있다. 고다이인 연일을 '자행화타'의 시선에서 바라보면 참여하는 사람들에게 뿌리내린 보살의 존재방식이 보이는 것이다.

5. 소결

지금까지 '고다이인 연일'에 초점을 맞추어 그 여러 모습을 통해 보살행의 실천으로서 사원 활동을 살펴볼 수 있었다. 그 활동은 '마을 활성화'를 활동 기반으로 삼은 것으로, 저변에서는 '자행화타'라는 보살의 존재방식을 무의식적으로 실천하고 있다고 하겠다.

전교대사 사이쵸의 말에 '자기를 잊고 남을 이롭게 하는 것이 자비의 극치이다 忘己利他 慈悲之極'라고 했다. 또한 '동쪽에서는 군자라고 하고, 서쪽에서는 보살이라고 한다'는 말도 있다. 그들의 행동은 실로 보살의 정신에서 행하는 것이라고 하겠다.

보살의 존재방식은 '자행화타'의 실천에 있다고 하겠다. 스스로 불도를 수행하면서 다른 한편으로 중생을 교화하고 인도하는 자비를 실천한다. 연일에 관계되는 사람들의 일은 무의식적으로 보살행을 하고 있다고 생각할 수 있다.

천태종 교학에는 '무작 無作'이라는 견해가 있다. 그것은 불사 佛事, 불도 수행의 실천를 의식하지 않고, 게다가 자연스럽게 행하는 것이다. 수행이라는 형식이 아니라 생활 속에 깊은 관계를 가지며 자연 그대로 보살의 방식을 실천하는 일, 이것이 연일에 관련된 사람들 속에 보이는 것이다.

MODERN SOCIETY

제2부
한국 현대사회와 불교

BUDDHISM

21세기의 불교

정병조
전(前) 금강대학교 총장

1. 미래사회의 전망

인류의 미래에 관한 엄밀한 과학적 인식은 불가능하다. 왜냐하면 미래에는 늘 예기치 않았던 심리적, 사회적 상관관계의 요인들이 잠재해 있기 때문이다. 우리는 다만 오늘의 현실을 밑거름으로 하여 가능한 범위 안에서 미래를 유추할 따름이다. 특히 정신문화라는 것은 복합적 기층이기 때문에 어떤 의미로는 현실의 정신적 상황에서 도출되는 인과 凶果의 순환일 수도 있다.

주제를 보다 선명하게 하기 위하여 '미래'라는 개념을 21세기까지로 한정 짓는다. 또 그 공간도 한국사회를 중심으로 기술하는 것이 바람직하다고 본다. 아마도 미래의 한국사회가 겪을 수 있는 심각한

도전은 다음과 같은 두 가지로 집약될 수 있지 않을까 한다. 첫째는, 민족의 생존을 위협하는 무력도발의 가능성과 그로 말미암은 사회적 불안 심리의 고조이다. 두 번째는, 정보화의 미래사회에서 겪을 수 있는 정신적 갈등 내지 방황의 노정이다. 우리는 특히 두 번째 문제에 대한 불교의 사상적 기여를 다루어 보고자 한다. 본질적으로 불교의 영역은 인간 정신세계의 문제에 그 초점을 두고 있기 때문이다.

주지하는 대로 한국사회가 근대적인 산업국가로 탈바꿈하게 되는 것은 1960년대 초반이다. 그 산업화의 발걸음은 꾸준히 추진되어 특히 제철, 비철금속, 조선, 기계, 전자, 화학 등 6개 분야에 집중되고 있다. 이제 평균적 한국인의 이미지는 더 이상 유유자적한 목가적 牧歌的 풍취에 머물고 있지 않다. 소를 타고 피리를 부는 전원적 모습이 아니라, 용광로 옆에서 땀을 흘리는 헬멧의 이미지로 표상되어 가고 있는 것이다. 만약 오늘의 시대를 산업화의 과정으로 규정짓는다면, 우리는 다음과 같은 서구적 인간성의 변모에 대한 지적이 바로 우리의 문제임을 인정하지 않을 수 없다.

"현 존재의 보호를 위한 거대한 기구는 개개인을 기능으로 판단하고 왜소화시킨다. 이렇게 함으로써 이 기구는 일찍이 '전통'으로 인간을 감싸던 실체적 實體的인 생활의 내실로부터 개인들을 분리시키고 만다. 여기에는 이미 사물이나 인간에 대한 애정은 소멸될 수밖에 없다. 인간의 척도가 평균적인 작업능력으로 평가될 때, 한 개인으로서는 어떻게 되든 상관하지 않는다. 그 개인은 일반적인 것이지 결코 그 사람 자신은 아니다. 자신의 일을 아예 바라지 않는 사람들, 그런 사람들은 이미 이러한 생활을 하게끔 운명 지워져 있다."

요컨대 뭄훠드(Mumford)의 지적을 정신문화적인 측면에서 분석 요약한다면 첫째, 전통가치관의 몰락 둘째, 개성의 상실 및 획일화 셋째, 즉물적 即物的 풍조 등으로 지적할 수 있다. 미래의 정신문화는 어쩌면 이성적이라기보다는 다분히 즉흥적이고, 물량적인 획일주의 의 풍조로 나타나지 않을까 우려되는 것이다. 특히 산업화의 연륜이 서구에 비해 훨씬 짧았던 한국 사회에는 그와 반비례한 정신적 갈등 을 겪을 수밖에 없을는지도 모른다.

2. 내일의 정신문화 창달을 위한 불교의 역할 – 그 이념적 방향을 중심으로

정법의 구현

본질적으로 보아 사회를 움직이는 힘은 인간의 마음씨이다. 불교 적 이상사회는 승가 僧伽, Samgha이다. 이것은 화합을 이상으로 삼는 공동 집단이라는 뜻이다. 결국 구성원의 마음씨에 따라 불국토와 오 탁악세 五濁惡世는 갈라진다. 그렇기 때문에 세간 世間을 유지하는 여 러 인연의 시발을 적절히 가꾸려는 노력이 필요하다. 바꾸어 말하면 창조적 정신문화의 동인 動因은 바로 개인의 의지와 무관할 수 없다는 뜻이다.

다르마(Dharma)는 생명의 실상일 뿐 아니라, 그 인간 의지의 지 향이다. 인간과 인간, 인간과 자연계, 그리고 인간과 우주 사이에 실 현되어야 할 당위인 것이다. 그 원리가 바로 육상 六相이며, 환멸연기

還滅緣起이며, 이사무애 理事無碍의 화정 和靜이다.

조화와 관용의 논리

조화를 위한 기본적인 불교적 이상은 연기에서 비롯된다. 연기는 숙명적으로 관련 지워진 우주의 존재양태이다. 따라서 개인과 사회, 성신과 물질, 성스러움과 욕됨의 차별 사이에도 언제나 관련성과 동질성이 있을 수 있다. 즉, '일중일체 一中一切', '일체즉일 一切卽一'이다. 이 사회는 결코 대립적이고 투쟁적인 만남의 광장이어서는 안 된다. 오히려 나와 남이 서로 의존하면서 생성과 소멸을 거듭하는 관계의 실존이다.

과거의 정신문화에서처럼 불교는 앞으로도 관용을 실천할 수 있는 가치로운 가르침이다. 자비를 표방하는 종교 사이의 갈등은 무지로 말미암은 배타성에서 기인한다. 더구나 종교적 상징을 절대화할 때, 그 배타성은 열렬한 신앙으로까지 발전해 간다. 미래의 한국사회는 종교적 다원시대일 것이며, 이 불교적 관용의 정신은 미래의 정신문화에 필수적으로 요청되는 윤활유이다.

이익중생 利益衆生

중생을 이롭게 하는 불교의 이념적 인간상은 보살이다. 보살은 선방편 善方便으로 세속을 교화하는 자비의 구현자이다. 그들의 실천적 수행을 경전에서는 다음과 같은 다섯 가지로 요약한다. 첫째 부처님의 정법을 펴서 무량중생을 깨닫도록 하는 일, 둘째 외도 外道의 사악한 견해를 부술 수 있는 이론적 힘을 갖추는 일, 셋째 불법 佛法을 잘 가르치기 위하여 연구하고 다듬는 일, 넷째 중생의 여러 고통을 없애 주는 실천적 자비수행, 다섯째 중생의 재리 財利를 갖추게 하기 위하여 선방편을 구사하는 일 등의 오사 五事이다.

보살의 실천덕목으로 열거되는 사섭, 사무량, 육바라밀 등은 모두 이와 같은 정신의 토대 위에 세워진 좌표라고 말할 수 있다. 인류의 정신문화를 병들게 해왔던 근본원인은 바로 이상과 현실을 조화시키지 못하는 반야지 般若智의 결핍, 그리고 '소유'만을 미덕으로 삼아온 그릇된 가치관의 범람 때문이었다고 말할 수 있다.

내면의 자유

불교는 생명의 동질성을 강조한 가르침이다. 인간의 신분을 출신으로 판가름하였던 집요한 계급의식을 세존은 부정하였다. 그분이 본질적으로 말하려는 점은 내면적 억압으로부터의 자유였다. 즉, 나를 둘러싸고 있는 외부적 조건으로부터의 해방보다 내 안에 도사리고 있는 그릇된 탐착심 貪着心을 제거하는 길이야말로 열반임을 강조하였다.

그러나 오늘날 이데올로기의 대립이나 사회적 불평등의 제약 등에 대한 관심은 철저히 외부지향적 특징을 갖는 듯이 여겨진다. 그러나 이제 인간은 그 날카로운 비판의 화살을 자기 자신에게 돌려야 하리라고 본다. 불교의 입장에서 보면 오늘날의 갖가지 갈등과 불협화음은 결코 균등한 경제적 배분이나 현실부정만으로서 해결될 수 없다고 본다. 오히려 내면의 평화를 확대시켜, 그 사회의 지배적 경향으로 이룩하는 일이야말로 절실한 과제일 수 있다. 그것은 미래의 정신문화를 향한 불교적 발언권이 될 수 있다. '자성성불 自性成佛', '일체중생실유불성 一切衆生悉有佛性', '심즉불 心卽佛'등의 불교적 교의는 모두 이 인간성 내면에 천착한 수준 높은 철학이라고 말할 수 있다.

욕망의 절제

미래의 정신문화를 비관석으로 예측할 수밖에 없게 하는 중대한 원인은 향락위주적 소비풍조의 만연 때문이다. 이것은 겸양과 절제를 미덕으로 삼는 전통적 윤리의식을 붕괴시킨다. 또한 내밀한 정서와 양심을 마비시켜 버리고 만다. 따라서 미래의 한국인들은 전통과 윤리에 관한 한 문화적 고아, 불감 不感의 중병을 앓게 될지도 모를 일이다. 전통적 정신문화를 도태시킨 사회는 필연적으로 부조리를 잉태할 수밖에 없다. 여기에 기술과 인간, 물질과 정신문화 간의 정당한 질서회복이 도모되어야 할 절실한 소이 所以가 있게 되는 것이다.

그 불교적 응답은 '욕망의 절제'이다. 타는 듯한 목마름에 갈애 渴愛, 야수적 소유욕의 노예로서가 아니라, 일심의 원천을 회복해 본래적 인간의 모습으로 환원하는 것이다. 따라서 미래의 정신문화에 대한 도전을 극복할 수 있는 힘은 인간 본성에의 각성과 선을 추구하는 의지의 에너지이다. 이것이 정신문화의 주도적 세력으로 영향력을 발휘할 때, 비로소 삼계육도 三界六道의 생존양태는 초월될 수 있다. 정신세계의 오만과 타락이 빚어 놓은 당연한 인과의 순환이 바로 암울한 정신세계를 예측할 수밖에 없도록 만든다. 반면에 그 개척적 의지의 선양 또한 이 욕망의 절제에서 비롯되어야 한다.

공 空과 중도 中道

인간의 삶을 제약하는 여러 요인들이 더욱 다양해지고 첨예화되는 것이 산업사회라 하더라도, 그 본질에 있어서는 현대와 미래가 다를 바 없다고 본다. 일회적으로 수행되는 삶의 유한성, 주관과 객관의 무상성, 그리고 고뇌의 심화는 숙명처럼 인간에게 굴레 씌워 있다. 그러나 동시에 인간은 그와 같은 제약에 갇힌 존재일 뿐 아니라 그것을 벗어날 수 있는 선택의 의지의 존재이기도 하다. 불교는 바로 그 선택적 의지를 통해 새로운 지평을 지시하는 가르침이다. 삼공 三空의 바다, 그렇기 때문에 대립과 편견이 지양될 수 있다는 중도의 논리가 그것이다. 중도는 공 空, 가 假, 중 中 삼제 三諦의 논리를 전제로한 실천적 이념이다. 현실을 외면하지 않으면서, 이사 理事를 원융 圓融하게 조화시키는 피안에의 가교이다. 미래에 닥칠 수 있는 전도된 가치관의 원인은 사물의 무자성 無自性을 통찰하지 못하는 분별지 分別智 때문일 수 있다. 공의 바다는 허무와 대립을 넘어선 절대적멸이다.

3. 미래 정신문화와 승가 – 그 실천적 방안의 모색

승가는 본질적으로 수행의 집단이어야 한다. 다만 사회 속의 진공 眞空 상태로서 상존하는 것이 아니라, 사회를 위한 특수집단으로서의 기능이 활성화되어야 한다. 그러나 현실의 승가는 아직도 '복고 復古'의 틀에 안주하고 있는 듯이 느껴진다. 만약 오늘의 사회 속에서 승가의 역할을 찾을 수 있다면 종교의식(장례식, 법회, 각종 재일)

정도로 그 명맥을 잇고 있다고 해도 결코 지나친 표현은 아닐 줄 안다.

불교는 이제 더 이상 '옛 영광의 추억'에 머물러서는 안 된다. 전통의 유물전시관도 아니며 '구경거리'만도 아니다. 중생이 고통 받는 삶의 현장에 점화되는 생명력 있는 가치기준으로 승화되어야 하는 것이다.

미래의 승가가 바람직한 정신문화 계도에 나서기 위해서 가장 필수적인 요건은 불교인의 각성이다. 대승정신의 보편화와 미래지향적 가치기준이 절실히 요청된다고 본다. 물론 인사관리, 조직개편 등 종단의 행정적 지원이 뒤따라야 한다. 필자는 이와 같은 문제점들을 해소하기 위한 방안으로 다음과 같은 구체적 실천을 주장한 바 있다.

첫째, 스님과 신도 사이에 중간법계 中間法階를 신설할 것. 그들에게는 '보살', '선지식' 등의 법계를 부여하여 사회교화사업의 적극적 추진을 맡겨야 한다.

둘째, 사원의 기능을 활성화할 것. 사원을 교육의 도량으로, 레크리에이션을 즐기는 건전한 문화공간으로 활용해야 하며, 사회복지의 산실로 인식시켜야 한다.

셋째, 법회방식을 개선하여 이익중생의 방향으로 승화시켜야 한다. '선데이 부디스트(Sunday Buddhist)'가 되어서는 안 된다. 불법의 생활화, 이상의 현전화를 위한 방향으로 법회의식이 바뀌어야 한다.

넷째, 불교학의 진흥이다. 사실 한국불교의 세계사적 의의는 결코 그 신행의 탁월성에만 있는 것일 수는 없다. 오히려 튼튼한 교학적 바탕 위에 실천이라는 무게가 더해져야 한다. 아무런 논리적 타당성

없는 맹목적 신앙의 세계는 사상누각 砂上樓閣을 면할 수 없다.

다섯째, 불교학의 현대적 해석이다. 주변 학문과의 연계, 새로운 시야의 확대 등이 중요한 과제이다. 다 파내기 힘든 사상의 원천을 미래의 에너지로 전환시키는 노력이 필요하다고 본다.

이와 같은 불교의 자체적 반성과 더불어 사회의 인식도 새로운 각도에서 조명될 필요가 있다. 불교의 세계가 던져주는 암시와 상징들을 이해하려는 순일 純一 한 자세가 필요하다. 그렇지 않을 때 이 양자의 사이에는 허물 수 없는 장벽이 생기고 만다. 그것은 서로의 장래를 위해 지극히 불행한 일임을 지적하지 않을 수 없다.

불교는 언제나 새롭게 해석되어야 한다. 내일의 정신문화에 드리워질 이기와 독선의 불연속선을 없애고, 전도된 가치관을 바로잡기 위한 정신적 혁명이 뒤따라야 한다. 우리는 그 새로운 가치질서의 한 전형이 불교에서 비롯될 수 있다고 본다. 마음의 빛을 찾는 일, 삶의 의미를 보이지 않는 세계에 침잠시킬 줄 아는 지혜, 그리하여 생명의 가치를 수평적 맥락에서 이해하는 원행 등은 언제 어디서나 불교가 강조하여 온 이념적, 실천적 진리였다.

만약 우리의 불교가 그 희망의 메시지를 미래의 정신문화 속에 확산시킬 수 있다고 하면 우리의 미래는 희망적이라고 말할 수 있다. 그것은 불교인의 긍지일 수 있으며, 동시에 불교가 가진 미래지향적 발언권이라고 믿는다.

4. 다종교 사회에서의 불교

불교의 목적은 성불 成佛에 있다. 타락한 인격을 바로잡고, 올바른 삶의 길을 열어가는 과정을 구도라고 한다. 초기불교에서는 이와 같은 이상향을 출가 중심적으로 해석했던 적이 있다. 즉, 삶을 고통으로 규정짓고, 그 고통의 원인은 내면의 삼독 三毒으로 상정한다. 그리고 올바른 여덟 가지의 수행을 통하여 열반이라는 이상 경지를 체득할 수 있다고 보았다. 그러나 대승불교가 등장하면서부터 이와 같은 이분법적 등식은 철저히 비판된다. 무명 無明이 곧 깨달음이요, 세속이 열반과 다르지 않다고 천명된다. 『반야심경』에서 말한 '색즉시공 色即是空'이다. 시끌벅적한 세속을 떠나서 따로 청정한 세계가 있는 것이 아니다. 번뇌를 충족시키기 위한 이기적 에너지가 해탈을 향한 노력으로 전환돼야 함을 역설한다. 그 인격적 모델이 바로 보살(Bodhisattva)이다. 즉, 자리 自利의 실천수행 대신에 이타 利他가 성불의 첩경임이 강조된다. 후기에 이르면 이 자리와 이타 또한 별개일 수 없다는 주장이 대두된다. 그러나 궁극적 실재(ultimate reality)에 대한 불교의 접근태도는 매우 '유연'하다. 한국불교를 기준으로 말한다면 참선, 간경 看經, 기도, 염불, 만행 萬行 등의 방편이 있다. 물론 선 禪 우월적 경향 때문에 돈오돈수 頓悟頓修를 최선책으로 보는 견해도 있기는 하다. 그러나 중생의 근기 根機는 천차만별이다. 각자의 소질과 훈습에 따른 수행에 대해서 상대적 가치를 인정하지 않을 수 없다.

우리는 가끔 종교적 가치의 절대성을 논의하는 종교인들을 본다.

그리고 자신의 종교가 가진 우월성을 입증하기 위한 호교적 護敎的 열정들을 본다. 그들은 마치 다른 종교를 열등하다고 부르짖음으로써 자신의 신심을 뽐내는 것 같이 느껴진다. 그러나 불교는 언제나 상대주의적 가치관의 토대 위에 서 있다. 기독교든, 이슬람이든, 유교이든 그것은 진리에 이르는 '방편'일 수 있다는 입장을 견지한다. 따라서 역사 속에서 불교는 불교를 믿지 않는 이에 대한 편견을 버리기 위해서 노력해 왔다고 볼 수 있다. 종교전쟁, 종교재판 등의 경험을 갖지 않았다는 것은 결코 우연이 아닌 것이다. 불교는 결국 불교마저 초월하려는 가르침이다. 불교, 불교, 떠들어대는 데에 이미 불교는 없을 수도 있다. 형해화 形骸化되고 관념화되어 버린 진리의 우상 속에서 혼자만의 안일에 빠져 버리기 십상인 것이다.

관용을 보편화해야 할 종교끼리의 대결은 바로 그 진리에 대한 집착으로부터 야기된다. 『금강경』에 나오는 '뗏목의 비유'는 오늘의 다종교 속에서의 갈등에 대한 은유적 비판이 담겨 있다. 어떤 사람이 강을 건너 산에 오르기로 작정하였다. 강을 건너려고 뗏목을 만들었다. 그러나 건너고 난 다음에는 그 뗏목이 더 이상 필요 없다. 그런데도 그 뗏목을 메고 산에 오르려 하면 결코 목적지에 도달할 수 없다. 그는 과감히 뗏목을 버려야 한다.

우리는 세속을 넘어 열반이라는 피안으로 향한다. 세속을 넘기 위해서 불법 佛法이라는 뗏목을 탔다. 그러나 이제 그것마저 버려야 하는 것이다. 그럼에도 불구하고 그 당위성을 부여잡고 있는 태도는 바로 오늘의 종교 간 대립의 근본원인이 되고 있지 않은가. 노자도 언젠가 의미심장한 말을 남긴 적이 있다.

"만약 배움을 위하거든 하루하루 더해 갈 것이로되, 도를 위하거든 하루하루 떨어뜨려 버려라. 爲學日益 爲道日損"

오늘의 종교는 이제 '버리는 운동'을 전개해야 될 때이다. 출세하고 남을 이기는 데에만 용기가 필요한 것은 아니다. 오히려 버리는 지혜와 용기를 가져야 한다. 오만과 편견, 위선과 이기로 무장한 종교는 이미 그 존재의 당위성을 상실한 것과 다름없다. 서로의 가치를 이해하려는 겸허한 자세를 통해 종교의 진리는 입증될 수 있다. 자신의 종교가 가진 척도로서만 남을 평가하려는 절대주의적 신념은 중세적 유산일 뿐이다. 우리는 이제 서로의 장점을 배워야 할 때라고 생각한다. 종교의 진리가 역사적응과정에서 범했던 갖가지의 비리와 모순을 겸허하게 반성할 줄도 알아야 한다. 나에게 소중한 것은 상대방에게도 소중할 수 있다는 상식적 인식의 공감대를 확산해 나가야 하는 것이다. 과연 누가 돌을 던질 수 있단 말인가?

5. 무쟁삼매 無諍三昧의 논리

다종교의 갈등은 '절대신념체계'에서 비롯된다. 즉, 상대적 가치를 인정하지 않으려는 배타성을 지님으로써 혼자만의 '섬' 속에 갇혀 버리고 만다. 과거에 서구신학자들은 기독교라는 가치로써 다른 종교를 이해하려 했던 적이 있다. 그래서 절대신을 인정하는 종교는 고등종교이고, 무신적 종교는 열등종교라는 등식도 가정하곤 하였다. 그러나 종교는 무한과 유한의 가교이다. 영원을 지향하는 피안에로의

'길'인 셈이다. 따라서 우리는 절대신념체계를 가진 한 진실한 의미에서의 대화가 불가능하다는 한계에 부딪히고 만다. 그렇다고 해서 신념의 체계를 바꿀 수도 없는 노릇이다. 그렇다면 차선책으로 제시될 수 있는 방편을 따라야 한다. 즉, 자신의 신념체계에 대한 확신이 결코 다른 종교에 대한 증오와 혼동될 수는 없다는 것이다.

석가는 스스로를 가리켜 무쟁삼매를 얻은 이라고 말한 적이 있다. 다투지 않는 지혜란 아무리 싸움을 걸려 해도 싸움이 되지 않는 경우를 가리키는 말이다.

"비구들아! 나는 세상과 싸우지 아니한다. 다만 세상이 나에게 싸움을 걸어 올 따름이니라. 왜냐하면 비구들아! 진리를 진리라고 말하는 이는 이 세상의 그 어느 것과도 다투지 않기 때문이니라. 그러나 작은 나뭇가지는 산들바람에도 흔들리지만 바위는 태풍에도 움직임이 없도다. 이와 같이 마음 있는 이는 세상의 비방과 칭찬에 동요됨이 없노라."(『상응부 相應部경전』, 필자 초역)

삼매라는 어휘는 삼마디(Samadhi)의 음역 音譯이다. 본래 정신집중, 내면의 응시라는 뜻을 가진 용어이다. 다툼이 없기 위해서는 우선 주관적 인식의 확립이 필요하다.

즉, 객관의 작용에 대하여 흔들리지 않는 평정의 경계를 얻어야 한다. 마지막 구절, '비방과 칭찬 사이에 동요되지 않음'이 바로 그 경지이다. 못 견딜 정도의 비난과 찬사를 지그시 누를 줄 아는 달관의 경지이다.

바로 이 점이 다종교 속의 불교가 지녀야 할 이념적 지향이다. 그러나 그 이념이 현전화되기 위해서 변증법적 단계가 필요하다. 즉,

무조건 남을 용서하고, 상대방의 도전을 피한다는 패배주의로서 이해되어서는 안 되는 것이다. 진여 眞如의 세계는 무차별이다. 불교식으로 말하면 공 空이다. 그러나 세속은 차별이다. 선과 악이 공존하며 의 義와 불의가 상존한다. 그런데 맹목적인 선에의 집착은 악과의 마찰을 불가피하게 만든다. 마치 자신의 진리에 대한 과신이 위선으로 발전하게 되는 경우와 마찬가지이다.

따라서 우리는 선악의 피안을 넘어서도록 노력해야 한다. 즉, 절대선은 선악의 상대적 가치기준을 초월한다는 사고방식이다. 용수 龍樹가 말했던 공 空, 가 假, 중 中 삼제 三諦의 논리가 바로 그것이다.

예컨대 여기 한 떨기 아름다운 꽃이 피었다고 가정하자. 그 꽃의 본성은 결코 아름다움만은 아니다. 지금 꽃망울을 터뜨리게 하는 인연이 모여서 향기로운 자태를 드러내고 있다. 그러나 그 인연이 다하면 반드시 떨어져서 썩어 없어질 비운의 주인공이다. 따라서 그 아름다운 꽃을 보는 순간, 우리는 그 본성이 공임을 파악해야 한다. 그렇기 때문에 그 꽃은 가 假, 즉 거짓이다. 지금 잠시 아름다운 모습으로 다가섰을 뿐 영원하지 않은 것이다. 그러나 아름답지 않기 때문에, 우리는 그 아름다움에도, 허망함에도 집착해서는 안 된다. 아름다움에 넋을 잃는 일도 그릇된 인식이요, 모든 것은 덧없다는 허무의 감방에 갇혀 버리는 것도 잘못된 망상에 불과하다. 이 양변을 떠날 때 진실한 자유가 열린다. 그 경지가 중 中이다. 극단적인 두 견해를 떠났지만, 떠났기 때문에 그 양 경지를 모두 포용할 수 있다는 뜻이다. 만약 어느 한편에 치우쳐 있었다면 결코 다른 한편을 용납할 수는 없다는 것이다. 이 삼제의 논리는 바로 중관철학의 핵심을 이루는 것이지만, 동시에 실천적 의지로서의 공에 대한 천명인 셈이다.

우리는 다종교현실 속에서 이와 같은 중도의 참뜻을 실현해 나가야 한다. 언필칭 사랑과 자비를 말하면서, 그것을 자신들의 교우들에게만 적용되는 윤리로서 이해하는 것은 절름발이의 휴머니즘일 따름이다. 이 세상에는 예수 믿는 이들이 살 권리가 있다. 동시에 불자 佛子들도 존재당위가 있다. 또 종교를 갖지 않은 이 또한 당당한 권리를 지니고 있음을 결코 잊어서는 안 되는 것이다.

6. 내면의 자유와 그 사회화를 위한 불교적 제언

21세기를 넘어선 오늘의 한국사회는 극단적인 갈등과 불화에 시달리고 있다. 남북 간의 군사적 대결, 정치적 대립, 노사분규와 학생운동 등 첨예한 갈등구조가 노골화되어 가고 있다.

혹은 그 원인을 산업사회의 구조적 모순에서 찾기도 한다. 또 어떤 이는 파쇼적 정치독선이라고 매도하기도 한다. 또는 민주화의 과정에서 야기되는 필연적인 진통이라고도 주장한다. 이들 주장에는 모두 단편적인 진실이 있다. 그러나 오늘의 갈등구조에 대한 근본적인 원인 제시는 아니라고 본다. 이것은 결국 내면의 완성을 갖지 못한 불협화음이라고 볼 수 있다. 불교적으로 말하면 탐·진·치 삼독심 三毒心의 노예로서 살아가기 때문이다. 오늘날의 갈등논리는 철저히 외부 지향적이다.

즉, 노동자들은 최소한의 임금과 인간다운 대접을 안 해주기 때문에 괴롭다고 주장한다. 기업주는 이윤을 남길 수 없다고 아우성이다. 조금만 참아주면 될 텐데 걸핏하면 집단행동이라고 고개를 내흔든다. 아무도 자신에게 결함이 있다는 생각은 하지 않는다. 바로 이 점에 오늘의 문제가 있는 것이다. 종교다원사회에서의 갈등 논리 또한 마찬가지이다. 자기 종교만 제대로 믿으면 만사형통한다는 식이다. 우리는 집단이기주의의 병을 앓고 있는 것이다. 종교 또한 선교 이외에는 아무런 관심이 없든 듯이 보인다.

불교에서는 오늘의 문제를 내면에서 찾는다. 완벽한 이상사회가 펼쳐진다 하더라도 내면의 완성을 얻지 못한다면 그것은 사상누각을 면치 못한다. 남에 대한 비판의 화살을 스스로에게 회향시켜야 한다고 역설한다. 물론 여기에도 문제는 있다. 나의 내면적 완성이 반드시 사회정화로 연결될 수 있느냐 하는 실천적 숙제이다. 그것을 우리는 종교적 공동선의 영역이라고 볼 수도 있다. 각 종교는 그 영역을 향한 나름대로의 과정을 겪어 나가는 것이라고 이해해야 한다. 그 과정에서 종교는 사회화되지 않을 수 없다.

다만 종교 이데올로기를 절대적으로 수용하였던 과거의 '영광'은 오늘날에 있어서는 전혀 설득력을 지닐 수 없다. 이제는 종교가 과학, 정치, 경제, 컴퓨터에까지 모든 영향을 확대시킬 수 있는 시대가 아닌 것이다. 종교는 어디까지나 사회의 그늘진 곳, 아픈 상처를 어루만지는 양심의 집단이어야 한다.

종교의 이데올로기를 사회현상의 모든 분야에 꿰어맞추려고 한다면 종교가 모든 가치규범의 알파요, 오메가가 되고 만다. 그러나 현실은 전혀 그렇지 않다. 기술집약적 과학과 종교적 원리는 결코 혼동

되어서는 안 된다. 종교적 가치는 결코 사실(fact)로서가 아니라 가치(value)규범으로서 나타나야 한다는 뜻이다. 사회화라는 명제 앞에서 모든 종교는 그 실천의지를 청정한 윤리성 제고로 집약해야 할 시점이다. 토인비의 지적처럼 미래의 종교는 세속화의 길을 걸을 수도 있다. 그러나 내면의 자유를 이루려는 끈질긴 노력으로 이 사회의 양심의 보루가 될 수도 있다. 그런 관점에서 보면 오늘의 종교는 지나친 허장성세에 빠져 있는 듯이 보인다. 부처님을 만들어 모시고 법당을 증축하는 일보다 중요한 일은 '산 부처'를 키우려는 노력이어야 한다. 아직까지 우리나라의 종교인들은 이 사회화라는 개념에 대한 명백한 인식이 부족하다. 마치 첨예한 사회현상의 현장에서 종교의 목소리를 높이는 것이 사회화라고 착각한다. 아니면 그 종교 가치를 부여잡고, 현실을 개탄하는 일에만 정신이 팔려 있다. 만해 한용운은 이와 같이 말한다. 세상을 비웃는 '팔짱끼기파', 강 건너 불 보듯 자신의 안일만을 추구하는 '소시민파', 그리고 일이 터지면 울분을 터뜨리는 '오호파' 등이다.

불교에서는 불살不殺을 금계로 지키는 전통이 있다. 따라서 출가자의 식육은 특수한 경우를 제외하고는 원칙적으로 금기이다. 이것도 단순하게 불살이기 때문에 그러려니 하고 생각해 볼 수 있다. 그러나 다시 생각해 보면 다른 의미가 있음을 알 수 있다. 즉, 세속의 영화나 기쁨을 남에게 양보하려는 정신이다. 맛있는 반찬, 고기음식은 다른 이들에게 양보하고 자신은 거친 풀뿌리로 평생을 마치겠다는 맹세이다. 비단옷, 번쩍이는 양복은 우리들에게 양보하겠다는 결심의 발로이다. 이 정신이 살아 있었을 때 우리의 불교와 역사는 빛

났었다. 그러나 이 정신이 퇴색했을 때 불교와 나라는 동시에 망했었다. 이 철저한 수도 修道의 의지가 사라져 버리면, 가짜가 오히려 진짜 행세를 하게 된다.

오늘 우리는 이와 같은 불교적 가치를 지켜야 할 때이다. 이 땅을 십자가의 물결로 바꿀 때라야 신국 神國이 도래하는 것은 아니다. 착하게 살려는 이웃집 아낙네의 가슴 속, 고독한 이 시대의 지성인들, 그 모두 속에 불성 佛性은 어김없이 살아 있다. 우리는 그 여래장을 키우고 다독거리려는 노력이 필요하다. 자신 이외의 가치를 인정할 줄 알 때, 자신의 신념은 더욱 확고해지는 법이다.

종교의 적은 결코 나 이외의 다른 종교가 아니다. 종교적 가치를 비웃는 몰염치한 이들, 종교적 진리를 외면하는 극악한 인간 심성을 종교는 바로잡아야 하는 것이다. 바로 여기에 종교적 공동체의 결성이 필요한 까닭이 있다고 생각한다.

화엄학으로 본 통섭(通攝)의 실천

김천학

동국대학교

1. 머리말

　　현대사회는 기존의 가치관을 깨면서 새로운 인간관을 만들어가고
있다. 유교의 전통적인 가치관으로 보았을 때 장기臟器 제공은 유교
윤리에 적합하지 않을 것으로 보인다. 불교의 수행이념으로 보았을
때 정치참여 역시 그 논리적 근거를 찾기가 쉽지 않다. 과거의 승병
역시 승단의 이념과는 배치된다. 그러나 불교가 수행으로만 일관하
는 승단이 되었을 때 과연 현대사회에서 정당한 역할을 할 수 있을
지는 의문이다. 그만큼 현대사회는 불교의 변화를 요구하고 있다고
할 수 있다. 인도의 불교가 반드시 중국의 불교와 같지 않듯이, 중국
의 불교가 반드시 한국의 불교와 같지는 않다. 마찬가지로 한국의 불

교가 일본의 불교와 같지 않듯이 불교는 계속해서 변화하고 변화하는 것도 사실이다. 그런 점에서 과거의 불교와 현대의 불교가 반드시 같아야 된다고는 볼 수 없다. 그러나 불교 본래의 취지를 벗어난다면 그것은 이미 불교가 아니게 될 것이다.[1]

과연 불교의 근본 취지에 부합하면서 현대사회에서 행동하려면 어떻게 해야 할 것인가. 이 큰 문제를 다루는 것은 필자의 역량이 미치지 못한다. 여기서는 다만 화엄학이라는 한정된 학문분야의 시점 視點에서 불교적 통섭의 실천과 비 悲에 대해 어떻게 현대적으로 해석하고 행동해야 하는가를 고찰하고자 한다.

작금에 우리 사회에서는 웰빙(well-being), 힐링(healing) 등의 개념이 자주 구사된다. 그것은 행복추구에 다름 아니다. 화엄학의 경우, 그 근본이론이 무애 또는 원융이라고 알려져 있다. 많은 화엄학자들은 이 개념을 널리 알리기 위해 노력해왔다. 그런데 이러한 개념들은 관념적인 논리구사로 일관하는 존재론 또는 인식론이 되기 십상이다. 그것이 당장 행동을 유발하기는 그렇게 간단하지 않다. 그렇다면 어떻게 화엄학의 입장에서 현대사회에서 적극적으로 실천할 수 있을까?

흔히 실천의 주체를 보살로 이야기한다. 보살은 주지하다시피 이미 부처의 세계를 경험하고서도 이 세계에 남아 사람들을 자비로써 제도하는 부처의 제자들을 지칭한다고 풀이할 수 있다. 따라서 먼저 부처의 세계를 경험하는 것이 보살이 실천하기 위한 전제조건이 된다. 화엄학에서는 십주의 보살 혹은 늦어도 초지의 보살이 되면 부처

---

1 불교 본래의 취지라는 것을 삼장(三藏)에서 이야기되는 것으로 이해하고 넘어간다.

의 세계를 충분히 경험할 수 있다고 한다. 과연 이들의 경계를 어떻게 현대적으로 풀어낼 수 있을까. 또 그 경험을 바탕으로 어떤 실천을 하게 되는가? 본고에서는 보살의 십지 가운데 첫 출발점이라고 할 수 있는 환희지 해석에 초점을 맞추어 화엄학의 입장에서 특히 자비의 실천이 어떻게 가능한지를 모색해보고자 한다.

2. 통섭 通攝 개념

중국 화엄학을 대성한 법장 法藏, 643~712의 『탐현기 探玄記』에 따르면 십지 十地의 경계는 삼승 三乘 등의 차별을 통섭하는 지위이다.[2] 따라서 통섭이야말로 보살의 실천을 포괄하는 대개념이라고 볼 수 있다.

보살의 실천에서 주요한 개념으로 대두되는 통섭 通攝은 현대에 사용하는 통섭 統攝, consilience과는 다르다. 현재 사용하는 통섭 개념의 사전적 의미는 '서로 다른 것을 한데 묶어 새로운 것을 만든다'는 것으로, 인문사회과학과 자연과학 등 학제간을 통합해 융·복합적으로 새로운 것을 만들어내는 것을 일컫는다. 이것은 다른 범주의 것들을 섞는 과정에서 버릴 것은 버리고, 살릴 것은 살려 새롭게 의미 있는 것을 창조하는 것이다.

불교에서도 통섭 統攝이라는 어구를 사용한다. 예를 들어 『열반경』에서 '안과 밖을 통섭한다'고 할 때는 '모든 것을 포섭한다'는 의미이다. 『대반야경』에서는 "만약 이 삼매에 머물 때 모든 삼매를 통섭하

---

2 『探玄記』,「又釋以一乘十地甚深故, 通攝三乘等, 總爲十地」(『大正藏』 35. 277b)

는데, 왕의 자재함과 같다."³고 하여 역시 모든 것을 포섭하는 의미로 사용되었다. 이와 같이 '통 統'은 '통틀어'라는 의미를 지닌다.

비록 두 가지 예밖에 들지 않았지만, 이로써 불교에서 사용하는 통섭 統攝 개념이 현대적 통섭 개념과 다르다는 것을 알 수 있다. 그런데 불교에서는 통섭 通攝이란 개념도 즐겨 사용한다. 이 경우 통섭 統攝과 용법이 약간 달라, 통섭 通攝에는 '통하다'라는 뉘앙스가 부여된다.

예를 들어 명대 明代의 『成唯識論訂正』에서는 "하나를 들어 열을 전부 하나에 포섭하는 것이 통섭 通攝이다. 서로 거부하지 않고 따르기 때문이다."⁴라고 한다. 이와 같은 결과, 하나와 열은 공통된 무엇이 된다. 신라의 원효도 '통섭'을 사용한다. 즉, 그의 『금강삼매경론』에서는 '이와 같이 단 하나의 사건이 육바라밀을 통섭 通攝하니 이것이 부처와 보살들의 모든 것을 완전히 아는 지혜이다'⁵라고 하였다. 하나를 들면 모든 것이 그 안에 갖추어 지고, 부처와 보살들만이 그것을 완전히 알 수 있는 것이다. 즉, 통섭 通攝은 꿰뚫어 포섭하여 공통의 장으로 끌어들인다는 의미가 강하다.

좀 더 복잡한 형태의 통섭 개념은 화엄학에서 볼 수 있다. 법장의 『탐현기』에서는 "다함이 없는 법계를 통섭 通攝하는 것이니, 즉 사람과 교법, 교설과 의의 등 일체 자재법문의 바다를 아울러 교법의 본질 體로 삼는 것이다. 인드라망이 거듭 중첩되어 있으면서도 주체와 객체가 엄연한 것과 같다. 이것은 화엄원교에 준한 해석이다."⁶라고

---

3 『大般若波羅蜜多經卷』,「謂若住此三摩地時, 統攝者定如王自在」(『大正藏』1. 293a)

4 廣伸, 『成唯識論訂正』,「通攝者. 九擧一種, 皆攝十種. 以互相順故」(D23. 905b)

5 『金剛三昧經論』,「如是一事通攝六行. 是佛菩提薩般若海」(『大正藏』34. 991a)

6 『探玄記』,「或通攝無盡法界. 謂人法教義等, 一切自在法門海竝為法輪體. 如帝網重重具足主伴等. 此約圓教」

하였다. 그런데 '통'에 대해서도 횡적으로 통하는 것과 종적으로 통하는 것이 있을 수 있다. 온전한 통섭은 종횡을 다 통섭해야 할 것이다. 즉, 통시적 通時的, diachronic으로도 공시적 共時的, synchronic으로도 다 통섭하는 것이야 말로 완전한 통섭이 될 수 있다. 이와 같은 개념을 통해 볼 때 통섭은 어떤 것들을 충분히 관통, 또는 어떤 것들과 충분히 소통하면서도 거기서 머물지 않고 그 하나하나들을 종횡에 걸쳐 동일한 수준으로 포섭하는 개념이라고 현대적으로 해석할 수 있을 것이다.

이것을 이론적 규정이라고 한다면, 실천적 규정도 가능하다. 즉, 『탐현기』에서는 "믿음이 완성되는 지위에서 뒤에 오는 일체의 지위를 통섭 通攝하니 모두 이 믿음이 완성되는 지위에 있으며, 따라서 그 믿음의 지위에서는 갖추어지지 않음이 없다. 이것은 실천에 입각하여 지위를 포섭하는 것이다."[7]라고 한다. 또한 말을 통해서도 실천적 규정은 가능하다. 같은 『탐현기』에서 "화엄원교에서는 저 다함없는 존재세계가 걸림 없는 상태에 있음을 본성으로 삼는다. 그러므로 일체에 통섭 通攝하여 원융하고 자재하다. 아래 「성기품 性起品」의 여래음성을 설하는 곳을 보면 알 수 있다."[8]고 되어 있다. 여래음성은 도달하지 않는 곳이 없으며, 갖가지 미묘한 음성으로 일체중생들이 모두 크게 기쁨을 맛보도록 무량의 바른 법을 연설하는 것이며, 여래의 이와 같은 능력은 보살들이 알고 설명하고 실천하는 것이 가능하다.[9]

(『大正藏』 35. 154a)

7 『探玄記』, 「然信滿入位之際, 通攝一切後諸位皆在此中, 無不具足. 此則約行攝位故也」(『大正藏』 35. 176a)

8 『探玄記』, 「圓敎以彼無盡法界無礙爲性. 是故通攝一切, 圓融自在. 如下性起品如來音聲處說」(『大正藏』 35. 190a)

이와 같이 언어로서도 중생들을 통섭할 수 있다.

이와 같이 볼 때 현대적 개념의 통섭 統攝은 통섭 通攝이 되어야 불교의 실천적 모습이라고 할 수 있을 것이다. 불교적 통섭은 다른 것을 제외하거나 살리거나 하여 통합하여 새로운 것을 만드는 것이 아니다. 이것과 저것을 근본적으로 동일화시키는 것이고, 모든 존재들이 끝없이 원만하고 조화로운 상태에 있음을 이론적으로, 실천적으로 알리고 그것을 깨닫게 하는 것이다. 그러한 불교적 존재세계의 진실을 깨닫게 하는 것, 그것이 바로 통섭의 실천이다.

따라서 보살의 실천에 있어 통섭의 현대적 의미는 보살들이 스스로 부처를 구하면서, 현대인의 모든 심리 현상 및 고민들을 숙지한 후에 그 고민의 주체들이 본래 부처와 다름이 없음을 깨우쳐 주고 차별 없이 동일화하는 실천이라고 현대적으로 해석할 수 있다.

3. 보살의 통섭적 실천

1) 본원력과 위신력, 그리고 삼매

보살이 중생을 위해 통섭적 실천을 행할 때 잊으면 안 되는 사실이 세 가지 있다. 그것은 본원력과 위신력, 그리고 삼매이다.

보현보살 普賢菩薩이 여래 앞에서 삼매에 들었다.[10] 삼매에 들어 일

---

9 『華嚴經』(『大正藏』 9. 618c)

10 보현보살은 중생구제의 염원과 실천을 대변하는 보살이다. 조윤호, 「보현행원사상 연구를 위한 문헌학적 접근」, 『불교학연구』, 4호(불교학연구회, 2002), pp.171~190에서는 동아시아불교에서의 보현보살의 실천과 서원을 아는 데 필요한 정보를 잘 정리해주고 있다.

체 세상의 모든 부처를 비추어 보니 부처에 장애가 없고, 모든 염오를 떠났으며, 그 모습이 허공과 같았다. 그런데 이때 온 세계의 부처들이 보현보살을 칭찬하면서 네가 삼매에 들어간 것은 첫째는 노사나 부처의 본원력(부처가 옛적에 세운 서원)때문이라고 하였다. 물론 이것만은 아니다. 보현보살이 과거에 모든 부처가 계신 곳에서 청정한 행원을 닦았기 때문이기도 하다. 행원력이란 보현보살이 불법을 잘 펼치고, 일체여래의 지혜바다를 열어 보이고, 일체의 훌륭한 교화 방법을 잘 사용하여 일체중생의 번뇌를 없애고 청정을 얻게 하는 등의 실천의 힘을 말한다.[11]

이와 같이 보살이 부처의 본원력에 의해서 삼매에 들어가는 것이 보살행의 전제가 된다. 그런데 보살이 삼매에 들어가는 것은 부처의 위신력을 얻어서 들어간다는 것도 잊어서는 안 된다. 「십지품」에서는 십지를 설하기 위해 금강장보살 金剛藏菩薩이 부처의 위신력을 받아 삼매에 들었다. 이때 모든 세계의 부처들이 나타나 금강장보살을 칭찬하면서 노사나불의 본원력 때문에 삼매에 들어가는 것이 가능하다고 하고, 대위신력 때문이라고 한다.[12] 여기서도 그 다음에 보살의 큰 지혜 때문에 삼매에 드는 것이 가능하다고 하였다.

보살은 우선 부처의 본원력과 위신력으로 삼매에 들어간 후, 삼매로부터 나와야 비로소 실천에 의미가 있다는 것을 알 수 있다. 보살들이 우선 부처의 힘에 의해 삼매에 들었다 나와서야 비로소 가능하다는 실천의 프로세스는 현대적 보살도 개념에서 그다지 주목되지

---

11 『華嚴經』(『大正藏』 9. 408c)
12 『華嚴經』(『大正藏』 9. 542b)

않는 것으로 생각된다.

2) 보살의 실천은 깨달음의 행위

보살들의 이론적, 행동적, 언어적 실천은 깨닫기 위한 것이 아니라 근본적으로는 깨달은 보살의 실천이다. 그런 실천이어야 깨닫지 못한 중생들을 통섭하는 실천이 가능하다. 법장은 보살의 이러한 실천의 의의에 대해서 열 가지 시각으로 설명한다.

첫째, 본래적 입장에서 보면 보살의 실천 자체는 부처의 본성을 실천하는 것이다.

둘째, 증득한 바의 입장에서 보면 이미 염오를 떠난 진여가 발현하여 실천하는 것이다.

셋째, 지혜의 입장에서 보면 부처 성품의 발현임과 동시에 언어 등을 통한 자비의 실천이며, 나아가서는 그러한 것이 증장하게 하는 실천이다.

넷째, 장애를 끊는다는 입장에서 본다면 지혜를 가로막는 장애와 번뇌라는 장애가 쌓이고 나타나는 것을 끊는 실천이다.

다섯째, 수행의 입장에서 보면 환희지는 서원의 실천이다.

여섯째, 수행이 성취되는 입장에서 보자면 환희지는 믿음으로 인한 즐거움이 생기게 하는 실천이다.

일곱째, 지위의 입장에서 보자면 증득한 지위와 설법하는 지위의 실천이다.

여덟째, 가르침의 수레를 타게 하는 시각에서 보면 환희지는 인간 세상을 대상으로 하는 실천이다.

아홉째, 지위에 의한 실천의 입장에서 보면 십지에서 보시 등 바라밀의 실천이다.

열째, 그 실천의 결과를 포섭함의 입장에서 보자면 인간세계와 천상세계 중생들이 사는 세상의 왕으로서의 실천이다.[13]

이렇게 보살의 실천은 근본적으로 부처의 본성을 발현함과 동시에 서원 등을 통해 중생이 훌륭한 불교의 가르침에 동승하게 하면서, 마지막에는 중생 세계의 왕으로서의 실천이라는 의미를 갖고 있다.

깨달음의 행위의 구체적 양상을 10번째 왕으로서의 실천이라는 점에서 좀 더 고찰하고자 한다. 여기서 왕으로서의 실천이라는 점은 자신이 다스리는 나라의 모든 중생들을 다 포섭하는 의미를 가진다. 그렇다면 일견 권위적인 자세를 중생들에게 보이는 보살로서, 현대에 '섬기는 리더십'으로 이야기되는 서번트 리더십(Servant-Leadership)과는 상당히 거리가 멀어지게 될 것이다. 조기룡은 그린리프(Robert K. Greenleaf)의 서번트 리더십의 덕목 18가지를 직접적으로 서번트 리더십과 연계되는 것과 간접적으로 연계되는 것으로 나누었다. 직접적으로 연계된 서번트 리더십에는 ①다른 사람의 욕구를 우선시하는 자세, ④경청하고 이해하는 자세, ⑥느긋함, ⑦교감, ⑩인식의 문을 개방하는 자세, ⑪한 사람씩 설득하는 자세, ⑮공동체 정신, ⑯인간을 최우선시 하는 생각, ⑰네 탓이 아니라 내 탓으로 여기는 자세의 아홉 가지가 해당하며, 나머지 아홉 가지는 간접적으로 연계되는 덕목으로서 ②실천하는 용기, ③목표의 제시, ⑤상상력을 자극하는 언어, ⑧정보의 불충분에서도 결정하는 직관력, ⑨합리적 사고에

---

13 『探玄記』(『大正藏』 35. 277bc)

기반한 예지력, ⑫한 번에 하나씩 목표를 달성하는 자세, ⑬개념을 정립하는 자세, ⑭자기 자신의 치유, ⑱위험을 무릅쓰고 창조하는 자세가 해당된다고 한다.[14]

직접적으로 연계된 덕목은 보살의 입장에서 이야기하면 중생을 구제하고자 하는 실천이고, 간접적으로 연계된 덕목은 부처의 경지를 얻고자 하는 실천에 해당할 것이다. 다만 위의 리더십에서 '왕으로서의 보살'이라는 말이 주는 권위적 덕목은 확실히 없다. 그렇다면 불교는 이러한 '왕으로서의 보살'이라는 덕목을 넣음으로써 스스로 현대의 리더십에 적응하지 못하고 말 것인가. 그것이 아니라면, '왕으로서의 보살'이 추구하는 바가 무엇인가? 우선 경전에서 이 부분은 초지보살에 해당하는 과보로서 다음과 같이 이야기된다. 초지에 머무는 보살은 반드시는 아니어도 대체로 중생세계의 왕이 되어서, ① 고귀하고 ②자재하며 ③항상 정법을 보호한다. ④크게 보시하여 중생을 보듬어 안으며 ⑦중생의 탐심과 질투심을 잘 없애준다. ⑧항상 버리는 실천을 하는 것이 끝이 없다. ⑨사섭법의 선업을 짓는다. ⑩ 그러한 복덕은 법보를 항상 생각하며 ⑪불보를 생각하며 ⑫승보를 생각하며 ⑬모든 보살을 생각하며 ⑭보살의 실천을 생각하며 ⑮모든 바라밀을 생각하며 ⑯십지의 법을 생각하며 ⑰파괴되지 않는 힘을 생각하며 ⑱무외의 법을 생각하며 ⑳부처의 불공법을 생각하며 ㉑모든 종류의 일체지자의 지혜를 생각하는 것과 상응한다.

그리고 늘 이와 같은 마음을 낸다. 즉, ㉒나는 일체중생의 리더首

---

14 조기룡, 「보살사상과 서번트 리더십에 기반한 사회복지사 리더십의 도출」, 『불교연구』, 29, (한국불교연구원, 2008), pp.357~390.

가 되며 ㉓뛰어난 사람이 되며 ㉔큰 사람이 되며 ㉕미묘함을 갖춘 사람이 되며 ㉖위의 사람이 되며 ㉗위없는 사람이 되며 ㉘길을 안내하는 사람이 되며 ㉙인솔하는 사람 將이 되며 ㉚스승이 되며 ㉛존경받는 사람이 되며 ㉜일체지에 의지하는 사람이 된다.

또한 ㉝집을 버리고 근면하게 정진하며 ㉞불법 가운데서 처자와 오욕을 버린다. 이렇게 출가하여 근면하게 정진하면 ㉟한 순간에 백 가지의 삼매를 얻어 백분의 부처를 친견하여 ㊱백불의 신통력이 능히 백불의 세계를 움직이는 것을 보며 ㊲백불 세계에 능히 들어가 백불 세계를 비추며 ㊳백불 세계의 중생을 능히 교화하며 ㊴능히 백겁 동안 머물고 ㊵능히 과거 미래세의 백겁의 일을 알며 ㊶능히 백불 세계의 법문에 잘 들어가며 ㊷능히 백가지로 변신하며 ㊸하나하나의 몸에 능히 백보살을 보여 권속으로 삼는다.[15]

길지만 이렇게 43가지의 초지보살의 과보가 언급된다. 이와 같은 과보를 몇 가지로 분류하면

①과 ②는 환희지의 위대함과 능력을 상징한다.

③부터 ⑨까지는 중생들을 위한 보살의 선업의 실천을 말한다.

⑩부터 ㉑까지는 부처의 능력을 구하는 실천이다.

여기까지는 왕으로서의 특별한 권위의식은 없다. 그런데,

㉒부터 ㉜까지는 일체중생을 리드하기 위한 덕목 및 의식이다.

㉝부터 ㉟까지는 왕이 출가하여 정진하는 것을 말한다.

㊱부터 ㊸은 그렇게 함으로써 얻는 공덕이다.

---

15 『華嚴經』(『大正藏』 9. 547b)

①부터 ㊸까지는 초지보살이 얻는 과보로서의 결과인데 a)중생을 리드하기 위한 당당한 자의식이 있으면서, b)출가하여 모든 것을 버릴 정도로 욕심이나 권위의식이 없으며, c)사섭법 등의 실천으로 중생을 끌어안고, d)늘 위의 부처의 공덕을 위해 매진한다. 즉, 불교에서의 보살은 이러한 네 가지가 갖추어져야 한다. 그리고 c)에 서번트 리더십의 직접적 덕목들이 갖추어져 있다. 특히 보시를 강조하는 것은 서번트 리더십의 직접적 덕목에서는 찾을 수 없다. 간접적 덕목과 일치하는 부분이 경전에 없기는 하지만, 굳이 말하자면 ㊱부터 ㊸까지에서 서번트 리더십의 간접적 덕목을 포괄할 수 있다.

이처럼 보살이 환희지에 머무른다는 것은 많은 부분 중생세계의 왕이 되어 자재하게 항상 바른 교법을 설하고 크게 베풀어 중생들을 두루 포섭한다는 것이다. 포섭한다는 것은 단지 품어 안기만 하는 것이 아니다. 중생들의 탐착하는 마음, 서로 질투하는 마음의 때를 잘 없애준다. 또한 늘 크게 베풀어 중생들을 다 포섭한다는 것은 선업을 쌓는다는 것인데, 물건을 주고 따뜻한 말을 건네고 이익이 되게 하고 어려운 일을 같이 고민하는 것이다.

그러면서 보살은 부처를 늘 생각하고, 정법을 늘 생각하고, 동행의 보살들을 늘 생각하고, 보살이 실천해야 하는 것들을 늘 생각해야 한다. 또한 이렇게 실천하면서 자신이 리더이고, 뛰어난 자이고, 스승이 되어야 하며, 그것은 바로 모든 중생들의 의지처라는 것을 잊지 말아야 한다. 단, 여기에 교만함과 어울리는 권위의식은 없다.

이렇게 위를 염원하면서도 아래의 중생들의 스승이 되어야 함을, 그런 자격이 있는 사람이라는 자각을 잊지 않아서 품격을 갖출 때 뭇 중생들이 의지하고 따르는 것이다. 이것이 왕으로서의 보살의 자세와 실천인 것이다.

3) 대비 大悲야말로 보살의 실천

환희지의 보살은 위없는 자리이타행의 능력을 성취함으로써 성스러운 경계를 증득하였기 때문에 큰 기쁨이 일어나는 첫째 지위이다. 즉, 무한의 기쁨을 만끽하는 지위인 것이다. 이 초지에 자리이타행을 성취했다는 것은 향후 실천행에 자신감을 갖게 한다.

위의 다섯 번째에서 보살은 서원을 세워 실천한다고 했다. 또 아홉 번째에서는 보시를 강조한다. 이것은 자비의 실천에 해당할 것이다. 이렇게 해서 보살의 실천은 자리와 이타가 함께 성취된다.

법장에 따르면, 보살이 일으키는 실천에는 네 가지가 있다. ①뛰어남에 입각하여 보면 보시행을 수행하여 성취하는 것이다. ②성취되는 것에 입각하면 열 가지 대원을 일으키는 것이다. ③수행하여 성취하는 것에 입각하여 보면 믿음 등의 열 가지 행위를 실천하는 것이다. ④진실한 행위라는 것에 입각하여 보면 10바라밀을 모두 수행하는 것이다.[16] 이와 같이 보살은 선근을 모아 부처가 되기를 원하는데, 중생을 크게 안타까워하는(大悲) 마음이 원인이 되어, 이로 인해서 성인의 모습을 얻는 것이다.[17] 이로써 수많은 실천 가운데 대비심을 우선으로 두고 있음을 알 수 있다. 이것은 이타에 해당한다. 따라서 자리이타의 능력을 갖춘 보살이지만, 이타행이 우선됨을 중시해야 한다.

---

16 『探玄記』, 「五所成行者. 略有四種. 一約增勝, 修成施行. 二約所成, 起十大願. 三約修成, 謂信等十行. 四約實行, 謂十度等行無不皆修. 餘所修行釋文自顯」(『大正藏』 35. 301a)

17 『探玄記』(『大正藏』 35. 302b)

여기서 다시 한번 보살이 선근을 모으는 방법에 대해서 고찰한다. 경전에서는 이에 대해 10가지로 제시한다. 그 가운데 아홉 번째가 불법을 믿고 즐거워하며 부처의 지혜를 구하는 선근을 모으는 것이며, 열 번째가 대자비를 나타내기 위해서 보리심을 발하여 선근을 모으는 것이다.[18] 보살의 실천에서는 부처의 세계를 믿고 그것을 기뻐하는 것이 먼저 중요하다. 그래야 부처의 지혜를 실현할 수 있기 때문이다. 부처의 지혜를 실현한다는 것은 부처의 대자비를 실천하는 것이다. 보살은 그 대자비를 실현시키기 위해 발심을 하는 것이다.

법장은 사랑함(慈)은 거친 마음, 안타까워함(悲)은 세심한 마음에 비유한다. 그리고 사랑함은 중생에게 기쁨을 주고, 안타까워함은 중생을 괴로움에서 벗어나게 하는 것이라고 설명한다.[19] 하지만 보살은 앞에서도 언급했듯이 사랑함(慈)과 안타까워함(悲) 가운데 안타까워함을 더 중시한다. 왜냐하면 이 안타까워하는 마음이야말로 보리심을 일으키는 제1원인이 되기 때문이다.[20] 그리고 이 크게 안타까워하는 마음이 없으면 궁극적으로 중생을 구제할 수 없다고 한다.[21]

『십지경론』에서는 크게 안타까워하는 마음에 대해 아홉 종류로 설명한다.[22] 그 아홉 종류가 의미하는 바를 서술하면 다음과 같다.

첫째는 안타까워하는 마음이 있어야 미세한 고통을 아는 지혜력이

---

18 『華嚴經』(『大正藏』 9. 544c)
19 『探玄記』(『大正藏』 35. 301c)
20 조성희, 「보살행에 대한 현대적 관점에서의 재해석」, 『동양사회사상』, 제22집(2010), pp.175~199에서는 종교단체의 기부행위에 대해서 보살행의 이타주의 덕목으로 삼아 분석하고, 이러한 행위를 자비라고 하여 묶어서 생각하였다. 그런데 경전과 법장을 통해 보았을 때 이타주의의 근저에 사랑함(慈)보다 안타까워함(悲)이 있다는 인식은 불교만이 지닌 특징이라고 할 수 있다.
21 『探玄記』(『大正藏』 35. 302b)
22 『十地經論』(『大正藏』 26. 135b)

증장하기 때문이다. 크게 안타까워하는 마음을 통해서 중생들의 미세한 고통까지도 아는 지혜가 생기게 된다. 법장에 따르면 지 智는 세간의 진리를 아는 것이고, 혜 惠는 성인의 진리를 비추는 것이다.[23] 세간의 진리, 중생들이 고통을 받는 진리[十二緣起]를 알아야 성인의 진리로 그것을 비추어 주어 고통을 없앨 수 있는 것이다.

둘째는 안타까워하는 마음이 있어야 고통 받는 중생들을 훌륭한 방법으로 포섭하는 것이다. 『경론』에서 어떤 방법인지 구체적으로 밝히지는 않았지만, 법장은 사섭법이라고 한다.[24]

셋째는 안타까워하는 마음이 있어야 비로소 중생세계를 이익되게 하고 그 마음이 증장한다.

넷째는 안타까워하는 마음이 있어야 비로소 무량한 여래의 신통한 힘을 섭취하여 중생에게 믿음을 내도록 할 수 있는 것이다.

다섯째는 안타까워하는 마음이 있어야 위대한 법에 대해서 결정적으로 믿어 깊은 지혜로 중생들의 고통을 치유하기 때문이다. 법장은 결정적인 믿음이 모든 부처의 깊은 지혜를 아는 데로 이어지고 그럼으로써 중생에게 최상의 방편을 사용할 수 있다고 한다.[25]

여섯째, 안타까워하는 마음이 있어야 올바른 깨달음에 나아가기 때문이다. 법장은 그럴 때 보살은 무애지를 얻는 방향으로 나아가고, 자연(본래 그대로)의 지혜에 따른다고 한다.[26]

일곱째, 안타까워하는 마음이 있어야 능히 위대한 교법을 받아 중

---

23 『探玄記』(『大正藏』 35. 302b)
24 위와 같음.
25 『探玄記』(『大正藏』 35. 302c)
26 『探玄記』(『大正藏』 35. 302c)

생들에게 교설하기 때문이다.

여덟째, 안타까워하는 마음이 있어야 뛰어난 공덕을 섭수하기 때문이다.

아홉째, 안타까워하는 마음이 있어야 무량한 사랑의 결과의 원인으로 끝내 열반에 이르기 때문이다.

이렇게 보살이 안타까워하는 마음을 통해 중생의 괴로움을 없애는 것은 그 결과로 자신은 열반에 이르고 중생들을 교화할 수 있다는 것이다. 즉, 중생에게 즐거움(행복=기쁨)을 주는 것과 동시에 자신의 열반도 성취된다. 따라서 보살의 실천은 중생에 대한 안타까움으로 인해서 가능해진다는 것을 충분히 알 수 있다.

그런데 이런 이타행을 위해서 보살은 서원을 한다. 본성에 집약해서 말하자면, 서원은 중생을 구하고자 하는 의지와 불법에 대한 뛰어난 이해와 믿음을 본성으로 삼는다. 즉, 서원으로 중생을 구하고자 한다면 불법에 대한 뛰어난 이해와 믿음이 전제되어야 한다. 그리고 보살은 청정해야 한다. 그럼으로써 불법을 구하고 중생을 제도할 수 있다. 또한 서원은 깨달음이 전제되어야 진정으로 서원이 증장할 수 있다. 그렇게 되면 하나의 실천에 모든 실천을 구비하는 공덕이 갖추어진다. 이런 능력을 보살은 초지에 능히 갖출 수 있는 것이다.[27]

---

27 『探玄記』(『大正藏』 35. 306c)

4. 누가 실천하는가

그렇다면 안타까움을 제일 우선으로 하는 보살은 현대에는 누구인가? 그리고 어떻게 현대사회에서 구체적으로 보살행을 실천하는가. 현대사회에서 우리 한 사람 한 사람이 하는 역할이 분명히 있지만, 그것이 사회적 실천이 되기 위해서는 지금까지 언급한 것들을 충족시키는 보살의 자격이 있어야 한다. 그런데 자격이 있다고 해보자. 그럼에도 불구하고 보살 개인이 혼자 현대사회의 고민을 전부 감당하기란 쉽지 않고 효과가 적을 수밖에 없다.

개인적으로는 한 사람의 부처나 한 사람의 보살로는 현대사회의 고민을 치유할 수 없다고 본다. 그래서 앞에서도 보살이 갖추어야 할 자세로서 동료 보살들의 실천을 서로 찬탄하는 것이 있었는데, 이것은 옛날에도 무수한 보살을 필요로 했다는 것을 증명한다.

그리고 많은 보살이 하나의 집단을 형성하는 보살집단이야말로 현대에 효과적인 보살의 실천을 할 수 있을 것이다. 이때 보살의 집단은 인격화되어서 보살이 가져야 하는 덕목을 갖추어야 한다. 즉, 부처의 본원력과 위신력, 그리고 자신의 청정한 수행을 통해야만 통섭의 보살행이 가능하다는 것이다. 보살이 그러한 수행을 통하지 않고 인간세상의 스승이 될 수 있다는 교만심을 낸다면 그것은 독버섯과 마찬가지이다. 머지않아 스스로가 한계를 드러내며 오히려 사회의 악이 될 것이다.

한 사람의 보살이 다 치유할 수 없는 중생들의 괴로움은 보살집단이 현대사회에서 적극적으로 안타까워함(悲)의 실천을 해야 할 것이다. 그렇다면 무엇이 현대적인 보살집단일 수 있을까? 그리고 그 집단이 어떻게 실천해야 통섭의 실천이 가능한가?

주지하다시피 지금은 심신의 풍요로움을 위해 치유와 힐링(정신의 고양)을 강조하는 시대가 되었다. 심신의 치유를 통해 행복을 찾는 것이다. 우리 모두에게 행복을 찾아주기 위한 시대에 보살의 집단은 사회복지 단체와 같이 한 무리가 중생구제의 중심에 서서 통섭의 실천을 해야만 한다.

그 보살의 집단은 위에서 언급했던 것들을 자각해야 할 것이다. 집단 자체가 노사나불의 본원력으로 형성되었다는 것을 자각하며, 꾸준히 내외를 가릴 것 없이 통섭하는 실천을 해야 한다.

맺음말

이상으로 화엄학으로 바라보았을 때 통섭의 실천이 어떻게 가능한지를 고찰하였다. 불교의 변화를 요구하는 현대에 과연 불교가 사회에 어떻게 대응해야 하는가. 텔레비전을 켜면 종교가 할 수 있는 역할을 매체에서 대신하는 것 같은 착각을 일으킨다. 웰빙음식, 힐링치료, 건강상식 등 사람들이 필요로 하는 정보가 풍부하다. 이러한 작금의 현실에서 종교가 할 수 있는 것이 과연 있을까. 그것도 특히 무애 또는 원융이라는 관념적인 논리를 구사하는 화엄학에서 현대사회에 뛰어 들어가 적극적으로 자비의 실천을 할 수 있을까?

이러한 문제를 풀기위한 단서로 통섭 通攝의 개념을 정리하였다.

불교에서 사용하는 통섭은 현대에 빈번히 사용되는 통섭과는 다르다. 불교적 통섭 通攝이어야 불교 진리를 잘 전달한다는 것도 주장하였다. 이 통섭 개념은 어떤 것들을 충분히 관통 또는 어떤 것들과 충분히 소통하면서도, 거기서 머물지 않고 그 하나하나들을 종횡에 걸쳐 동일한 수준으로 포섭하는 개념이라고 하였다.

보살들은 이러한 통섭적 실천을 해야 한다. 그런데 보살이 중생을 위해 실천할 때 부처의 본원력과 위신력을 잊어서는 안 된다는 것을 강조하였다. 노사나불의 과거의 원력과 위신력을 얻어 삼매에 들어간 후 삼매로부터 나와서 실천에 들어갈 때 비로소 걸림 없이 모든 중생들을 종횡으로 꿰뚫어 보고 통섭의 실천을 할 수 있기 때문이다. 그리고 보살은 이렇게 깨달음을 근저에 두고 있기 때문에 보살의 실천은 깨달음의 행위이다. 그런 실천이어야 깨닫지 못한 중생들을 통섭하는 실천이 가능하다.

특히 나라를 다스리는 왕의 입장에서 베풀고 포섭하는 것을 강조하였다. 스스로가 품격이 있으면서 부처를 늘 생각하고, 중생들의 의지처가 되어야 한다는 것이다. 왕으로서의 보살의 실천의 근본은 이타주의에 있다. 환희지의 보살은 자리이타를 성취함으로써 기쁨을 얻었지만, 경전에서는 보살이 선근을 모으는 마음자세를 가져야 한다고 하면서 사랑함(慈)과 안타까워함(悲) 가운데 안타까워함을 더 중시한다. 법장도 이러한 경전의 취지를 계승하여 안타까워하는 마음이야말로 보리심을 일으키는 제1원인이며, 크게 안타까워하는 마음이 없으면 궁극적으로 중생을 구제할 수 없다고 한다. 이것은 자비를 하나의 개념으로만 생각했던 우리들에게 상당한 시사점을 준다.

이렇게 보살이 안타까워하는 마음을 통해 중생의 괴로움을 없애는 것은 중생에게 번뇌를 제거하여 행복＝기쁨을 주는 것임과 동시에 자신의 열반도 성취하는 것이다. 그리고 보살도 이러한 마음과 실천이 가능하도록 서원하는 것을 잊지 말아야 한다. 중생을 구하고자 하는 의지와 불법에 대한 뛰어난 이해와 믿음을 갖출 수 있도록 서원하는 것이다.

현대에서 이러한 통섭적 실천을 할 수 있는 보살은 동료 보살들의 실천을 서로 찬탄하는 조직 없는 보살집단에서 조직을 갖춘 보살집단에 이르기까지 필요하다. 그런데 보살집단도 역시 인격화되어서 보살에게 필요한 전제들을 갖추어야 한다. 보살집단이 지금 현대에서는 어떤 조직을 가진 집단이어야 하는지, 어떤 통섭적 실천을 해야 하는지 등의 구체적인 것에 대해서는 향후 과제로 삼고자 한다.

【 참고문헌 】

『華嚴經』(『大正新修大藏經』9)

『十地經論』(『大正新修大藏經』26)

『探玄記』(『大正新修大藏經』35)

조기룡, 「보살사상과 서번트 리더십에 기반한 사회복지사 리더십의 도출」, 『불교연구』, 29(한국불교연구원, 2008), pp.357~390.

조성희, 「보살행에 대한 현대적 관점에서의 재해석」, 『동양사회사상』, 제22집(동양사회사상연구회, 2010), pp.175~199.

조윤호, 「보현행원사상 연구를 위한 문헌학적 접근」, 『불교학연구』, 4호(불교학연구회, 2002), pp.171~190.

大竹 晋 校註, 『新国譯大藏經』, 釋經論部 〈16〉, 『十地經論』(1), 大藏出版社, 2005.

坂本 幸男, 『國譯一切經』, 和漢撰述部 第6~9, 大東出版社, 1936~8.

불교 윤회설(輪廻說)이 현대사회에서 갖는 의의

최기표

금강대학교

1. 생사관 부재에서 오는 현대사회의 병폐들

2014년 1월 일명 조류독감이라 불리는 조류 인플루엔자(avian influenza)가 전북 고창 高敞에서부터 유행하기 시작하여 7월 30일 기준으로 오리, 닭 등 가금류 1천 3백 90여만 마리가 도살되었다. 이들 대부분은 실제로 감염된 것이 아니고 다른 지역에 전염되는 것을 방지하기 위하여 예방적 차원에서 매장당한 것이다. 이에 앞서 지난 2011년에는 전 해 겨울부터 번지기 시작한 구제역 口蹄疫 파동으로 소와 돼지 등 3백 40여만 마리가 도살처분 되는 일이 있었다. 이들 역시 반경 3킬로미터 안에 있던 한두 마리의 동료가 감염되어 예방 차원에서 생

매장되었다. 가축을 가족처럼 여기는 축산농민들은 슬퍼하였고 매장 작업에 투입된 사람들은 고통스러웠으며 환경단체 회원들은 분노하였다. 집단 매장된 가축의 사체에서 흘러나오는 악취 나는 침출수로 주변은 오염되었고 부패가 더욱 진행되면 어떤 결과로 나타날지도 미지수이다.

21세기 들어 한국은 자살률이 급격히 높아졌다. 2003년에는 대한민국 최대 재벌의 하나인 현대그룹의 회장이었던 정몽헌이, 2008년에는 국민배우로 불리던 유명 연예인 최진실이 자살하였다. 이어 대한민국을 이끌었던 대통령 노무현이 퇴임 1년여 만인 2009년에 벼랑에서 투신하는 일도 벌어졌다. 스스로 목숨을 끊는다는 극단적 선택을 하게 되기까지 당사자는 수많은 번민과 고통을 겪었겠지만 자살은 결코 대안이 될 수 없다. 죽음에 이르기까지 얽혀 있던 주변의 상황은 해결되는 것이 아니라 잠시 덮어질 뿐이고 가족과 지인들은 큰 고통을 겪어야 한다. 특히 유명 인사들의 자살은 베르테르 효과라 명명된 모방 자살을 비롯하여 주변에 여러 가지 음울한 결과를 야기하게 된다는 점에서 사회적으로 큰 문제가 아닐 수 없다.

근래의 한국 사회는 매우 역동적이고 쾌활하다. 국가 면적은 세계 109위에 불과하고 인구는 26위이지만 국내총생산(GDP)은 지난해 기준 세계 15위를 기록하고 있다. 한국전쟁 이후 단 40~50년 만에 이룩해 낸 눈부신 성장이다. 이리하여 기아나 빈곤에서 오는 고통을 겪는 이는 주변에서 찾기 힘들다. 하지만 삶의 내면을 들여다보면 행복하지만은 않은 것 같다. 사람들의 주된 관심사는 이성 간의 사랑, 건강, 별미와 같이 육신의 욕구를 채우기 위한 1차적 재료이다. 대중

가요나 드라마는 사랑을 주제로 해야 인기를 얻고, 각종 대중매체의 프로그램은 건강정보나 맛집 정보로 넘쳐난다. 성추행이나 문란한 성생활이 점차 늘고 있고 즐거움을 누리기 위해 수단을 가리지 않고 재물을 얻으려 한다. 한편으로는 경제협력개발기구(OECD)의 통계에서 한국은 최고의 자살율과 최저의 출산율, 그리고 행복지수는 34개 회원국 가운데 33위를 나타내고 있다. 기본적인 의식주는 해결되고 있지만 삶의 목표와 방법이 뭔가 잘못되고 있는 것이다.

지금까지 열거된 몇몇 문제들은 외견상 별로 관계가 없는 듯이 보인다. 하지만 필자는 이들 모두 공통된 원인에서 출발한다고 생각한다. 그것은 생사관 生死觀의 부재, 혹은 잘못된 생사관에서 비롯된다는 것이다. 좁은 의미로 생사관이란 죽음이라는 사태가 어떤 상황과 의미를 내포하며 이후에 어떤 일로 전개되는지에 대한 견해를 말한다고 할 수 있다. 그러나 죽음에 대한 견해는 곧바로 어떻게 살아야 하는지, 삶의 목적을 어디에 두어야 하는지와 연결되기 때문에 생사관이란 사실 가치관, 인생관, 세계관 등도 포괄할 수 있는 큰 개념이다.

죽음이란 모든 것이 사라지는 무화 無化의 순간이라는 생각, 즉 '내생은 없다'거나 '죽으면 끝이다'라는 견해를 불교에서는 단멸론 斷滅論이라고 한다. 이렇게 생각하는 이라면 위에 나열한 일들은, 내게 직접 영향만 미치지 않는다면 별 문제가 아니다. 또 사람이 죽은 뒤에도 영혼과 같은 것이 있어서 천국이나 지옥에서 영원히 산다는 견해가 있는데 불교에서는 이를 상주론 常主論이라고 부른다. 이러한 견해를 가진 이들이라면 짐승의 도살처분은 큰 문제가 아닐 수도 있고, 자살이나 쾌락 추구는 신의 뜻에 어긋나는 것만 아니라면 악이 아니다. 그러나 삶이 한 번이나 두 번 있는 것이 아니고 무한 반복하면서 업에 따라 육도를 돌고 돈다는 불교적 생사관의 견지에서라면 위에 나열한 일들은 모두 잘못된 일이고 나에게도, 사회에도 고통을 초래하는 어리석은 행동이 된다. 이 가운데 어떤 것이거나 생사관을 갖고 있지 않는 사람이라면 생명은 그저 주어진 것일 뿐 지향점이나 독자적인 판단 기준 없이 그저 좋아 보이는 대로 다수가 행하는 것을 모방하며 살아갈 것이다.

불교의 윤회설은 철학적인 연기설, 윤리적인 업보설과 깊이 관련되지만 매우 구체적이고 실제적이기 때문에 이해하기 쉽고 삶에 끼치는 영향력도 매우 크다. 윤회설이 있음으로써 업보설과 연기설이 더욱 강력한 의미를 갖고 삶의 방식에 뚜렷한 기준을 제공해줄 수 있다. 그것은 현대사회에서 일어나는 여러 가지 병폐를 방지하거나 해결할 수 있는 훌륭한 생사관이 아닐 수 없다.

2. 윤회설을 부정하는 풍조와 그 문제

일체 중생이 삼계 육도를 업에 따라 돌고 돈다는 윤회설은 불교가 전래된 이후 오랜 세월동안 우리의 사고체계와 생활풍습에 지대한 영향을 미쳐 왔다. 숙세·내생·나락 奈落·아수라장·아비규환·타계 他界 와 같이 일상에 사용되는 어휘나 사십구재·영산재와 같은 천도 遷度 풍습 등 일일이 열거하기 어려울 정도로 많은 문화가 윤회와 직·간접적으로 관련되어 있다. "전생에 무슨 업을 지었기에……."라며 한탄

하는 말을 하거나 텔레비전 예능 프로그램 등에서 "다음 생에 만나도 현재의 배우자와 다시 결혼하겠느냐"고 출연자에게 당혹스러운 질문을 던지는 것은 우리에게는 종종 일어나는 일이지만 윤회설이 낯선 문화체계 안에서는 생각할 수 없는 일이다.

그러나 근래 들어 윤회설에 대해 의구심을 품는 이들을 많이 볼 수 있다. 심지어 불교학자들 가운데 윤회설을 부정하거나 언급을 피하는 이들이 적지 않고 불교신행단체의 회장이나 출가한 승려조차 "윤회를 믿기 어렵다."고 공공연히 말하는 실정이다. 어째서 윤회를 의심하거나 부정하는가? 보이지 않기 때문이다. 천상이나 지옥은 본 적이 없고 죽은 뒤 얻는다는 중음신中陰身 역시 경험한 적이 없다. 그러나 범부의 눈에 보이지 않는다고 믿지 않는다면 그것은 이미 종교를 가진 것이 아니고 불교를 믿는 것이 아니다. 불교를 믿지 않는 것은 아무 문제가 되지 않는다. 다만 불자佛子를 자처하면서, 혹은 불교에 우호적이라면서 윤회설만은 믿기 어렵다고 하는 태도가 문제가 되는 것이다. 어째서 그러한가?

『중아함』 44권에 실린 「앵무경 鸚鵡經」은 석존이 앵무라는 바라문에게 윤회에 대해 상세히 설한 경전으로 유명하다. 석존은 이 경에서 앵무의 집에서 기르는 개가 전생에 그의 부친이었다는 사실을 주저 끝에 알려 주고 화를 내며 믿지 않는 앵무에게 어떠한 업에 따라 어떠한 과보를 받는지 자세히 설하여 그를 납득시킨다. 이 경은 『분별선악보응경 分別善惡報應經』이라는 단일 경으로도 번역되어 있다. 『장아함』, 「세기경 世記經」은 삼계 육도의 모습과 그곳을 윤회하는 중생들에 대해 석존이 매우 상세히 설하고 있는 경전이다. 또 윤회를 믿지 않는 바라문에게 구마라가섭이 여러 가지 비유를 들어 윤회가 사실임을 설명하는 『장아함』 7권의 「폐숙경 弊宿經」도 윤회설이 단순히 비유나 우화가 아님을 보여주는 경전이다. 석존이 자신을 낳은 후 목숨을 마친 마야부인을 위해 도리천에 올라가 설법한 『증일아함』 28권의 「청법품 聽法品」이나 석존을 살해하려다 실패한 제바달다가 바로 지옥으로 떨어진 일을 설하고 있는 47권 「방우품 放牛品」의 기사도 육도윤회가 전제되지 않고는 내용 전개가 되지 않는다. 석존의 직접 설법이라는 아함부 경전만 보아도 이렇듯 윤회와 직간접으로 관련되는 내용을 무수히 찾을 수 있다. 윤회설을 믿지 않는다면 이 경전들은 허구이거나 무지한 중생을 교화하기 위하여 우화나 비유를 설한 것으로 받아들일 수밖에 없다.

대승경전은 어떠한가? 천신들이 석존의 법문을 듣고 발우를 바치는 『대품반야경』, 천상세계를 계속 상승하면서 설법이 이루어지는 『화엄경』, 제자들에게 오랜 생을 지나 성불할 것을 수기 授記하는 『법화경』은 천상의 존재나 내생이 전제되어야 하는 내용이다. 또 거의 모든 대승경전에 참석 대중으로 출현하는 천룡팔부 天龍八部도 육도윤회와 관련 된다.

논서 가운데 가장 영향력이 큰 『구사론』은 「세품 世品」, 「업품 業品」, 「파아품 破我品」 등 윤회를 직접적으로 설명하는 품뿐만 아니라 전체 아홉 개 품 가운데 윤회와 관련되지 않은 품은 하나도 없다. 대승불교의 백과사전이라고 할 수 있는 『대지도론』에서 설명하는 오취 五趣와 육도 六道의 차이나 천신들에 대한 상세한 해설, 자비심으로 인해 열반에 들지 않고 몸을 바꾸어 가며 중생을 제도하는 보살의 변역생사 變易生死를 밝히는 『성유식론』 등의 내용도 모두 윤회와 깊이 연관된다. 또한 십이지연기를 삼세에 걸친 인과로 풀이한 설일체유부의 논사나, 생이 바뀌는 과정에서 전생과 후생 사이의 연속성을 설명하기 위해 근본식 根本識(大衆部), 유분식 有分識(說假部), 궁생사온 窮生死蘊(化地部) 등을 설정한 각 부파의 논사들, 또한 아뢰야식 阿賴耶識을 가립 假立한 대승논사들은 모두 실재하지 않는 사태를 전제로 하여 치열하게 논쟁을 벌인 결과밖에 되지 않는다.

성문승과 연각승을 수행하여 최종적으로 도달하는 아라한 阿羅漢이나 벽지불 辟支佛의 경지는 윤회에서 벗어나 나고 죽는 고통을 더 이상 겪지 않아도 되는 것으로 설명된다. 아라한을 이루었을 때 설명되는 정형 문구는 "나의 태어남은 다하였다……후세의 존재를 받지 않을 것을 스스로 안다.(我生已盡……自知不受後有)"로 표현된다. 윤회설을 믿지 않는다면 석존 재세시의 제자들은 실재하지 않는 고통을 벗어나 허구적인 목표를 향해 수행을 하여 도를 이루었고, 후대의 불자들은 이러한 아라한들을 나한전 羅漢殿에 모셔두고 승보로서 예배드리는 이상한 일을 하고 있는 것이다.

윤회설을 부정하는 이들 가운데는 연기설이나 업보설만으로도 충분히 훌륭한 교설이므로 굳이 윤회를 개입시키지 않아도 된다고 주장하는 경우도 있다. 세상의 모든 존재가 격리된 남이 아니고 서로 깊이 연관되어 있으며 선을 행하면 좋은 결과가, 악을 행하면 고통스러운 결과를 받게 된다는 내용만으로도 사람들이 남을 해치지 않으면서 평화롭고 윤리적으로 살아야 할 이유가 제공된다. 그러나 세상에는 선한 사람이 어렵게 살고 악한 사람이 잘사는 경우도 종종 있다. 이를 보고 인과응보는 진실이 아니라 윤리적 교훈에 불과하다고 주장하는 이들도 적지 않은 것이 현실이다. 이들은 현세만을 보기 때문에 이러한 견해를 갖게 되는 것이다. 업 가운데 현생에 과보를 받는 순현업 順現業만 있는 것이 아니고 내생이나 삼생 이후에 과보가 나타나는 순생업 順生業과 순후업 順後業도 있음을 알아야 한다. 다시 말해서 업보설은 윤회가 전제되어야 완결된 교설이 된다. 비유하면 알파벳 가운데 A와 B를 빼고 영어철자를 쓰거나 탄소(C)와 수소(H)를 빼고 화학적 구성요소를 논할 수 없는 것과 같은 것이다.

불교에는 여러 종류의 계율이 있다. 출가자와 재가자, 소승이나 대승 수행자에 따라 지켜야 하는 내용은 다양하지만 모든 부류에게 공통으로 적용할 수 있는 기본적인 계가 있으니 그것은 십선계 十善戒이다. 십선계는 시대와 장소를 불문하고 누구나 지켜야 할 자연법으로 이루어져 있기 때문에 성계 性戒, 총상계 總相戒 등으로 정의된다. 신업 세 가지, 구업 네 가지, 의업 세 가지로 이루어진 십선계의 마지막 조목은 불사견 不邪見이다. 사견의 내용은 여러 가지가 있지만 죽으면 모든 것이 끝난다고 보는 단견 斷見과 죽은 후에 영혼이 있어 영원히 살아간다는 상견 常見이 포함된다. 다시 말하면 윤회를 믿는다는 것은 사견 邪見을 갖지 말라는 계를 지키는 것이 된다. 『대품반야경』 등 대승경전에서 밝히는 지계바라밀의 내용이 십선이고 『화엄경』에서는 십지 가운데 제2 이구지 離垢地의 수행을 십선으로 밝히고 있으므로 윤회를 믿는 것은 육바라밀 가운데 지계바라밀을 실천하는 것이 된다. 또한 사견을 갖지 말라는 것을 적극적으로 표현한 것이 정견 正見이고 이것은 팔정도의 처음에 위치하고 있으므로 소승의 기본

수행도인 팔정도를 실천하는 것도 된다.

　불제자가 된다는 것은 삼보에 귀의하고 나아가 팔정도, 육바라밀 등을 실천하기 위해 노력하는 것을 의미한다. 그런데 윤회설을 부정한다면 육바라밀과 팔정도를 실천하지 않는 것일 뿐 아니라, 오랜 생을 거듭한 수행 끝에 불도를 완성한 붓다나 성인, 그리고 온갖 경론에서 빠지지 않는 교설을 부정하는 결과가 된다. 윤회를 긍정하거나 의심하는 것은 각자가 선택할 수 있는 문제이다. 하지만 윤회를 믿지 않는다면 그것이 불교의 기본적 실천인 육바라밀이나 팔정도를 행하지 않는 것이 되고 귀의의 대상이 되는 삼보조차 믿지 않는 것을 의미한다는 것을 명확히 알 필요는 있다.

3. 윤회설을 부정하는 논리와 그 문제

　그렇다면 이렇듯 각종 불교 경론에 비유나 우화가 아닌 구체적 사실로서 명확히 설해지고 있는 윤회설을 의심하는 이유는 무엇인가? 전술하였듯이 보이지 않기 때문이라는 것이 가장 기본적인 이유인데 이러한 바탕 위에서 몇 가지 추가되는 논리들이 있다.

　첫 번째로 들 수 있는 것은 윤회와 관련된 내용들이 과학과 배치된다는 이유이다. 윤회를 말할 때 우선 전제가 되어야 하는 것은 세계가 육도로 구별된다는 것이다. 불교의 세계관은 주지하다시피 삼계 육도설이 기본 축을 이룬다. 대소승 경론을 막론하고 세계를 논할 때는 반드시 삼계 육도, 혹은 아수라를 귀도의 일부로 간주하여 오취 五趣

로 분별한다. 이러한 구분의 차이는 세속제이므로 별 문제가 되지 않고 그러한 존재가 실제로 있는가 하는 것이 쟁점이다. 육도 가운데 인간과 축생은 우리가 경험적으로 실재를 확인할 수 있지만 천도, 아수라도, 아귀도, 지옥도의 세계 器世間와 중생들은 객관적으로 존재가 증명되지 않았다. 그러나 이들이 없다고 주장할 수는 없다. 천체나 지하세계는 아직 미답의 공간이기 때문이다. 존재 증명은 쉬워도 부존재의 증명은 우주 전체를 뒤지기 전까지는 불가능하다. 네스호湖의 네시(Nessie)나 다른 행성의 외계인이 목격자는 있으나 명확하게 존재한다고 증명되지도, 존재하지 않는다고 확신할 수도 없는 것과 같다. 육도의 존재 여부는 명확히 증명된 바가 없어서 결정적으로 말할 수 없다고 판단을 보류하는 것이 정확한 태도이다.

『장아함』,「기세경」이나『구사론』,「분별세품 分別世品」등에 나오는 불교의 우주관은 매우 거대하면서도 세세한 부분까지 구체적으로 묘사되어 있다. 이 가운데 수미산을 중심으로 주변에 여덟 산과 바다가 있고 4대주에 인간이 분포해 살고 있다는 것은 우리가 알고 있는 과학 지식과는 배치된다. 다만 이것이 어떠한 상징을 나타내거나 다른 차원을 함께 묘사하고 있는지는 불명확하다. 그보다 수미산 세계가 거대한 수륜 水輪 위에 있고 수륜은 다시 풍륜 風輪이 떠받치고 있다는 것, 수미산 세계가 하나뿐이 아니고 삼천대천 三千大千으로 무한하게 확장한다는 것은 얼마나 놀라운 이야기인가. 지구를 대기권이 둘러싸고 있다는 것이나(지구상에서 관측하면 공기층이 떠받치고 있는 것이다), 우주가 140억 광년 이상으로 무한하게 크다는 것은 불교의 세계관과 매우 유사하지만 불과 1백 년도 안 된 최근에 관찰된 사실이다.

또 지구 내부에 대해서도 아직 별로 밝혀진 것이 없어서 지옥과 같은 공간이 없으리라고 확언할 수 없는 상황이다. 지구의 반지름은 대략 6천 4백 킬로미터이지만 우리 과학기술로 직접 관찰할 수 있는 범위는 겨우 표면 20킬로미터 정도이며 내부의 구조는 지진파 등을 이용하여 추정하고 있을 뿐이다. 그런데 기체나 액체를 통과하지 못하는 S파(secondary wave)를 통해 지구가 균일한 고체로 이루어진 것이 아니라 내부에 액체나 기체로 이루어진 층이 있음이 확인된다. 최근에는 지구 내부에 거대한 바다(buried oceans)가 존재할 것이라는 캐나다 앨버타대학의 연구가 발표되기도 하였다(BBC, 2014. 3.13. : http://www.bbc.com/news/science-environment-26553115).

천계는 인간계와 멀리 떨어져 있어 확인할 수 없다 하여도 그곳에 사는 천신들이 인간계에 가까이 왔을 때, 혹은 인간계와 가까이 사는 귀신과 같은 중생들 역시 관찰되지 않기 때문에 존재를 의심받는다. 이러한 존재들은 대개 움직이는 속도가 매우 빠르거나, 미세한 색법으로 이루어져 있어서 육안에 포착되지 않는다고 설명된다. 『열반경』, 「가섭보살품」에 쏘아놓은 화살을 달려가 잡을 수 있는 사람을 예로 든 뒤 "땅으로 다니는 귀신은 이 사람보다 빠르고 날아다니는 귀신은 이보다 더 빠르다. 사천왕은 비행귀신보다 더 빠르고 해와 달의 신은 사천왕보다 빠르며 견질천堅疾天은 해와 달보다 빠르다."고 설하는 내용이 있다. 이 경문 가운데 나오는 해와 달의 신日月神天을 자연의 해와 달이라고 본다면 달은 공전속도가 초당 939미터 가량 되어 초속 340미터인 음속보다 빠르므로 귀신이나 사천왕의 이동속도가 얼마나 빠른지 미루어 짐작할 수 있다.

죽은 뒤 다음 몸을 받을 때까지 지속되는 오온인 중유 中有=中陰身 역시 천신들과 마찬가지로 미세한 색법으로 되어 있어서 일반인의 눈에는 보이지 않는다고 한다. 『구사론』, 「분별세품」에 의하면 중유는 같은 부류끼리는 서로 볼 수 있고 천안통을 얻은 사람도 볼 수 있지만 보통의 육안으로는 볼 수 없다고 한다. 그 이유는 이들이 지극히 미세 極細하기 때문이라는 것이다. 여기서 미세하다는 것은 전체적 크기가 작다는 것이 아니라 이들을 이루고 있는 사대 색법이 미세하다는 의미이다. 앞서 욕계의 중유는 크기가 5~6세 어린이와 같다는 설명이 있기 때문이다. 즉, 천신이나 중유 같은 존재가 육안으로 관찰되지 않는 주요 이유 가운데 하나는 그들을 이루고 있는 색법이 매우 미세하며 낮은 밀도로 구성되어 있기 때문이라고 추론할 수 있는 것이다. 육안으로는 보이지 않는 미생물이 현미경으로 관찰되듯이 이들도 발전된 도구의 힘을 빌면 관찰할 수도 있을 것이다. 세상에는 우리 눈에 보이는 존재보다 보이지 않는 존재가 훨씬 많다. 석존도 이미 이를 언명한 바 있다.

> 형상을 볼 수 있는 중생은 손톱 위에 올려놓은 흙만큼이고 형상이 미세하여 볼 수 없는 중생은 대지의 흙처럼 많다. (『잡아함』16, 442경)

윤회설을 부정하는 논리로서 이것이 불교 고유의 설이 아니고 인도에 전래되어 오던 사상이 유입된 것이라는 견해가 있다. 물론 윤회설은 불교 고유의 것이 아니다. 자이나교에서도 윤회를 믿고 있고,

고대 그리스 철학자 가운데에도 윤회설을 주장하는 이가 있었으니 동서양 모두 윤회사상은 있었다. 그러나 불교에서 말하는 윤회는 사상이 아니다. 붓다가 자신의 지혜로 관찰한 것을 설한 것이다. 중생이 윤회한다는 사실은 붓다만 볼 수 있는 것이 아니고 아라한과에 이른 제자들도 모두 관찰할 수 있다.

> 아라한 無學의 삼명 三明이 있다. ……숙명지증통 宿命智證通이란 갖가지 숙세의 일을 아는 것이다. 한 생으로부터 백 천 만억 생, 성겁과 괴겁의 일에 이르기까지 자신과 중생들이 과거에 이름이 무엇이었고 어떻게 태어났으며 성품이 어떠하였고 무엇을 먹었고 어떤 괴로움과 즐거움을 받았고 얼마나 살았고…… 등을 모두 아는 것을 말한다. ……생사지증명 生死智證明이란 청정한 천안으로 온갖 중생들이 죽는 때와 태어나는 때, 아름다운 모습과 추한 모습, 귀한 모습과 천한 모습, 악도에 향해가서 업대로 태어나는 것을 사실 그대로 보는 것이다. (『잡아함』 31, 885경)

불교의 윤회설이 외부의 사상에 영향 받은 것이라고 할 수 없는 것은 현대의 천문학자들이 지구가 태양 주위를 돈다고 말하는 것이 코페르니쿠스의 지동설에 영향을 받은 때문이라고 할 수 없는 것과 같다.

다음에 윤회설은 불교의 주요 교설인 무아설과 배치되므로 인정할 수 없다는 견해가 있다. 이는 벌써 오래된 논쟁 주제로서 기존에 다양한 논의가 있었으므로 여기서 길게 설명할 필요는 없을 것 같고 간단한 비유로 설명을 대신하고자 한다. 보통 윤회한다고 하면 앞의 생명과 뒤의 생명 사이에 동일성을 유지하는 무엇인가가 있어야 한다고 여기는 경향이 있다. 예를 들어 어느 연극배우가 앞의 연극에서는 왕의 역할을 맡았고 뒤의 연극에서는 노예의 역할을 하였을 때 왕과 노예는 복식과 분장만 다를 뿐 동일한 연극배우라는 점에서 동일성이 유지된다고 여기는 것과 같다. 이때 연극배우에 해당하는 것으로 상정된 대표적인 것들이 아·인·중생·수자로 번역되는 네 가지이다. 이렇듯 전생과 후생을 연결시키는 무엇인가를 상정하는 이유는 앞의 존재와 뒤의 존재가 시·공간적으로 격리되어 있다고 생각하기 때문이다.

그러나 윤회설에서 앞의 존재와 뒤의 존재는 격리되지 않는다. 생유-본유-사유-중유-생유-본유……로 외형만 계속 바뀔 뿐 동일한 오온(엄밀하게는 계속 변화하는 오온)이 간격 없이 계속 상속되어 가는 것이다. 마치 알이 올챙이로, 올챙이가 개구리로 변화할 때는 이들 사이에 격리되는 과정이 없어서 양자의 동일성을 유지하는 별도의 존재를 상정할 필요가 없는 것과 같다. 이 과정에서 중유라는 존재가 범부의 눈에 보이지 않기 때문에 전과 후의 삶에 간격이 있다고 오해를 한다. 전술하였듯이 중유가 보이지 않는 것은 그것이 미세한 색법으로 이루어져 있기 때문이다. 비유하면 하나의 기차가 같은 궤도를 계속 달리지만 굴에 들어가면 잠시 보이지 않는 것과 같다. 자기동일성을 유지하면서 스스로 다스릴 수 있는 능력을 가진 존재, 즉 상일주재 常一主宰의 성질을 가진 존재로서 아 내지 수자는 없으며, 주재성이 없기 때문에 윤회의 고통을 피하지 못한다는 것이 무아설의 내용이다. 다시 말하면 무아이므로 윤회하고 윤회하므로 무아라고 상호보완적 교설로 보는 것이 이들 교설에 대한 합당한 이해이다.

마지막으로 윤회설이 계급제도를 공고히 하려는 통치 이데올로기로써 계급의 평등을 설하는 교설과는 배치된다는 견해가 있다. 카스트와 같은 신분제도가 있는 사회에서 하층계급이 자신의 비천한 신분이 전생의 악업으로 인한 마땅한 응보라고 여기게 하여 지배계급에 대해 반역을 꾀하지 않도록 하는 운명론적 교설이라고 윤회설을 이해하는 것이다. 그러나 여기에도 문제가 있다.

어떤 사람이 추한 용모로, 혹은 선천적 장애를 갖고 태어났다고 하자. 이러한 고통이 발생한 원인은 어디에 있을까? 그것이 부모나 사회제도의 잘못일까? 아기의 잉태 중에 잘못된 식생활을 한 부모나 열악하고 유해한 노동환경을 제공한 사회에게도 잘못이 있을 수 있겠지만 그것은 근본적 원인이라 할 수 없다. 부모의 외모가 추하거나 잘못된 식생활을 하여도 자녀가 아름답고 건강하게 태어나는 사례도 많이 있기 때문이다.

현대 과학자들은 부모에게 물려받은 나쁜 유전자가 원인이라고 생각하는 경향도 강하다. 하지만 그 사람은 왜 부모의 유전인자 가운데 하필 나쁜 것을 물려받은 것인가? 대부분의 유전학자들은 그것을 '우연'이라고 설명할 수밖에 없다는 점에서, 선천적으로 생긴 고통이 자신을 창조한 신의 뜻이라고 믿는 것과 별 차이가 없다. 선천적 장애나 고통이 자신의 의지가 전혀 미치지 못하는 부모, 사회제도, 신, 물질에 원인이 있다면 그는 자신의 운명에 아무런 책임도 권리도 없게 되므로 이런 견해야말로 운명론이라 해야 한다. 하지만 선천적 장애나 고통이 과거 생에 행한 자신의 업보 때문이라면 자신은 운명의 주인이 되고 향후의 운명을 점차 고쳐나갈 수 있게 된다. 이번 생에서 개선시킬 수도 있고 혹은 다음 생에서 개선될 수도 있다. 기억도 못하는 전생의 업을 왜 자신이 책임져야 하느냐고 묻는 것은, 죄를 지은 사람이 기억상실증에 걸린 후 구속되었을 때 왜 기억에 없는 죄로 벌을 받아야 하느냐고 항변하는 것과 같다. 특정한 조건을 만드는 원인으로서 특정한 국가, 특정한 부모, 특정한 유전자를 물려받는 것은 근본적으로는 자신의 업에 의한 결과라고 보는 것이 가장 합리적이며 운명론을 벗어날 수 있는 이론적 토대가 된다.

그렇다고 선천적인 장애나 고통이 오로지 당사자만의 책임이라고 여겨 부모나 사회가 그를 멸시하거나 개선을 위해 아무런 노력도 하지 않는 것은 공감능력이 부족한 것이다. 어떤 이가 악업을 지은 것은 그가 원래 악한 성품의 소유자이기 때문이 아니고 악업에 따라올 고통을 몰랐기 때문에, 즉 무명에 덮여있기 때문이라고 업보설은 설명한다. 무지한 어린이가 잘못을 저질렀을 때 그를 꾸짖기보다 타이르며 가르치는 것이 현명한 어른이듯이 타인들은 그를 심판하지 말고 바른 노력을 기울이도록 이끌어야 한다. 또한 현재 복이 많거나 고귀한 신분을 가진 이라도 악업을 지으면 내생에는 그와 처지가 바뀔 수 있음을 알아서 선업을 쌓고 그에게 자비를 베풀도록 노력하는 것이 윤회를 제대로 믿을 때의 정당한 귀결이다.

4. 윤회설의 가치와 불교학자들의 임무

윤회설은 붓다가 중생의 생존 양태를 지혜의 눈으로 관찰하여 가르친 것이다. 비유나 우화, 가설이나 사상이 아니고 현실을 그대로 반영한 교설로 보아야 한다. 윤회는 대중이 일상적인 오관으로 경험하고 관찰할 수 있는 것이 아니기 때문에 아직까지는 믿음이나 신념의 영역에 속한다. 하지만 윤회가 충분히 합리적인 교설이라고 받아들이면 삶의 방법이나 목적, 교육이나 치료의 방법이 지금과는 다른 방향으로 바뀌거나 개선될 수 있다고 본다.

첫 번째로 선천적으로 갖고 태어나는 형질이나 성격 등의 원인을 누대에 걸친 과거생의 업에서 찾는다면 치료나 교육 패러다임이 바뀐다. 전술하였듯이 현재는 선천적 장애나 병에 대해 유전인자를 주요 원인으로 여기고 있는 경향이 있다. 그러나 전생의 업이 주요 원인이라고 본다면 DNA 조작을 통해 이를 예방하거나 치유하려는 방식은 새로운 국면을 맞는다. 예를 들어 감기에 걸려 기침하는 환자에게 기침을 완화시키는 처방이나, 손에 땀이 지나치게 많이 분비되어 불편을 호소하는 사람에게 손의 땀샘을 막아버리는 치료가 근본적인 것이 아니듯이 DNA의 문제는 현상이 나타나기 전의 과정일 뿐이라고 보게 되는 것이다. 원인 모를 성격장애나 정신적 트라우마도 현생만 고려하여 물리적 치료방법을 찾을 것이 아니라 참선이나 전생기억 등의 요법으로 정신과적 치료를 겸하는 방향으로 연구가 이루어진다면 치료효과가 배가될 수 있을 것이다.

교육 역시 마찬가지이다. 교육학계나 심리학계에서는 개성의 차이가 나타나는 것이 유전자와 같은 선천적 요인이 근본적인가 혹은 환경과 같은 후천적 요인이 근본적인가를 놓고 논쟁을 벌여 왔다. 하지만 이 두 가지 모두 결정적 요인으로 보기 어렵도록 만드는 사례가 근래에 있었다. 태어나면서 골과 뇌혈관 등을 공유한 접착쌍생아(샴

쌍둥이)인 이란의 라단, 랄레흐 비자니 자매는 유전자가 같은 일란성 쌍생아라는 점에서 선천적 요인이라 할 수 있는 DNA가 같고, 24시간 함께 생활할 수밖에 없는 운명이라는 면에서 후천적 요인이라 할 수 있는 교육이나 생활환경도 같은 사례이다. 그러나 둘은 성격과 기호가 너무도 달라 29세인 2003년에 분리수술을 받다가 모두 사망하였다. 이런 희귀하면서도 불행한 사례를 두고 미국의 심리학자 주디스 해리스(Judith R. Harris)는 유전자나 환경이 개성을 결정하는 결정적 요인이 아님을 밝히는 책을 썼다. 『개성의 탄생』(원제 : *No Two Alike*, 2007)이라는 제목으로 번역되어 나온 이 책은 그러나 개성을 결정하는 근본적 원인을 찾는 데는 실패한 것으로 보인다. 만약에 두 사람의 DNA가 동일할지라도 전생에 겪어온 업이 다르면 완전히 다른 인격체라는 윤회설을 염두에 두었다면 해리스는 둘의 차이가 나타나는 원인을 사회의 체계 때문이라는 모호한 방식으로 설명하지 않았을 것이다. 이렇듯 선천적인 형질이나 성격을 결정짓게 되는 근본 요인이 여러 생에 걸친 업이라고 전제한다면 전생의 업을 찾기 위한 노력이 경주되면서 익숙한 것을 더욱 강화하고 잘못되었던 습관은 지양하는 방향으로 교육 패러다임이 변화하는 결과를 가져올 수 있다.

두 번째로 윤회를 생사관으로 갖게 되면 죽음이라는 사건을 바라보는 시각이 크게 변화된다. 다음에 또 다른 삶이 기다리고 있다고 믿는다면 이번 삶에 대한 애착과 죽음에 대한 공포가 한결 줄어들면서 죽음을 조금 더 편안히 맞이할 수 있다. 불로장생을 위한 허망한 노력, 본인과 가족에게 정신적·경제적 고통을 안겨주는 무의미한 생명연장 장치 등도 의미가 감소된다. 윤회를 한다면 자살로 모든 고통이 종결되는 것이 아니다. 자살은 자신이 책임져야 할 과보를 회피하는 것이고 살생죄로 인해 다음 생을 더 큰 고통으로 맞이하는 결과로 귀결된다. 마치 고통을 잠시 잊기 위해 수면제를 먹고 잠을 청하는 것과 같다. 하지만 잠을 깨고 나면 고통이 더욱 증가되어 찾아올 뿐만 아니라 수면제 복용으로 인한 부작용까지 겹쳐지는 최악의 결과가 그를 기다리고 있다.

세 번째로 죽음을 맞이하기까지의 삶을 바라보는 시각, 즉 자신의 생활태도와 주변 환경을 바라보는 시각이 크게 변화된다. 다음 생이 심판자인 신에 의해 좌우된다면 선악의 기준은 신이 정해놓은 율법이 된다. '나 이외에 다른 신을 섬기지 말라'와 같은 율법을 지닌 종교라면 다른 종교를 배척하게 되어 세계의 평화를 위협하는 존재가 된다. 다음 생이 없다고 생각한다면 내생을 위한 복의 저축과도 같은 선업을 쌓을 이유가 사라진다. 법망을 피할 수만 있다면 범죄를 저지르더라도 최대한 즐거운 생활을 누리는 것이 좋다. 후대에 이름을 남기는 것이 무슨 의미가 있는가.

불교의 계율은 살생, 절도, 사음, 망어를 금하는 것이 근본 조목이다. 이는 국가나 인종, 종교를 막론하고 모든 사람들이 서로 해를 끼치지 않고 평화롭게 살 수 있는 근간이 된다. 특히 다른 큰 종교처럼 '살인하지 말라'가 아니라 '살생하지 말라'로 되어 있는 것을 기반으로 평화공존의 범위는 가축이나 야생동물에게까지 확장된다. 이런 훌륭한 계율이 단순히 정언명령으로서 주어지는 것이 아니라 감성적으로 다가와 강한 실천력을 갖기 위해서는 윤회설의 역할이 매우 크다.

내가 살생하거나 해를 끼치는 생명들은 앞의 경문에서 보듯 전생에 내 부모거나 가까운 사람이었을 수 있다. 동물학대는 나의 미래 모습일지도 모르는 존재에게 고통을 안겨주는 것이다. 이러한 생각이 바탕이 된다면 구제역이나 조류독감이 유행할 때 대량 도살처분이라는 잔인한 방법으로 대처하지는 못한다. 오로지 경제적 논리로서 밀집사육과 같이 가축전염병이 대량으로 발생하기 쉬운 환경을 조성하지도 않을 것이다. 그리고 내가 다시 태어나기 쉬운 환경이 되기 위해서는 출산이 더욱 늘어야 한다는 점에서 저출산 문제의 해결에도 조금은 기여할 수 있다.

지금까지 살펴보았듯이 윤회설이 불교 교설에서 차지하는 위상은 매우 크다. 그것을 부정한다면 불교 교리 자체가 성립되기 어려울 정도라고 할 수 있다. 그리고 현대에 있어서도 윤회설의 의미는 매우 깊다. 윤회설을 제대로 이해한다면 그것이 비과학적이라거나 무아설과 상충된다거나 통치 이데올로기라는 멍에는 씌워질 수 없다. 나아가 교육이나, 심리치료, 가치관 수립 등 다양한 분야의 패러다임을 바꿀 수 있고 과학의 발전에도 기여할 수 있다. 그렇다면 불교를 전문적으로 연구하는 학자들이 윤회설에 대해서 가져야 할 태도와 연구방법이 자연스럽게 도출된다.

첫 번째로 윤회설 자체를 경론에 입각하여 잘 밝혀야 한다. 지금까지는 그것을 신뢰하지 못한 탓에 옛 전설이나 우화처럼 가볍게 다룬 경향이 있었다. 육도 각각이 경론에 어떻게 묘사되고 있는지, 그곳의 중생이나 중음신의 존재들은 어떠한 특징을 갖는지, 윤회의 과정이나 선·악업의 과보가 어떤 결과로 나타나는지 등에 대해 조금 더 세밀한 연구가 이루어져야 한다.

　두 번째로 윤회설을 화석처럼 여기지 말고 과학적 지식과 연결시켜 실증적으로 이해해야 한다. 삼계 육도는 현재 알려져 있는 우주와 지구의 모습으로는 어떻게 해석해야 하는지, 현대의 발달된 과학기술로 관찰할 수는 없는지 등이 검토되어야 한다. 서양에서도 전생이나 내생의 존재를 증명하려는 노력이 적지 않게 기울여졌다. 사후생존의 연구자로서 명성이 높은 미국 버지니아대학의 이안 스티븐슨(Ian Stevenson)은 전생을 기억하는 사례를 2천 건 이상 보고하였고, 크리스토퍼 베이치(Christopher M. Bache)의 『윤회의 본질』(원제 : *Lifecycles*, 1998)이나 디팩 초프라(Deepak Chopra)의 『죽음 이후의 삶』(원제 : *Life After Death*, 2006)과 같은 책들은 전생과 내생의 존재에 대해 과학적이고 객관적으로 밝히려고 노력한 역작들이다. 그러나 이들은 불교 윤회설의 내용을 충분히 숙지하지 못하고 있어서 윤회의 과정이나 원인에 대해 체계적 이론을 세우는 것에는 미흡함이 있다. 나아가 윤회설은 과학이론에 미지로 남아있는 부분을 보완하는 데 활용하거나 이론수립의 단서를 제공할 수도 있다.

　마지막으로 윤회설을 실증적이면서도 이해하기 쉽게 해설하여 대중들에게 널리 전하는 노력이 필요하다. 세계가 평화롭게 공존하며 선업을 행해야 하는 이론적 토대로서 윤회설만한 것이 없다. 불교가 연구실과 책에서 나와 대중사회에 돌아다니며 행복에 실제적으로 기여할 수 있는 방안을 연구해야 한다.

불교적 생명관에서 바라본 배아복제 문제

하유진
서강대학교 철학연구소

1. 들어가는 말

  불교에서는 인생이 고통으로 가득 차 있다고 보았다. 고통은 인간의 갈애 또는 욕망과 직접적으로 관련되어 있으며, 인간의 욕망은 무지로부터 나온다. 인간을 비롯한 사물은 인연의 화합에 의해 이루어진 것임에도 불구하고 무지한 인간들은 세상에 영원한 존재가 있다고 착각하고, 자신 또한 영원히 존재하기를 희구한다. 그러나 이러한 영원에의 희구는 실현될 수 없으니, 사물은 부단히 변화하는 과정 가운데 있으며, 생명 현상 가운데 영원히 지속되는 것은 없기 때문이다. 이것을 경전에서는 비유를 들어 구체적으로 설명하고 있다. 즉, 육체는 거품덩어리 같고, 느낌은 거품방울 같으며, 생각은 신기루 같

현대사회와 불교

고, 의지는 바나나줄기 같고, 의식은 허깨비 같다는 것이다.[1] 따라서 가변적이고 일시적인 것들로 이루어진 오온 五蘊이라는 덩어리 역시 언젠가는 소멸되는 무상 無常한 존재일 뿐이다. 불교에서는 이와 같은 사실을 무아 無我라고 표현한다. 그런데 여기서 유의할 점은 아 我가 존재하지 않는다고 해서 상식적인 차원에서 말하는 '나'와 같은 존재까지 부정하는 것은 아니라는 점이다. 곧 태어나서 성장하고 한 생을 살다가 죽는 '나'는 인정한다. 그리고 인간이 살면서 갖게 되는 오온에 대한 집착은 죽음의 순간에도 이어져 다음 생을 계속하게 된다. 이처럼 집착과 갈애, 혹은 업력 業力에 의해 생사윤회가 반복된다는 점에서 인간의 삶과 죽음은 서로 맞닿아 있다고 볼 수 있다. 삶과 죽음은 관습적인 의미에서 구별될 수 있지만 이 둘은 본질적으로 다른 것이 아니라 연속적인 것이며 상호의존적인 것이다. 삶과 죽음은 윤회라는 동일한 하나의 과정에서 나타나는 서로 다른 양상일 뿐이다. 이런 점에서 볼 때, 최근 대두되고 있는 생명복제, 특히 배아복제와 관련된 생명과학의 문제는 불교적 입장에서 충분한 윤리적 검토를 해볼 필요가 있다. 이 글에서는 불교는 생명현상을 어떻게 보는가에 대해 살펴보고, 불교에서 보는 배아복제에 대한 입장을 간략히 검토하도록 한다.

---

1 『雜阿含經』(『大正藏』 2, 69a). "色如聚沫, 受如水上泡, 想如春時燄, 諸行如芭蕉, 諸識法如幻."

2. 불교에서 보는 생명

불교에서는 전생에서 금생으로 환생하고 사후에 다시 내세로 태어나기까지의 과정을 사유四有로써 설명한다. 사유설에 대하여 부파불교의 대표적 논서 가운데 하나인 『대비바사론大毘婆沙論』에서는 다음과 같이 설명하고 있다.

> 네 종류의 유有가 있으니 본유, 중유, 생유, 사유이다. 본유란 무엇인가. 생분과 사분을 제외한 제온으로서 그 사이의 모든 유를 말한다. 이는 한 기간 동안의 오온과 사온을 성으로 삼는다. 어째서 이 유를 본유라고 하는가. 이것은 전생에 지은 업으로 생기기 때문에 본유라고 한다. 사유란 무엇인가. 사분의 모든 온이다. 곧 목숨이 다할 때의 오온과 사온을 성으로 삼는다. 중유란 무엇인가. 사분과 생분을 제외한 제온으로서 그 사이의 모든 유를 말한다. 곧 두 개의 유 가운데의 오온을 성으로 삼는다. 어째서 이 유를 중유라고 하는가. 이 유는 두 개의 유 사이에 생기기 때문에 중유라고 한다. 만약 그렇다면 나머지 유 역시 모두 두 개의 유 사이에서 생기므로 중유가 아닌가. 두 개의 유 사이에 생기면서 취에 포섭되지 않는 것을 중유라고 한다. 생유란 무엇인가. 생분의 모든 온이다. 곧 결생할 때의 오온과 사온을 성으로 삼는다. 이 사유는 어떤 것이 찰나이고, 어떤 것이 상속인가. 찰나인 것은 사유와 생유이고, 상속인 것은 나머지 유(본유, 중유)이다.[2]

---

2 『阿毘達磨大毘婆沙論』(『大正藏』 27, 959a~b). "如說四有. 謂本有中有生有死有. …… 云何本有. 答除生分死分諸蘊中間諸有. 此則一期五蘊四蘊爲性. 問何故此有說名本有. 答此是前時所造業生故名本有. …… 云何死有. 答死分諸蘊則命終時五蘊四蘊爲性. 云何中有. 答除死分生分諸蘊中間諸有則二有中間五蘊爲性. 問何故此有說名中有. 答此於二有中間生故. 名中有. 問若爾餘有亦是中有皆於二有中間生故. 答若於二有中間生非趣所攝者名中有. …… 云何生有. 答生分諸蘊則結生時五蘊四蘊爲性. 問此四有幾剎那幾相續. 答二剎那謂死有生有二相續謂餘有."

사유 四有란 생유 生有, 본유 本有, 사유 死有, 중유 中有를 말하며, 모태에 생명이 결성되는 찰나를 생유, 출생으로부터 임종 직전까지를 본유, 최후에 임종하는 찰나를 사유, 사유로부터 다시 내세에 생명이 결성되는 생유 사이의 기간을 중유라고 한다. 중유는 중음 中陰이라고도 하는데, 불교에서 보는 생명의 순환 과정 가운데 가장 특징적인 단계라고 할 수 있다. 『구사론』에 따르면 중유의 상태에서 만일 출생의 조건을 만나지 못하면 다시 수차례 죽고 태어나는 식으로 7일을 거듭 경과하는데, 그 최대 기간은 칠칠일(49일)을 넘지 않는다고 한다.[3] 『유가사지론』은 이에 대해 다음과 같이 정리하고 있다.

> 이 중유는 출생의 조건을 얻지 못하면 7일이 다하도록 지속되며, 출생의 조건을 얻더라도 내생의 모습이 결정되지 않는다. 7일이 지나고도 출생의 조건을 얻지 못하면 죽어서 다시 태어나 7일이 다하도록 지속한다. 이와 같이 전전하여 출생의 조건을 얻지 못한 상태로 칠칠일(49일)을 존속한다. 여기서부터 이후에는 반드시 출생의 조건을 얻게 된다.[4]

중유에 대한 이와 같은 설정은 불교 특유의 왕생사상으로 연결되어 사자 死者에 대한 독특한 의식을 치르는 것이 관례로 되어 있다. 불교 신도들은 사람이 죽으면 7일마다 불교의 경전과 계율을 독송하면서 사자의 복을 기원하며, 그 기간이 마감되는 49일째에는 사십구재 四十九齊라는 보다 큰 의식을 치른다.

---

3 『阿毘達磨俱舍論』(『大正藏』 29, 46b). "極多七日. 若生緣未合. 便數死數生. 有餘師言. 極七七日."

4 『瑜伽師地論』(『大正藏』 30, 282a–b). "此中有, 若未得生緣極七日住, 有得生緣即不決定. 若極七日未得生緣 死而復生, 極七日住. 如是展轉未得生緣, 乃至七七日住. 自此已後決得生緣."

불교에서는 생명체의 탄생 유형에 대하여 태생 胎生, 난생 卵生, 습
생 濕生, 화생 化生의 사생 四生으로 나누어 이야기한다. 그 가운데 인
간은 태생에 해당되며, 부모의 성행위와 어머니의 가임기라는 조건
이 만나게 되면 아버지의 정자와 어머니의 난자가 결합하게 되는데,
이 과정에 건달바 健達婆라는 일종의 유사의식 類似意識이 들어감으로
써 하나의 생명체가 형성된다. 이때 건달바는 모태에 들어가면서 스
스로 소멸되고 새로운 생유로 변천하게 된다. 이때를 결생 結生이라
고 하는데, 그러면 수태가 되는 것이다. 이와 같은 설명은 원시경전
인 『증일아함경』에서 찾아볼 수 있다.

> 세 가지 인연이 있어야 식이 태를 받게 된다. 어떤 것이 세 가지인가. 비구
> 들이여. 어머니가 애욕의 마음이 있어서 부모가 한 곳에 모여 함께 머물러 잔
> 다 하더라도 바깥에서 식이 와서 호응해주지 않으면 태가 이루어지지 못한다.
> 또 식이 와서 들어가려 하더라도 부모가 한 곳에 모여 있지 않으면 태는 성립
> 되지 못한다. …… 또 비구들이여. 부모가 한 곳에 모여 있고 부모에게 질환이
> 없을 경우에 식신이 오는 것이고, 또 부모에게 모두 자식을 둘 상이 있을 경우
> 에 태가 성립되는 것이다. 이것을 일러 세 가지 인연이 있어야 태가 성립된다
> 고 한다.[5]

이처럼 식이 모태로 들어감으로써 생명이 잉태되는데, 식과 부와
모가 화합하지 않으면 수태할 수 없고, 오직 식과 부와 모의 세 가지

---

5 『增壹阿含經』(『大正藏』 2, 602c~603a). "有三因緣, 識來受胎. 云何爲三. 於是比丘. 母有欲意, 父母共集一
處, 與共止宿, 然復外識未應來趣, 便不成胎. 若復欲識來趣, 父母不集, 則非成胎. …… 若復比丘. 父母集在一
處, 父母無患, 識神來趣, 然復父母俱相有兒, 此則成胎. 是謂有此三因緣而來受胎."

인연이 화합해야만 비로소 식이 와서 수태할 수 있다. 태아가 형성되는 순간의 인연에 대하여『대비바사론 大毗婆沙論』에서는 다음과 같이 설명하고 있다.

이때 만일 남자의 중유이면 장차 태 안으로 들어가려 할 때 어머니에 대해서는 사랑하는 마음을 일으키고 아버지에 대해서는 성을 내며 만일 저 장부가 이곳에서 떠나면 나는 이 여인과 교회해야겠다고 생각하여 뒤바뀐 생각을 내고는 그 장부가 이곳에서 멀리 떠난 것을 보고 자신이 여인과 화합하는 것을 보게 되며, 부모가 교회하면서 정혈이 나올 때에는 아버지의 것을 자기 것이라고 여긴다. 이것을 보고 기뻐하다가 곧 혼란해지고 답답해하며 이로 인해 중유는 거칠고 무거워지며 무거워진 뒤에는 곧 어머니의 태 안으로 들어가 스스로 자기의 몸이 어머니의 오른쪽 겨드랑이에 있으면서 등골을 향하여 웅크리고 앉아 있는 것을 본다. 그때에 중유의 모든 온은 소멸하고 생유의 온이 생기는 것을 결생하였다고 한다.[6]

다음으로『유가사지론』을 통해 태아의 성장과정에 대하여 알아본다.

다음에 이 태장에는 여덟 단계의 차별이 있다. 무엇을 여덟이라고 하는가. 갈라람의 단계, 알부담의 단계, 폐시의 단계, 건남의 단계, 발라사거의 단계, 발모조의 단계, 근의 단계, 형의 단계를 말한다. 만약 응결된 번뇌의 안이 맑

---

6 『阿毘達磨大毗婆沙論』(『大正藏』27, 363b). "若男中有將入胎時於母起愛於父起恚, 作如是念. 若彼丈夫離此處者我當與此女人交會, 作是念已顚倒想生. 見彼丈夫遠離此處, 尋自見身與女人和合. 父母交會精血出時, 便謂父精是自所有. 見已生喜而便迷悶, 以迷悶故中有麤重. 旣麤重已便入母胎, 自見己身在母右脇向脊蹲坐. 爾時中有諸蘊便滅生有蘊生名結生已."

은 경우이면 갈라람이라고 이름하며, 겉과 안이 치즈와 같되 아직 육위에는 이르지 못한 경우이면 알부담이라고 이름하며, 만약 매우 유연한 살이 형성된 경우이면 폐시라고 이름하며, 견고하고 두터워져서 조금 만질만한 경우이면 건남이라고 이름하며, 이 살덩어리가 커져서 각 부분의 모습이 나타나는 경우이면 발라사거라고 이름하며, 이 이후부터 머리카락과 털, 손톱이 나타나면 발모조의 단계라고 이름하며, 이 이후부터 눈 등의 감각기관이 나타나는 것을 근의 단계라고 이름하며, 이 이후부터 그 소의처가 분명히 나타나는 경우이면 형의 단계라고 이름한다.[7]

태아의 성장 단계는 팔위설로 설명된다. 먼저 갈라람위는 전생의 생명체가 중유 상태로 있다가 부모의 연을 만나 태내에 착상한 후 7일간의 태아를 말한다. 이 시기의 태아는 응고된 물방울과 같다고 해서 응활凝滑이라고도 한다. 알부담위는 갈라람 단계에서 사대를 근원으로 형성된 육체가 점차 응고되어 얇은 피부가 생기게 되는 기간을 말한다. 끓인 우유에 막이 생기는 것과 같이 살결이 생겨난다고 해서 이 단계를 박피薄皮라고도 하며, 모태에 착상한 뒤 2주째에 해당한다. 폐시위는 알부담위의 살결이 견고하게 응고되어 혈액이 생기는 기간을 말한다. 육단肉團, 혈육血肉이라고도 하며 착상 후 3주째에 해당한다. 의미 있는 육체의 형성이 이때부터 시작된다고 볼 수 있다. 건남위는 더욱 견고해진 육체가 형성되는 기간으로서 성육聖肉이라고 한다. 이 시기에 인간의 모습이 거의 갖추어지게 되며, 4주

---

7 『瑜伽師地論』(『大正藏』30, 284c-285a). "復次此之胎藏八位差別. 何等爲八. 謂羯羅藍位, 遏部曇位, 閉尸位, 鍵南位, 鉢羅賖佉位, 髮毛爪位, 根位形位. 若已結凝箭內仍稀, 名羯羅藍. 若表裏如酪未至肉位, 名遏部曇. 若已成肉仍極柔軟, 名閉尸. 若已堅厚稍堪摩觸, 名爲鍵南. 即此肉摶曾長支分相現, 名鉢羅賖佉. 從此以後, 髮毛爪現即名此位. 從此以後, 眼等根生名爲根位. 從此以後, 彼所依處分明顯現, 名爲形位."

째에 해당된다. 발라사거위는 지절 支節이라고도 하는데, 인간의 사지와 오장육부가 온전히 형성되는 기간을 뜻하며, 5주째부터 출산직전까지를 말한다. 발모조위는 제6주의 태아를 말하며, 식육 息肉이라고도 한다. 근위는 제7주의 태아를 말하며, 단육 段肉이라고 한다. 형위는 제8주부터 출산까지를 통칭한다. 이렇게 해서 태아는 38주 동안 모태에서 성장하게 된다. 이 가운데 갈라람, 알부담, 폐시위는 업의 잠재력만 지닐 뿐이고, 건남위에서 비소로 업의 실제적인 발휘가 시작된다. 따라서 업보체 業報體로서의 불교적 생명체는 4주째에서 시작된다고 볼 수 있다.

3. 불교에서 보는 죽음

그렇다면 죽음이란 어떤 상태를 말하는가? 『잡아함경』에서는 죽음에 대해 다음과 같이 정의하고 있다.

> 수명과 체온과 의식은 육신이 사라질 때 함께 사라진다. 저 육신은 흙더미 사이에 버려져 목석처럼 무감각해진다. …… 수명과 체온이 사라지고 모든 감각기관이 파괴되어 육신과 생명이 분리되는 것을 죽음이라고 한다.[8]

죽음은 육체에서 수명 壽, 체온 暖, 의식 識이 사라지고 감각기능이 멈추어 무감각한 통나무와 같이 되는 것이다. 이 가운데 인간의 생명

---

8 『雜阿含經』(『大正藏』 2, 150b). "壽暖及與識, 捨身時俱捨, 彼身棄塚間, 無心如木石. …… 捨於壽暖, 諸根悉壞, 身命分離, 是名爲死."

과 직접 관계되는 것이 생명을 유지시키는 기관 命根인 수명이며, 인간은 수명을 통해서 육체적 요소인 체온과 정신적 주체인 의식을 보존하고 지속한다. 수명은 체온과 의식이 육체를 떠남으로써 파괴되는데, 이러한 순간을 죽음이라고 한다. 소승의 입장에 따르면 수명은 업 業에 의해 유지되며, 임종 후에는 업력 業力에 의해 다른 삶으로 나아간다.

죽음은 또한 오온 五蘊의 흩어짐을 의미한다. 예컨대 오온 五蘊 가운데 몸 色은 뼈 地, 체액 水, 체온 火, 가스 風의 사대 四大로 이루어지는데, 사람의 수명이 다하면 몸을 구성하던 사대는 각각 흙, 물, 불, 바람의 성분으로 돌아가고 감각기관은 허공으로 돌아간다.

초기불교에서는 죽음의 종류에 대하여 '때가 되어 죽음 時死'과 '때가 아닌 죽음 非時死'의 두 가지로 구분하고 있다. 수명과 업력이 다해서 죽는 것을 '때가 되어 죽음 時死'이라고 하는데, 이는 인간의 힘으로는 피할 수 없는 경우를 말한다. 죽을 때가 아닌데도 불행이 겹쳐 자기 명대로 살지 못하고 죽는 것을 '때가 아닌 죽음 非時死'이라고 한다. 때가 아닌 죽음은 세상에 태어날 때 이미 수명을 유지시키는 업력이 다 되었을 때, 재산과 복력이 다했을 때, 수명과 재복은 아직 소멸되지 않았으나 수명을 단축하는 업이 발동하였을 때, 횡재를 만났을 때, 노상의 흉액을 당했을 때 등의 업력으로 인해 단명하게 되는 경우이다. 이상을 통해 볼 때 죽음이 발생하는 조건이란 과거의 업이 한계에 도달하였고 현재에 지은 업이 수명을 연장하는 업이 되지 못할 경우 객관계의 연이 수명을 재촉하게 되어 죽음의 결과를 초래하게 되는 것이라고 할 수 있다.

대승불교에서는 죽음을 좀 더 다양하게 분류하고 있는데,『유가사지론』에서는 우선 죽음을 수명이 다해 죽는 것 壽盡死, 복이 다해 죽는 것 福盡死, 불평등한 상황을 피하지 못하고 죽는 것 不避不平等死 등으로 나눈다. 여기서 말하는 불평등이란 일상생활에서 조화를 이루지 못함을 가리킨다. 수진사는 시사에 해당되고, 복진사과 불피불평등사는 비시사에 해당된다고 볼 수 있다. 또한 마음 상태에 따라서선심사 善心死, 불선심사 不善心死, 무기심사 無記心死의 세 가지로 죽음을 분류하기도 한다. 선심의 상태로 죽는 것이 선심사인데, 죽을 때선행을 많이 한 사람은 과거에 익혔던 선법을 생각해 내어 거칠고 어두운 생각이 없어지고 부드러운 생각이 떠오르게 되며, 동시에 선악을 떠난 무기심이 나타나 익혔던 선심마저 사라지게 된다. 이 경우에는 죽는 순간에 심한 고통이나 압박을 받지 않으므로 편안하고 깨끗한 모습으로 죽게 된다. 불선심의 상태로 죽는 것이 불선심사인데, 죽을 때 과거에 익혔던 악한 생각이 떠오르게 되며, 죽는 순간에도고통과 핍박을 많이 받게 되어 괴로워하는 모습으로 죽게 된다. 무기심사는 선도 아니고 악도 아닌 무기심의 상태로 죽는 것으로서, 죽을 때 아무런 생각도 모습도 없이 죽게 된다. 이상을 통해 보면 인간이죽을 때 평소에 익혔던 선, 악, 무기 등의 습관이 강력한 업력으로 작용하여 여러 가지의 죽음의 형태로 나타남을 알 수 있다.[9]

부파불교에서는 죽는 순간에 육체기관이 사라지는 과정과 아울러

---

9 그밖에『大般涅槃經』에서는 죽음을 수명이 다한 죽음(盡命死), 외적 요인에 의한 죽음(外緣死), 방일함으로 인한 죽음(放逸死), 파계로 인한 죽음(破戒死), 생명기관의 파괴로 인한 죽음(壞命根死) 등의 다섯 가지로 분류하였으며,『勝鬘經』에서는 분단사(分段死)와 부사의변역사(不思議變易死)의 두 종류로 구분하기도 한다. (정승석,「죽음은 곧 삶이요 열반」,『죽음이란 무엇인가』, 서울, 창, 2001, pp.87~88)

정신적 기능인 의식 識이 어떠한 과정을 거쳐 소멸하는가를 자세하게 밝히고 있다. 『대비바사론』에 따르면 유정은 죽은 후에 악취, 인간, 천상에 태어나기도 하며, 반열반에 들기도 한다. 이때 식이 소멸하는 위치를 살펴보면 악취에 태어나는 이는 식이 다리에서 소멸하고, 인간에 태어나는 이는 식이 배꼽에서 소멸하며, 천상에 태어나는 이는 식이 머리에서 소멸하고, 반열반하는 이는 식이 심장에서 소멸한다.[10] 『구사론』에서는 식이 소멸하는 위치가 조금 다르다.

> 선정심에 든 자와 무심자에게는 두 가지(생과 사)가 없다. (아라한은) 두 종류의 무기심에서 열반한다. 점차로 죽을 때에는 (순차적으로) 발과 배꼽과 심장에서 최후의 의식이 소멸한다.[11]

생유와 사유는 산란한 마음인 유심 有心에만 있으며, 번뇌가 없는 무심 無心에는 출생과 죽음이 없다. 생명이 끝날 때는 신체의 각 부분에서 최후의 의식이 소멸하는데, 갑자기 죽는 이는 의식과 몸과 감각 기관이 문득 동시에 사라진다. 반면 점차로 죽는 이의 경우, 악취에 떨어지는 자는 의식이 발에서 소멸하고, 인간계로 가는 자는 배꼽에서 소멸하며, 천상계에 태어나는 자는 심장에서 소멸하고, 다시 태어나지 않는 자인 아라한도 심장에서 의식이 소멸한다.

한편 대승경전인 『유가사지론』에 따르면 사람은 자신이 지은 업에

---

10 『阿毘達磨大毘婆沙論』(『大正藏』 27, 359b). "答有情死已或生惡趣, 或生人中, 或生天上, 或般涅槃. 生惡趣者識在脚滅. 生人中者識在臍滅. 生天上者識在頭滅. 般涅槃者識在心滅. 諸有死已生自屍中爲蟲等者, 彼未死時多愛自面故彼死已生自面上. 旣從彼腦昧生自面."

11 『阿毘達磨俱舍論』(『大正藏』 29, 56a). "非定無心二. 二無記涅槃. 漸死足齊心, 最後意識滅."

따라 식이 사라지는 과정이 각기 다르게 나타난다.

> 또 죽으려 할 때에 악업을 지은 사람의 의식은 감각기관에 대해서 위로부
> 터 없어지게 되는데, 위로부터 식기 시작하여 이와 같이 점점 없어져서 마침
> 내 심장에 이르게 된다. 선업을 지은 사람의 의식은 감각기관에 대해서 아래
> 로부터 없어지는데, 아래로부터 식기 시작하여 이와 같이 점점 없어져서 마
> 침내 심장에 이른다. 마지막에 의식은 오직 심장에서 없어진다는 것을 알아
> 야 한다. 이로부터 찬 감촉이 두루 감각기관에 퍼진다.[12]

선업을 많이 쌓은 사람은 온기가 사라지고 차가운 기운이 점차 하
체로부터 심장에 이르러 죽게 된다. 악업을 많이 쌓은 사람은 차가운
기운이 점차 머리로부터 심장에 이르러 죽게 된다. 『유가론기』에 따
르면 내생에 받게 될 몸에 따라서도 식이 사라지는 과정이 다르다.
악귀로 태어날 사람은 차가운 기운이 머리로부터 복부에 이르러 죽
게 된다. 축생계에 태어날 사람은 차가운 기운이 머리로부터 무릎에
이르렀을 때 죽게 된다. 지옥에 태어날 사람은 차가운 기운이 머리로
부터 다리에 이르렀을 때 죽게 된다.[13] 이상을 통해 볼 때 인간의 죽
음은 정신과 육체가 최종적으로 분리되는 순간으로 이해될 수 있다.
다시 말해서 죽음이란 육체의 차가운 기운이 심장에 이르고 모든 정
신작용이 단절되어 의식이 육체로부터 떠났을 때를 말한다.

---

12 『瑜伽師地論』(『大正藏』 30, 282a). "又將終時, 作惡業者, 識於所依從上分捨, 即從上分冷觸漸起, 如此漸捨
乃至心處. 造善業者, 識於所依從下分捨, 即從下分冷觸漸起, 如此漸捨乃至心處. 當知後識唯心處捨. 從此令
觸遍滿所依."

13 『瑜伽論記』(『大正藏』 42, 322a). "若造惡業生鬼中者, 從頭漸冷至腹即死. 若生畜生至膝即死. 若生地獄至脚
即死."

4. 불교적 생명관에서 본 배아복제 문제

　이상에서 살펴본 불교의 생명과 죽음에 대한 이해를 바탕으로 불교에서는 배아복제 문제를 어떻게 바라보고 있는지 검토해 보고자 한다. 현재까지 생명공학 분야에서 이루어진 생명복제에 관한 연구는 배아복제 단계까지 와 있다. 배아복제를 통해 얻어진 배아줄기세포는 각종 난치병치료 및 불임치료에 도움을 줄 수 있을 뿐만 아니라, 인간의 초기 발생과정에 대한 연구나 신약개발, 독성반응 검사 등에도 활용될 수 있다는 장점이 있다.

　줄기세포란 뼈나 간, 심장, 신경, 피부 등 우리 몸을 이루고 이는 모든 장기 세포로 분화 가능한 기초세포인데, 식물의 줄기에서 수많은 가지가 솟아나는 데 비유되어 줄기세포라고 한다. 줄기세포는 다시 성체줄기세포와 배아줄기세포의 두 종류로 나뉜다. 성체줄기세포는 각종 장기세포에 잠재되어 있거나 혈관 속에서 혈액과 함께 우리의 몸을 순환하다가 손상된 장기를 아물게 하는 역할을 하는데, 극히 미량이라서 채취하기가 매우 어려우며, 탯줄 속의 혈액을 의미하는 제대혈과 피를 만드는 조혈기관인 골수에 비교적 많이 들어있는 것으로 알려져 있다. 배아줄기세포는 수정란의 발생 초기인 배반포기(수정 후 3~5일이 지나 세포 수가 100~200여 개에 이른 시점) 단계에 이를 때까지 존재하는 세포를 말한다. 배반포기 상태에 도달한 수정란, 즉 배아의 외부를 둘러싸고 있는 영양배엽세포층은 임신 기간 중의 태아에게 혈액과 영양분을 공급하는 태반을 형성하게 되는데, 이 세포의 안쪽에 있으면서 이후 220여 가지의 조직과 기관으로 분화되어 태아의 몸을 이루게 될 내부 세포 덩어리만 따로 떼어내 실험실에서 인공 배양한 것이 바로 배아줄기세포이다.

배아줄기세포를 얻는 방법에는 대체로 세 가지가 있다. 첫째, 냉동 잔여배아를 이용하는 것으로 오늘날 전 세계적으로 가장 많이 쓰이고 있는 방법이다. 그러나 다른 사람의 줄기세포를 이용하기 때문에 면역 거부반응이 생긴다는 문제가 있으며, 배아 파괴가 윤리적 문제로 지적되고 있다. 둘째, 유산된 태아의 원시생식세포에서 얻는 방법이다. 이는 인공유산을 조장할 위험이 크다는 비판을 받고 있다. 셋째, 복제배아를 이용하여 얻는 방법이다. 복제배아를 얻기 위한 방법으로는 주로 체세포핵이식이라는 기술을 사용하게 되는데, 먼저 제공받은 여성의 난자에서 핵을 제거한 다음 여기에 복제하려는 사람의 체세포 핵을 이식하고 전기나 화학물질 등의 자극을 통해 융합시키는 과정을 거쳐 배아를 생성시키는 방법이다. 이 배아를 배반포기 단계까지 발생시키는 데 성공하면 그 후의 과정은 냉동 배아줄기세포 획득법과 거의 동일하다. 체세포 복제에 의한 배아는 면역 거부반응이 거의 없고 분화 능력이 뛰어나다는 장점이 있으나, 윤리문제와 더불어 인간복제의 가능성이 제기된다는 문제점이 있다. 그 밖에 역분화 줄기세포가 있는데, 체세포에 역분화 유전자를 삽입하여 얻으며, 다 자란 체세포를 초기배아단계로 되돌려 다시 어떤 세포로도 분화할 수 있는 상태로 만드는 것이다. 역분화 줄기세포는 자기 세포를 이용하기 때문에 면역거부반응이 없으며 암발생 가능성이 낮아 최근 주목받고 있는 방법이다.

이상과 같이 줄기세포를 얻는 방법에는 성체줄기세포와 역분화 줄기세포 이외에는 모두 배아세포가 이용되는데, 여기서 배아를 생명체로 볼 것인가와 관련하여 윤리문제가 대두되게 된다. 배아의 지위에 대한 생명윤리적 쟁점은 다음의 세 가지로 살펴볼 수 있다. 첫째, 산모의 자궁에 착상되기 이전의 배아는 단순한 세포덩어리에 불과하므로 특별한 도덕적 지위를 가질 수 없다는 입장이다. 둘째, 인간의 배아는 생성 순간부터 온전한 인간 개체와 같은 도덕적 지위를 부여받으며, 따라서 어떠한 경우에도 인간배아를 활용한 연구나 배아조직의 실험적 사용은 윤리적으로 정당화되기 어렵다는 입장이다. 수정 이후의 모든 과정이 자연적으로 진행되어 태어나는 인간은 수정란과 존재론적으로 동일성이 있으므로 포괄적인 보호의 필요성이 있다는 것이다. 이 입장에 따르면 우리는 생명의 연속성을 존중해 주어야 할 뿐만 아니라 수정란 및 인간배아가 이후 완전한 인간으로 발달하는 데 필요한 모든 잠재성을 갖춘 예비 인격체임을 인정하지 않을 수 없다. 셋째, 인간의 수정란과 배아는 완전한 인간으로서의 도덕적 지위를 부여받기는 어렵지만 잠재적 인간존재로서의 특수한 지위를 가질 수 있다는 입장이다. 이에 따르면 초기 배아단계에서 이루어지는 연구의 윤리적 정당성은 그 연구결과가 산출할 잠재적 이익과 배아를 보호하고 존중함으로써 얻을 수 있는 이익 사이를 서로 비교하여 결정하게 된다.

그렇다면 불교학계에서는 배아복제 연구에 대해 어떤 관점을 갖고 있는지 살펴보자. 먼저 배아복제 연구를 찬성하는 입장에서는 감수성, 의지성, 행위성을 지니고 업業을 상속받아 업을 지어가는 자만이 불교적으로 의미 있는 주체이고, 식識이 몸과 결합되는 시기는 단순한 수정이 아니라 수정란이 모태에 착상되는 때라고 볼 수 있으므로, 착상 이전의 수정란은 업에 의한 의지적 행위의 주체가 되지 못한다는 점에서 본격적인 인간의 단계가 아니라고 본다. 또 입태 入胎, 즉 착상에서 이후 49일까지는 감각기관이 아직 완전히 형성되지 않은 상태로서 몸과 목숨과 의식의 세 근만 갖추어져 있으므로 진정한 인간으로 간주하기 어렵다. 그리고 태내 胎內 팔위설 八位說에 입각해서 볼 때, 의미있는 생명체로 간주할 수 있는 구체적인 시점은 업의 실제적인 발휘가 시작되는 건남위(Ghana), 즉 4주째의 태아부터라고 볼 수 있다.[14] 따라서 착상 이전의 잉여 냉동수정란을 이용하거나 착상을 전제로 하지 않는 체세포 핵이식 복제술을 활용하여 배아줄기세포를 치료 목적으로 연구하는 것은 불교 교리적으로 용인해도 무방한 일이라고 본다. 또한 수정란보다는 성체가 더 큰 자비의 대상이라고 보고, 참회의 자세로 자비의 방편력을 이행한다는 전제 하에 그 연구가 용인될 수 있다고 본다.

반면 배아복제 연구에 대해 비판적인 입장에서는 복제된 배아는 정신적 현상과 의도적 업력이 이미 작용하여 수정란이라는 결과를 초래한 것이므로 생명의 존엄성 차원에서 보호되어야 한다고 본다. 더군다나 배아는 자기 의사표현을 할 수 없는 존재이기에 더욱더 보호해야 할 필요성이 있다는 것이다. 인간의 배아세포는 한 생명으로서의 잠재성을 지님과 동시에 언제든지 여성의 몸에 이식될 수 있다는 점에서 생명 형성과정의 한 단계로 볼 수 있다. 부처가 설하신 불

---

14 현재 생명과학계에서는 수정 후 14일쯤에 원시선이 나타나고 신경세포가 발달하기 시작한다는 점에서 수정 후 14일경을 인간 생명의 시작으로 보고 있다.(존 브라이언트 외 지음, 이원봉 역, 『생명과학의 윤리』, 서울, 아카넷, 2008, pp.280–289)

살생계 不殺生戒의 윤리적 취지와 포괄적 의미를 고려해 볼 때에도 복제배아는 생명의 한 범주로 보아야 한다. 예컨대 경전에는 "길을 가다가 개미, 지렁이, 두꺼비, 그밖의 작은 벌레를 보더라도 그것들을 피해 멀리 돌아서 가야 한다. 그것은 자비로운 마음으로 중생들을 보호하기 위해서이다."[15]라고 하여 갖가지 종류의 크고 작은 생명체들을 가능하다면 어떤 조건에서도 죽이지 말 것을 당부하고 있다. 더 나아가 "일체의 농작물, 꽃들과 열매, 초목과 숲을 태워서는 안 되며 파괴해서도 안 된다. 물을 빼지 말아야 하며 식물을 자르거나 베어서는 안 된다. 그 모든 것에는 다 생명을 가진 짐승들과 곤충들이 살고 있으므로 그 죄 없는 뭇 생명들을 상해하거나 그 목숨을 해치게 해서는 안 되기 때문이다."[16]라고 하여 장차 온전한 생명체가 될 어떤 생명의 연속성과 잠재성을 인정할 뿐만 아니라, 생명체가 거주하는 주변의 환경까지도 훼손하지 말 것을 당부하고 있음을 알 수 있다. 또한 자비행 慈悲行의 선 善은 불살생의 원칙을 넘어설 수 없다. 예컨대 경전에 보면 "스스로 죽이거나 남을 시켜 죽이거나 방편으로 죽이거나 찬탄하여 죽게 하거나 죽이는 것을 보고 기뻐하거나 주문으로 죽이는 그 모든 짓을 하지 말아야 한다."[17]라고 하였다. 아무리 선한 동기에서 이루어진 행위라고 하더라도 그것이 타인의 죽음을 직접적으로 의도한 행위라면 불교윤리의 기본정신에 입각해 볼 때 결코 용납

---

15 『正法念處經』(『大正藏』 17, 206a). "若行道路, 見諸虫蟻蚓蛾蜰蟇及餘小蟲, 捨蹈者蟲, 行於遠道, 以慈悲心, 護衆生故."

16 『大薩遮尼乾子經』(『大正藏』 9, 335b). "一切穀豆麻麥花果草木叢林, 不應焚燒, 不應破壞, 不應澆灌, 不應斫伐. 何以故. 以彼諸物皆共有命畜生等有, 無不用者, 而彼衆生無有罪過, 不應損其所受用物, 令生苦惱."

17 『梵網經』(『大正藏』 24, 1004b) "若自殺教人殺方便讚歎殺見作隨喜, 乃至呪殺. 殺因殺緣殺法殺業, 乃至一切有命者不得故殺."

될 수 없는 것이다. 다시 말해서 불교에서 생명의 의미는 자비행이나 서양윤리적 개념인 유용성에 입각한 공리주의적 태도에 의해 대체될 수 없다. 불교에서 생명이 지닌 선의 가치는 다른 어떤 선으로도 대체될 수 없는 기본적이고 절대적인 함의를 지니기 때문이다.

5. 나오는 말

불교의 가장 기본적인 윤리적 가르침은 자비 慈悲이다. 자비가 자신을 드러내는 방식은 자리이타 自利利他의 방식이다. 자리이타의 자비는 자기보존, 자기존중, 자기애 등의 자연적 욕구에 근거하여 자신을 보살피는 마음을 타인에게 확대하는 방식으로 전개된다. 여기서 활용되는 주요 원리는 '해침받고 싶지 않고 보호받고 싶은 마음'을 타인에게 똑같이 적용하는 것, 그리고 타인의 상황에 자신을 이입시켜서 타인의 상태를 똑같이 느끼는 동정심을 매개로 한 '자신과 타자의 동일시'이다. 자비의 이와 같은 전개방식은 자비가 자기희생적 이타주의와 타인배타적 이기주의를 모두 거부하고 동등배려적 자리이타의 방식으로 나타나는 것과 긴밀한 관련이 있다. 자비를 구성하는 원리인 동일시는 원칙적으로 자신과 타자 모두를 존중하는 마음에서 비롯되기 때문이다.

이렇게 볼 때 부처가 말하는 다른 생명에 대한 고려는 나 자신의 생명을 전제한 다음의 일이다. 다시 말해 남을 위한 일방적인 이타행 利他行이 아니라 자리 自利를 포함한 자리이타행 自利利他行이 더욱 강조됨을 알 수 있다. 남을 위한 이타행은 나 자신에 대한 존재론적 가치를 전제하고 난 다음의 일인 것이다. 먼저 진정한 자기 이익이 무엇인가를 잘 헤아려야 남의 이익도 제대로 고려할 줄 알게 되는 것이다. 그런 점에서 불교윤리는 이기주의가 아닌 개인주의임과 동시에 이타주의적 성격을 띠고 있으며, 이 점이야말로 자리이타행의 참된 윤리적 의미라고 볼 수 있다. 자기 자신의 이로움을 무시하거나 남의 이로움을 빼앗으려고 해서는 안 되며, 남의 이로움에 대한 지나친 관심 때문에 나 자신이 추구해야 될 당연한 이익을 소홀히 해서도 안 된다. 이상을 고려해 볼 때 배아복제 연구가 불교윤리적 정당성을 부여받기 위해서는 관련된 모든 사람들의 행위 동기가 탐욕과 성내는 마음과 어리석음으로부터 벗어나 있지 않으면 안 된다. 또한 앞에서 살펴본 진정한 의미의 자리이타 행위인지도 꼼꼼히 따져 보아야 할 것이다.

【 참고문헌 】

『雜阿含經』(『大正新修大藏經』 2)
『增壹阿含經』(『大正新修大藏經』 2)
『大薩遮尼乾子經』(『大正新修大藏經』 12)
『正法念處經』(『大正新修大藏經』 17)
『梵網經』(『大正新修大藏經』 24)
『阿毘達磨大毗婆沙論』(『大正新修大藏經』 27)
『阿毘達磨俱舍論』(『大正新修大藏經』 29)
『瑜伽師地論』(『大正新修大藏經』 30)
『瑜伽論記』(『大正新修大藏經』 42)

윤호진, 『무아·윤회문제의 연구』, 서울, 민족사, 1992.

안옥선, 『불교윤리의 현대적 이해』, 서울, 불교시대사, 2002.

존 브라이언트 외 지음, 이원봉 역, 『생명과학의 윤리』, 서울, 아카넷, 2008.

데미언 키온 지음, 허남결 역, 『불교와 생명윤리학』, 서울, 불교시대사, 2010.

정승석, 「죽음은 곧 삶이요 열반」, 『죽음이란 무엇인가』, 서울, 창, 2001.

윤호진, 「불교의 죽음 이해」, 『신학과 사상』, 21호, 1997.

정승석, 「생명복제에 대한 불교적 반성」, 『동서철학연구』, 30호, 2003.

이중표, 「대승불교의 생명관」, 『불교학연구』, 6호, 2003.

김종욱, 「불교의 생명 이해」, 『불교학연구』, 12호, 2005.

허남결, 「불교와 생명윤리─생명조작기술의 발달과 불교생명윤리의 정립방향」, 『불교학
연구』, 12호, 2005.

곽만연, 「윤리적·불교적 입장에서 살펴본 잉여냉동배아의 이용」, 『불교학연구』, 12호,
2005.

윤종갑, 「인간배아복제에 대한 불교적 관점─연기설과 무아설을 중심으로」, 『한국불교
학』, 41집, 2005.

우희종, 「생명조작에 대한 연기적 관점」, 『불교학연구』, 15호, 2006.

안옥선, 「불교에서 보는 삶과 죽음 : 생사윤회를 벗어난 삶의 추구」, 『철학연구』, 75집,
2006.

오래된 실천행 인욕바라밀의 현대적 조명

최은영

금강대학교

1. 들어가며

오래전 달라이 라마는 한 인터뷰에서 티벳을 중국령으로 바꾸고 티벳인을 난민으로 만든 모택동을 용서하지만 잊을 수는 없다는 말을 한 적이 있다. 모택동이 티벳을 완전히 점령하기 이전에 자신을 포탈라궁에 유폐시켜 두었던 일을 회고하면서, 자신의 생에서 인욕바라밀을 실천하게 했던 시간이었다는 점에 대해서는 고맙게 생각한다는 말까지 하였다고 전한다. 이 글을 읽은 이후부터 필자는 인욕바라밀이 무엇인가에 대해서, 그리고 그것을 실천한다는 것의 의미를 궁리해보고 싶다는 오랜 생각을 가지고 있었다. 본고는 경전에서 설명하고 있는 인욕바라밀의 의미를 살펴보고, 현대적인 상황에서 이것을 어떻게 실천할 것인지 궁구해본 것이다.

2. 경전에 보이는 인욕 忍辱과 다른 덕목과의 관계

1) 지계 持戒와 인욕, 인욕과 자비 慈悲

   범어 kṣānti는 인 忍, 인위 忍位로 한역될 수 있지만 그 외에도 능인 能忍, 인내 忍耐, 인욕 忍辱, 감인 堪忍, 인수 忍受, 안인 安忍 등 여러 가지로 한역되었다. 『說文解字』를 보면 忍은 能과 같은 뜻이었으며, 이후에는 (堪)耐의 의미라고도 이해되었다. 그러므로 능인 能忍이라고 하는 것은 인을 중복하여 사용한 것과 같다. 사전적 의미에서 인욕은 마음을 편안하게 하여 외부로부터의 몸과 마음에 대한 모욕과 박해를 참아내며 원한을 품지 않고 감당하여 참는 것이다. 인욕은 육체적으로 힘든 것과 정신적으로 견디기 어려운 일을 참는 것이라고 일반적으로 알려져 있다. 다시 말해서 인욕은 잘 참는 것이라는 이해가 만연해 있다.

   『毗婆尸佛經』에서는 지계 持戒를 하는 데 있어서 인욕이 가장 뛰어난 덕목이며 능인으로 열반을 얻는다는 내용이 있다.

   붓다가 말씀하셨다. 너희들은 잘 들어라. 나는 지금 바라제목차를 연설하리라. '인욕은 가장 으뜸이니, 능인으로 열반을 얻는다. 과거에 붓다께서 설한 바, 출가하여 사문이 되어서, 살해 등 몸과 입의 일곱 가지 허물을 멀리 떠나는, 이러한 계를 지키는 것을 구족하면 큰 지혜를 일으킨다네."

이 게송은 지계-인욕-지혜가 연관되는 것을 보여준다. 살해·사음·도둑질로 대표되는 잘못된 몸의 행위, 욕·이간질·거짓말·쓸데없는 말로 대표되는 잘못된 언어 행위를 제어하는 것이 지계이다. 이 일곱 가지, 혹은 의업 意業을 포함한 열 가지 불선한 행위는 일단 범하게 되면 점점 실행하는 쪽으로 계발이 되므로, 범하지 않으려는 노력이 필요하다. 그 노력이 인욕이다. 그것으로 열반에 이를 수 있으므로, 지계를 구족하면 지혜를 얻는 데 이르게 된다. 이것은 과거의 붓다들도 그렇게 말했고, 현재의 붓다도 그렇게 설하고 있으므로 지계에서 인욕을 강조하고 있음을 알 수 있다.

한편 인욕은 보시 布施, 자비 慈悲와 더불어 선근을 낳고 공덕을 쌓는 여러 수행 덕목 가운데 중요하다는 문장이 자주 발견된다.

대선견왕이 정실에서 마음속으로 생각하였다. '나는 과거세에 어떤 행위를 하고, 어떤 선근을 닦아서 지금 세상에서 존귀하게 태어나 대위덕, 뛰어난 모습, 건장한 수명이 있어서 사람 가운데 비길 자가 없을까? 분명 과거세에 널리 보시, 인욕, 자비를 닦았기 때문에 지금 이와 같은 과보를 얻은 것일 따름이니, 나는 지금 더욱 정진해야겠다.'[2]

선근과 공덕의 기반이었던 인욕과 자비는 『法華經』에 이르러서는 경전을 설하기 위해 갖추어야 할 기본적인 수행의 조건이라는 중요

---

1 『毘婆尸佛經』(『大正藏』 1, 158a20-22). "佛言 諦聽 我今演說波羅提目叉曰 忍辱最為上, 能忍得涅槃. 過去佛所說, 出家作沙門, 遠離於殺害, 身口七支過, 持此戒具足, 發生大智慧."

2 『大般涅槃經』(『大正藏』 1, 202a15-22). "大善見王於靜室中, 心自念言, 我過去世, 有何行業, 修何善根, 生世尊貴, 有大威德, 色力壽命, 人無等者. 正當由於過去世中, 廣修布施忍辱慈悲故, 今獲得如此報耳. 我今宜應更修進勝."

한 문장으로 발전된다.

> 이 선남자, 선여인은 여래의 방에 들어가, 여래의 옷을 입고, 여래의 자리
> 에 앉아야만 사중을 위하여 이 경전을 널리 설할 수 있다. 여래의 방은 일체중
> 생에 대한 대자비심이 이것이다. 여래의 옷은 유화하고 인욕하는 마음이 이
> 것이다. 여래의 자리는 일체법의 공空함이 이것이다.[3]

특히 자비를 방에, 인욕을 몸에 두르는 옷에 비유[4]하는 법화경의
이 구절은 『정법화경』에는 보이지 않으며, 『묘법연화경』에서만 발견
된다. 이것은 법화경을 대중들에게 설하기 어려움을 잘 드러내 보여
주는 구절이다. 법화경을 설법하기 위해서 자비와 인욕을 갖추고, 확
실하게 일체법공 一切法空을 체득한 상태에서만 경전을 설할 수 있다
고 하는 것이다.

2) 대지의 수용성 受容性에 비유되는 인욕

이때 인욕의 의미는 무엇일까? 잘 참는다는 인욕은 괴롭거나 부정
적인 어떤 상황에서 마음을 일으키지 않는 것과, 그런 상황을 수용하
는 것이라고 하는 실례가 『增一阿含經』에 보인다.

> (1) 항상 인욕을 행하여서 대상이 이르러도 (마음을) 일으키지 않으니, 만
> 원성명비구가 이런 사람이다.[5]

---

3 『妙法蓮華經』(『大正藏』 9, 31c23~27). "是善男子善女人, 入如來室, 著如來衣, 坐如來座. 爾乃應為四眾廣說
斯經. **如來室者, 一切眾生中大慈悲心是. 如來衣者, 柔和忍辱心是. 如來座者, 一切法空是.**"(강조는 필자)
4 『大乘本生心地觀經』(『大正藏』 3, 306c5)에도 "**忍辱為衣慈悲為室**"(강조는 필자)라는 같은 형식의 문장이 있다.

(2) 나의 성문(제자) 가운데, 마치 땅이 받아들이는 것과 같이 마음에 인욕을 품는 것이 제일인 비구니가 있으니, 담마제비구니가 이 사람이다.[6]

일반적으로 어떤 대상이 자신에게 정신적·육체적 不善을 행할 때, 그것에 대해 분노로 대응하지 않는 것을 '견딘다'거나 '참는다'고 한다. 초기 중국불교에서는 여러 『아함경』을 총괄적으로 편집하면서 덕 德, 악 惡, 의 依라는 주제로 분류하고 정리하여 『三法度論』을 편집하였다. 여기서 인욕하는 것은 괴로운 것이지만, 고귀하거나 얕은 힘을 써서 스스로 자제하여 화내지 않고, 대상에게 보복하지 않는 것이 견딘다[堪耐]는 뜻이라고 정리하고 있다.[7] 대표적으로 화내지 않는 것은 인욕의 힘을 증장시킨다.[8] 참거나 견디는 것은 대상에 대해 부정적 감정 상태를 표출하지 않은 것이다. 그러한 상태를 간략하게 설명한 것을 예문 (1)이 보여준다. 이때 우리가 참는 것은 배고픔, 추위, 괴로움, 비바람, 각종 해충, 욕하는 말, 꾸짖는 말, 몸의 각종 통증과 시달림 등이고, 이것을 참아낼 수 있고 다시 생기지 않게 할 수 있다면 괴로움과 시달림에서 벗어난다.[9] 이러한 인욕 수행을 실천할 수 있는 사람이 가장 존귀한 사람이다.[10]

---

5 『增壹阿含經』(『大正藏』2, 558c10-11). "恒行忍辱, 對至不起, 所謂滿願盛明比丘是."

6 『증일아함경』(『大正藏』2, 559b22-23). "我聲聞中第一比丘尼, 心懷忍辱, 如地容受, 所謂曇摩提比丘尼是."

7 『三法度論』(『大正藏』25, 16c24-17a1). "忍辱者苦. 貴賤力自制不怒怨, 忍辱為苦. 貴力賤力隨其事自制不怒. 怨為苦所逼自制, 是堪耐義. 為貴力所迫, 怒而不能報. 但弊惡人故起怨. 若於大力所迫不起怒. 是忍辱. 為賤力所加怨賤力, 怨家能報. 若不報者是怒. 如是衆生過及行過, 堪耐此義."

8 『삼법도론』(『大正藏』25, 16c18). "無恚於忍辱增"

9 『증일아함경』(『大正藏』2, 740c26-741a1). "彼云何漏恭敬所斷. 於是比丘, 堪忍飢寒勤苦風雨蚊虻惡言罵辱, 身生痛惱, 極為煩疼, 命垂欲斷, 便能忍之. 若不爾者, 便起苦惱. 設復能堪忍者, 如是不生, 是謂此漏恭敬所斷."

10 『증일아함경』(『大正藏』2, 729a26-29). "比丘, 復有二人. 云何為二. 彼一人聞法能堪忍修行, 分別護持正法. 第二人不能堪忍修行其法. 彼能修行法者, 於此諸人最尊第一."

이러한 인욕은 부정적인 대상이나 상태에서만이 아니라 긍정적인 대상과 상태에 있어서도 실천되어야 하는 것이다. 그래서 이러한 사람은 괴로움을 만나도 걱정하지 않고, 나아가 즐거움을 만나도 좋아하지 않는다.[11] 인욕의 상태는 예문 (2)에서와 같이 주로 대지 大地에 비유된다. 땅이 대상의 미추 美醜나 시비 是非, 정부정 淨不淨을 가리지 않고 만물을 싣고 있는 것과 같은 모습이 인욕의 상태이다. 곧 초기경전에서 인욕은 갖가지 괴로움과 즐거움의 상태에서도 마음이 움직이지 않는 것과 대상을 품어서 수용할 수 있는 상태로 묘사되었다.

3. 인욕과 인욕바라밀 忍辱波羅蜜은 차이가 있을까 없을까?

1) 대승경전에 등장하기 시작하는 인욕바라밀

(1) 본생담 本生譚의 인욕선인 忍辱仙人 설화 모티브를 통한 인욕의 반복적 증장

인욕행의 실천이 구체적으로 대두된 것은 불전문학의 한 장르인 본생담, 즉 석가모니 과거생 過去生의 수많은 보살행 이야기 가운데 인욕선인이 등장하면서 반복적 위상이 증장되었다고 생각한다. 한 왕이 숲속에 사슴사냥을 나왔다가 인욕선인을 만났다. 왕은 인욕선인이 어느 정도 인욕할 수 있는가 시험하기 위해 손발을 자르고 생명을 위협하지만, 그는 원망하지 않는다. 다른 천신들이 와서 왕과 그 나라 사람을 해치려고 인욕선인의 승락을 원하지만 그는 허락하지

---

11 『長阿含經』(『大正藏』1, 7a6-7). "逢苦不戚, 遇樂不欣, 能忍如地, 故號少門."

않는다. 그러면서 인욕의 덕을 칭찬한다.[12] 『賢愚經』에서 가리왕 迦梨
王은 아직 사무색정 四無色定과 사무량심 四無量心, 사선 四禪을 얻지 못
했다고 답하는 찬제바리선인 羼提波梨仙人이 인욕을 수행한다는 말에
분노하며 그의 두 손, 두 발, 귀와 코를 차례로 자르면서 인욕할 수
있는지를 질문한다. 선인은 얼굴색도 변하지 않으며 인욕하는 마음
을 잃어버리지 않았다는 증거로, 자신이 진실로 인욕하였다면 손과
발 등이 제자리로 회복되고 흘린 피가 우유가 될 것이라고 말한다.
그의 말대로 형상이 복귀되고 피가 우유가 되자, 왕은 참회하고 선인
을 공양한다. 그 모습을 보고 선인을 질투한 수많은 바라문들이 선인
이 있던 곳을 보이지 않게 하려고 똥을 발라 더럽히지만, 선인은 여
전히 그것을 인내하며 자신이 성불한 후에 먼저 그들을 청정하게 할
것이라고 서원한다.[13] 이때의 인욕선인이 바로 석가모니불의 전생이
었다고 하는 것이 가장 널리 알려진 인욕선인의 설화이다. 『雜寶藏
經』에서 이 내용은, 인욕선인을 본받아 인욕을 수행하려고 하던 사
라나 娑羅那비구가 악생왕 惡生王에게 구타를 당하고 손발을 베인 후
복수하려는 마음을 먹자, 가전연 迦旃延이 사라나의 꿈속에서 왕에 대
한 복수보다 자신의 번뇌의 적을 먼저 제거하라는 설법을 하고 나서
비구가 깨달음을 얻는다는 내용으로 각색된다.[14] 가리왕과 인욕선인
의 이야기는 『금강경』, 『대방등대집경』 등에도 기술되면서 전승되었다.
　　인욕선인 설화는 점점 신체적 상해를 증가하고, 가해자를 해치려
는 주변 상황을 허용하지 않고, 원망하지 않는 정도를 향상시키는 쪽

---

12 『僧伽羅刹所集經』(『大正藏』 4, 118c25-119b8)
13 『賢愚經』(『大正藏』 4, 359c8-360b1)
14 『雜寶藏經』(『大正藏』 4, 459a21-23)

으로 전개된다. 나아가 가해자에게 분노로 복수하기보다 자신의 내면에 자리한 번뇌의 적을 먼저 제거해야 한다는 내용까지 포함하게 된다. 인욕은 과거의 모든 붓다와 석가모니불이 과거에 닦은 수행인 것처럼, 붓다가 되기를 서원하면서 닦는 수행가운데 하나가 된다. 이러한 전개 양상은 인욕이 단발성이 아니라 수없이 반복되어야 하는 것이라는 인상을 주고 있다.

(2) 흔들림 없는 不動心 인욕바라밀로 붓다가 되다

한편 대승불전으로 계승되는 인욕바라밀은 보살이라야 비로서 바라밀(pāramitā)을 할 수 있다고 하는 형태로 전개된다. 본생담의 보살행이 끝없는 실천행으로 이어져 무한으로 상정되는 인욕바라밀이 설정되는 한편, 다른 대승불전에서는 성내지 않는 마음 그 자체를 붓다의 최고의 덕목으로 삼은 불타가 등장하게 되는데, 바로 아촉불 阿閦佛이다. 『阿閦佛國經』에 등장하는 아촉보살 不動菩薩은 어떤 대상에 대해서도 성내는 마음을 일으키지 않겠다는 서원을 세우고, 오랜 세월 그것을 실천한 비구가 얻은 붓다의 명호이다.[15] 이때 아촉 阿閦=不動은 무엇이 움직이지 않는다는 것일까? 오직 어떤 대상에 대해서도 화내지 않음을 서원했기에, 분노에 마음이 움직이지 않는다는 의미일 것이다. 아촉불은 분노에 흔들림 없는 마음으로 수행의 최고 계위인 불위 佛位에 도달한 인욕바라밀행을 가장 잘 대변해주는 것이다.

---

15 『阿閦佛國經』(『大正藏』 11, 752a29-b4), 『大寶積經』, 「不動如來會」(『大正藏』 11, 101c28-104c13)

2) 문헌적 전거에 보이는 인욕과 인욕바라밀의 구분

(1) 인욕과 인욕바라밀

인욕과 인욕바라밀은 문헌적 전거로 볼 때 차이가 있는 것일까? 『大乘理趣六波羅蜜多經』, 「安忍波羅蜜多品」에서는 인욕과 인욕바라밀이 어떻게 구별되는지 설명을 시도하고 있다. 어떤 부분에는 안인과 안인바라밀다를 혼용해서 사용한 듯 보이기도 하지만, 나중에는 분명하게 안인과 안인바라밀을 정확하게 구별하면서 설명하고 있다.

> * 이와 같은 인연으로 저 욕하는 사람에 대해서 자비와 연민을 일으켜서 이것을 안인한다면, 비록 이와 같이 잘할지라도 안인이라고 이름한다. 만약 분별을 떠난다면 바라밀다라고 이름한다.[16]
> * 보살이 이때 자기의 허물을 보고나서, (자기를 벤) 사람에 대해서 악심을 내지 않고 선지식이라는 생각을 하며 깊이 존중하는 마음을 낸다. (이것은) 다만 안인이지, 바라밀다가 아니다. 왜냐하면 자타에 대한 분별이 있기 때문이다.[17]
> * 다시 보살이 진애가 여러 괴로움의 원인인 것을 알고, 안인이 만행의 근본을 행하는 것임을 안다. 이 인연으로 안인을 행하면, 다만 안인이라고 하지 바라밀다라고 하지 않는다. 왜냐하면 선악에 대해서 분별을 일으켰기 때문이다.[18]

---

16 『大乘理趣六波羅蜜多經』(『大正藏』 8, 892c22-24). "由此因緣, 於彼罵者生大悲愍而安忍之. **雖能如是但名安忍, 若離分別是則名曰波羅蜜多**."(강조는 필자)

17 『대승이취육바라밀다경』(『大正藏』 8, 893a15-17). "如是思惟深生慚媿, 菩薩是時見己過已, 於割截者生媿愧心善知識想, 深生尊重, **但名安忍, 非波羅蜜多**. 何以故, 由於自他有分別故."(강조는 필자)

18 같은 곳(『大正藏』 8, 893a18-21). "復次, 菩薩了瞋恚法諸苦所因, 知行安忍萬行根本. 以是因緣而行安忍, **但名安忍, 非波羅蜜多**. 何以故, 由於善惡生分別故."(강조는 필자)

나와 남, 선과 악 등의 분별을 떠나서 무분별의 입장으로 안인하는 것이 바라밀다 波羅蜜多이고, 단지 그것을 안인하기만 하는 것은 안인바라밀다가 아니다. 부연하면 단지 참기만 하는 것이 아니라, 그것에 대한 이분법적인 분별관념을 떠난 상태에서 참아야만 바라밀다라고 할 수 있다는 것이다. 이것은 대승 보살의 육바라밀 수행체계가 중도 中道의 깨달음이 바탕에 있는 상태에서 실천되어야만 한다는 것을 알려준다. 그리하여 최종적으로 다음과 같이 정리한다.

> 이와 같이 진실한 구경의 안인은 일체법에 있어서 非自非他, 非有非無, 非生非不生, 非滅非不滅하니, 이러한 (안)인을 획득하면 참된 구경 究竟의 무생법인 無生法忍이라고 한다. 이것을 안인바라밀다라고 이름한다.[19]

구경의 무생법인이 안인바라밀다이다. 이것은 확실히 초기경전이나 본생담에서는 표현되지 않았던 인욕의 설명방식이다. 인욕이 단순히 참고 견디는 것이 아니라, 중도적 입장을 확연하게 안 상태에서 행하는 인욕이라야 인욕바라밀이 된다고 구분하고 있는 것이다.

(2) 인욕바라밀과 무생법인

안인바라밀과 무생법인의 관련성을 설명해주는 내용은 『대반야경』에 있다. 아래의 인용문은 긴 문장이지만 무분별에 바탕을 둔 안인바라밀이 무생법인으로 귀결되는 데 있어서, 그 방법까지 설명하면서

---

19 같은 곳(『大正藏』 8, 894b5-8). "佛告慈氏如是真實究竟安忍, 於一切法非自非他, 非有非無, 非生非不生, 非滅非不滅, 獲此忍者名真究竟無生法忍, 是名安忍波羅蜜多."

가장 구체적인 내용을 담고 있기 때문에 전문을 싣는다.

선현아! 보살마하살이 깊은 반야바라밀다를 행할 때 상相을 떠난 번뇌 없는 마음으로써 안인을 닦을 수 있다. 이 보살마하살은 초발심 때부터 묘한 보리좌에 편안히 앉을 때까지 도중에 설사 모든 유정들이 갖가지 기와나 돌, 칼, 몽둥이를 가지고 와서 상해를 가해도 이 보살마하살은 한순간도 화내고 한스러운 마음을 일으키지 않는다. 이때 보살은 두 가지 (안)인을 닦아야만 한다. 두 가지는 무엇인가? 하나는 모든 유정들이 욕하고 상해를 가하는 것을 받아들이면서 화내고 한스러워 하지 않는, 분노를 누르는 안인 伏瞋恚忍이다. 둘째는 무생법인을 일으켜야만 하니, 이 보살마하살이 갖가지 모욕하고 꾸짖는 말을 듣거나, 칼과 몽둥이로 위해를 받을 때 이와 같이 사유하고 관찰해야만 한다. '모욕하는 것은 누구(=무엇)인가? 상해를 끼치는 것은 누구인가? 모욕을 받는 것은 누구인가? 상해를 받는 것은 누구인가? 누가 성내고 한스러워 하는가? 누가 참는 것일까?' 다시 '일체법성이 모두 필경공이며, 법이 항상 불가득인데 하물며 법성이 있겠는가, 일찍이 법성이 없는데 하물며 유정이 있겠는가.'라고 관찰해야 한다. 이와 같이 관할 때, 모욕하는 주체나 모욕 받는 대상, 상해하는 주체거나 상해를 받는 대상이 모두 있지 않으며, 몸을 조각조각 내어 나누더라도 그 마음은 안인하여 전혀 다른 생각이 없다. 모든 법성에 대해서 여실하게 관찰하면 다시 무생법인을 증득할 수 있다. 무엇을 무생법인이라고 하는가? 번뇌는 끝내(필경) 생하지 않으며, 또한 제법은 끝내 일어나지 않으니, 미묘한 지혜는 항상 끊어짐이 없다는 것을 이른다. 이 때문에 무생법인이라고 이름한다.[20]

---

20 「大般若經」(「大正藏」 6, 944c6-26)

위의 인용문은 인욕을 두 가지로 구분하는 단계에서, 두 번째 무생법인이 능소 能所의 무분별과 諸法不生, 不起의 상태를 관찰하여 체득한 인욕임을 설명하고 있다. 이처럼 『대반야경』에서는 인욕바라밀을 인욕과 구별하면서 무생법인의 지위를 확고하게 하고 있다고 생각한다. 그리고 이것은 생인 生忍과 법인 法忍이라는 두 가지 용어로 정리되기도 한다.[21]

3) 두 종류에서 세 종류로 전개되는 인욕바라밀의 해석

그런데 『解深密經』(『大正藏』 16, 705c17-18)에서는 인(욕)에 세 종류가 있다고 설명한다.

> 첫째는 (내외 內外) 원수들의 박해를 감내하는 것, 둘째는 모든 괴로움에 대해서 편안하게 받아들이는 것, 셋째는 제법의 공성 空性을 여실하게 관찰해 알고 난 후의 인욕이다.[22]

세 번째 인욕바라밀이 제법의 공성을 확연하게 체득한 상태에서 실천되는 것으로, 앞의 무생법인과 맥락적으로 연결되는 인욕이다. 대승불교의 인욕바라밀의 입장에 서서 두 가지 종류의 인욕이면 충분하다고 여길 수도 있는데, 왜 3종류의 구별을 다시 제시한 것일까? 3종류의 안인바라밀에서 새롭게 기술된 설명은 '모든 괴로움에 대해서 편안하게 받아들이는 것(安受苦忍)'이다.

---

21 『摩訶般若波羅蜜經』(『大正藏』 8, 390c13-14). "摩訶薩住二忍中, 能具足屬提波羅蜜. 何等二忍, 生忍法忍."
22 『解深密經』(『大正藏』 16, 705c17-18). "忍三種者, 一者耐怨害忍, 二者安受苦忍, 三者諦察法忍."

삼인 三忍이 등장하는 이른 시기의 대승경전은 『아미타경』이다. 『아미타경』에는 서방 극락세계의 무량수불 도량의 나무를 본 천인 天人들은 무량수불의 위신력으로 음향인 音響忍과 유순인 柔順忍, 무생법인 無生法忍을 얻는다고 하였다.[23] 이것은 제1인, 제2인, 제3인의 형태로도 여러 경에서 설해진다.[24] 또한 법장보살의 48번째 원으로 타방세계의 모든 보살이 자신의 명호를 듣고 귀의하여 정진하면 곧 제1인, 제2인, 제3법인을 얻어서, 모든 불법에서 영원히 퇴전하지 않는 것을 서원하였다.[25] 이 삼인 각각의 내용은 다른 경전에서 보살이 얻은 십법인 十法忍 가운데에서 살펴볼 수 있다. 무생법인의 해석을 제외하고 다른 두 인의 설명은 다음과 같다.

그와 같은 음향인은 무엇인가? 모든 들리는 소리에 대해서 놀라지 않고, 두려워하지 않고, 조급해하지 않는다. (이것을) 즐겁게 생각하여 따르면서 행동하는 바에 있어서 어기거나 잘못됨이 없다. 이것이 음향인이다. 무엇을 유순법인 柔順法忍이라고 하는가? 보살이 응하여 나아가야 할 법에 수순하여 생겨나서, 법이 일어나고 행해지는 등을 관찰하면서 뒤집어지거나 산란하지 않는다. 가령 제법에 부드럽게 따른다면 마땅히 척도에 맞게 제도한다. 지성을 청정하게 하여 평등을 준수하여 닦으며, 부지런히 정진하고 수순하여 들어가 성취한다. 이것이 유순법인이다.[26]

---

23 『阿彌陀經』(『大正藏』 12, 334a13-15)

24 『月燈三昧經』(『大正藏』 15, 556a2). "謂知彼第一忍第二忍第三忍". 『悲華經』(『大正藏』 3, 184b25) 등.

25 『아미타경』(『大正藏』 12, 330b2-5). "第四十八願, 我作佛時, 他方世界諸菩薩, 聞我名號歸依精進, 即得至 第一忍第二忍第三法忍. 於諸佛法永不退轉. 不得是願終不作佛."

26 『如來興顯經』(『大正藏』 10, 614b21-27). "彼何所謂為音響忍. 諸所聞音不懷恐怖不畏不懅, 喜樂思順, 諸所 遊行無所違失, 是音響忍. 何謂柔順法忍. 菩薩解順應遊法生, 而觀察法造立行等, 不為逆亂. 設使諸法應柔順 者, 當度度之. 志性淸淨, 遵修平等, 勤加精進, 順入成就, 是柔順法忍."

유순법인에 대한 내용은 보살은 법을 따라 생겨나서 법을 따라 행해지는 일들을 바라보면서 마음이 요동하지 않는다는 것이다. 이것은 '모든 괴로움을 편안히 받아들이는 인욕'이라는 설명에 부합하는 면이 있다고 생각한다.

　한편 『좌선삼매경』에서는 새로운 용어를 사용하는 삼인과 더불어 유부의 수행체계인 사선근 四善根과 결합을 시도하여 다음과 같이 삼인을 설명하고 있다.[27] 보살이 수식관을 하는 과정에서 닦는 삼인은 생인 生忍, 유순법인, 무생법인이라고 한다. 생인은 다른 중생들이 욕하거나 매질하거나 살해하는 등 갖은 나쁜 일을 해도 성내거나 마음이 움직이지 않으면서, 자비로 이러한 중생들이 잘되기를 바라는 마음을 버리지 않는 것이다. 심지어 스스로 깨달아서 반드시 이런 중생을 제도하리라고 생각하고 두려워하거나 어려워하지 않는 것이다. 밖으로 여러 반연 攀緣을 생각하면, 이것을 포섭하여 돌아오게 하는 것이 생인이다. 유순법인은 보살이 이미 생인으로 무량한 공덕을 얻었으나, 이 공덕의 과보가 무상한 것임을 알고 스스로 복을 구하는 것이 덧없음을 알고 중생을 위하여 상주법을 구한다. 이 상주법은 인연으로 생하는 不生不滅, 不不生不不滅, 非有非無, 不受不著하여, 언설이 모두 끊어지고 마음의 길도 끊어진 열반성과 같은 것임을 안다. 이것이 법의 실상이며, 이 법 가운데 믿는 마음이 청정하여 막힘도 없고 장애도 없다. 부드럽게 알고 부드럽게 믿으며 유연하게 정진한다. 이것을 유순법인이라고 하였다. 무생법인은 이와 같은 실상법 가운데에서 지혜와 믿음과 정진이 증진하여 제근 諸根이 더욱 예리해

27 『坐禪三昧經』(『大正藏』 15, 285a9-b16)

지는 것이다. 그러면서 "비유하면 성문법 가운데에서 난법, 정법의
지혜와 믿음, 정진이 증장하면 인법을 얻는 것과 같다."[28] 라고 하였
다. 이것은 성문의 범부가 견도 見道를 얻기 이전의 단계에서 사용했
던 수행법의 용어를 활용하면서, 보살이 견도를 하려면 반드시 삼인
을 수행해야 한다(菩薩見道應行三種忍)고 설명하고 있는 것이다. 또
한 『좌선삼매경』 해설의 특징은 가해자인 대상을 제도하고자 하는
마음으로 전환된 대승보살의 설명을 제시하고 있는 점이다.

같은 내용을 축법호가 한역한 『修行道地經』에서는 온난법 溫暖法,
정법 頂法을 설명한 다음에 성취하는 법인의 내용을 하 下와 중 中의
유순인법으로 설명한다. 그러면서 오근 五根을 닦지만 아직 완전히
성취되지 못한 상태에서 상 上의 세속존법 世俗尊法에 도달한다고 하였
다. 이것은 사선근의 인법의 내용과 유순인을 동격화하고, 세제일법
世第一法은 유순인을 증득하고 마지막에 도달하는 가장 존귀한 단계의
인법으로 설명하고 있는 것이다.[29]

주의할만한 점은 『좌선삼매경』, 『수행도지경』에서는 유순인의 내
용과 사선근의 인법이 관련되어 있지만, 아비달마에서 설명되었던
인법의 내용은 인욕과 직접적으로 관련시켜서 설명하는 것은 아니라
는 것이다. 곧 『阿毘達磨俱舍論』 등에서는 사념주 四念住 이후에 순결
택분 順決擇分인 사선근에 대해 설명하면서

이 정선근 頂善根의 하중상품 下中上品이 점차 증장하여 원만해질 때, 생하

28 『좌선삼매경』(『大正藏』 15, 285b15-16). "是名無生法忍, 譬如聲聞法中煖法頂法智慧信精進會長得忍法."
29 『修行道地經』(『大正藏』 15, 217b8-218a7)

는 선근을 인법이라고 이름한다. 사제의 이치에 대해서 인가하는 것 가운데 가장 뛰어나기 때문이다. 또한 이 자리에서는 인이 물러나거나 떨어짐이 없기 때문에 인법이라고 이른다. 이 인선근忍善根이 안족安足되고 증진되면 모두 법념주(인 것이다).[30]

유부有部에서는 4諦16行相을 관찰하는 것과 관련하여 난暖·정頂·인법忍法을 설명하면서, 사제의 이치에 대해서 가장 뛰어나게 인가忍可하기 때문에 인법이라고 설명하고 있다. 이때의 인가는 '허가하다', '결택하다'는 인忍의 의미를 채용한 것이지, 인욕의 의미로 인忍을 설명하고 있다고 보기 어렵다.[31] 사선근의 인법을 대승불교 삼인의 하나인 유순(법)인과 연관시키는 해석은 유부의 수행체계에는 보이지 않았던 것으로 생각된다. 따라서 축법호나 구마라집이 한역한 경전이 수행체계 해석에 영향을 주었을 가능성이 있다고 추정할 수 있다.

『반야경』에서 생인과 법인 이인二忍으로 구분했던 것에서, 법인을 다시 유순법인과 무생법인으로 나눈 형태의 설명을 『좌선삼매경』에서는 서술하고 있다. 무생법인이 유순인에서 지혜, 믿음, 정진이 증장하여 완성되는 것으로 설명하는 것은, 한편으로는 이인만으로도 충분히 인욕을 설명할 수 있었던 것을 대변한다고도 말할 수 있다.

---

30 『阿毘達磨俱舍論』(『大正藏』29, 119b28-c3). "此頂善根下中上品, 漸次增長至成滿時有善根生名為忍法. 於四諦理能忍可中此最勝故. 又此位忍無退墮故名為忍法. 此善根安足增進皆法念住."

31 趙生澤, "The Psycho-semantic Structure of the Word kṣānti(Ch. Jen)", Buddhism.org Buddhist eLibrary 참조. 한글 요약문에서 "상당히 초기부터 'kṣānti'가 '참는다'는 뜻 이외에 '좋아한다', '선택한다', '받아들인다'라는 뜻으로 쓰였으며, Thera-gāthā 등 초기 경전에서도 아비다르마 논서 등에서 나타나는 '慧'의 한 작용으로서 '認可', '決擇' 등의 의미로 쓰이고 있는 것을 볼 수 있다."라고 하였다. kṣānti가 여러 가지 의미를 가진다고 하는 이 내용을 참고할 때, 인가(忍可)의 의미는 인가(認可), 결택(決擇)의 의미로 볼 수 있다.

『좌선삼매경』의 유순법인의 설명은『반야경』에서 무분별에 기반하여 인욕바라밀을 설명할 때와 그다지 다르지 않은 설명방식이기 때문이다. 유순(법)인이라는 용어는 삼인으로 구성되기 이전에 여러 대승경전에서 보살이 갖추어야 할 중요한 덕목의 하나로 계속 설명되었던 것이다. 유순인 柔順忍, 유화 柔和, 유연 柔軟 등등으로 묘사되는 표현들이 그것이다. 육바라밀을 순서대로 닦으면서 유순인을 얻고, 유순인을 얻으면 오래지 않아 육바라밀을 완전하게 할 수 있다고 보기도 하였다.[32] 또 먼저 유순인에 머물러 무생무멸 無生無滅 등 모든 희론을 없애면 무생인을 얻는다고 하여, 무생인 앞에 유순인을 설명하기도 한다.[33]

그러나『해심밀경』에서는 인욕바라밀을 3종으로 구별할 때, 유순인이라는 용어 대신에 '모든 괴로움을 인욕하는 것'이라고만 하였다. 『佛說法集經』에도 같은 형태의 3종 인욕이 있으며, 이러한 인욕을 행해야 하거나 이것이 가능한 원인을 제시하고 있다.

> 보살마하살에게는 세 가지 인욕이 있다. 모든 괴로움을 인욕하는 것, 다른 사람이 악을 행해도 보복하지 않고 인욕하는 것, 제법무생을 알고 인욕하는 것. 선남자여, 모든 괴로움을 인욕하는 것은 스스로 지은 업임을 알기 때문이다. 악행에 보복하지 않고 인욕하는 것은 일체중생에 대해서 자식이라는 마음을 가지기 때문이다. 제법(무생을 알고) 인욕하는 것은 일체법에 있어서 무

---

32 『大方等大集經』(『大正藏』13, 344c26-28). "如是凡夫以猶豫心於大乘中行六波羅蜜. 次第修學得柔順忍. 不久能滿六波羅蜜."

33 『大智度論』(『大正藏』25, 662b26-29). "菩薩先住柔順忍中, 學無生無滅, 亦非無生非無滅, 離有見無見, 有無見非有非無見等, 滅諸戲論, 得無生忍."

생지를 얻기 때문이다. 이것을 보살의 세 가지 인욕이라고 한다.[34]

이 설명에서 모든 괴로움을 받아들인다는 것은 숙명론적인 귀결이 엿보이는 듯하다. 그것은 어쩔 수 없기 때문에, 지금은 원인을 모르지만 이 상황이 이미 내가 지은 행위의 결과로 받아야만 하는 것이라고 결론짓는 느낌이다. 이들 경전에서는 유순인 柔順忍이라는 용어를 써서 삼인을 설명하지 않는다. 『반야경』의 영향을 받은 그룹 가운데 유부의 수행체계와 연관시킨 수행경전을 편집하는 과정에서 유순인이 들어간 삼인의 인욕바라밀 수행체계가 완성된 것으로 추정할 수 있다. 『해심밀경』과 『법집경』에서 인욕바라밀이 아니라 단지 인 忍이라는 용어를 사용하는 것도, 이들이 인욕바라밀과 인욕의 구분에 그다지 민감하지 않았으나, 실제적으로 '모든 괴로움을 받아들이는 것'의 필요성을 인식했기 때문이라고 생각한다.

4. 인욕의 현대적 의미와 실천법 : 수용 受容과 인정 認定

『반야경』에서 생인과 법인이 정립된 이후에 등장하는 세 번째 인욕에 대해서 필자는 이렇게 추론하였다. 칼, 몽둥이, 돌, 모욕과 심한 말 등을 하는 외부의 박해를 견디고, 무분별과 공관 空觀에 입각하여 무생법인을 체득했는데도 일어나는 괴로움들이 있었다. 이것은

---

34 『佛說法集經』(『大正藏』 17, 624c2-7). "菩薩摩訶薩有三種忍辱. 所謂者苦忍辱, 他所加惡不報忍辱. 知諸法無生忍辱. 善男子, 諸苦忍辱者, 以知自作業故. 不報惡忍辱者, 以於一切衆生得一子心故. 諸法忍辱者, 以於一切法得無生智故. 是名菩薩三種忍辱."

아마도 몸과 입으로 행해지는 외부로부터의 악행을 극복하고 諸法不生의 이치를 확연히 안 상태에서도, 여전히 인욕해야 할 일이 발생한 많은 수행자들에게 필요한 설명방식이 아니었을까. 따라서 그때그때 일어나는 모든 괴로움을 인욕하는 것은 괴로움 자체를 인정하는 것이고, 때로는 이것을 인가하면서 그대로 수용하는 것이기도 하다. 그것은 어떤 경우에는 내부의 번뇌일 수 있겠지만 지금까지 직면하지 못한 형태의 외부적인 괴로움일 수도 있다. 또한 외부의 악행을 참는 것을 인욕이라고 하는 것과 무생법인은 다분히 이성적인 인욕인데 비하여, 감성적으로 수용해야 할 대상이 훨씬 많기에 직접적인 현장에서 그때그때의 상황에 따라 받아들이는 인욕에 대한 설명이 필요했다고 본다. 그리고 그것을 통과하는 전체적인 과정을 설명하는 용어가 필요했을 수도 있다. 그 모든 괴로움에 대해서 마치 대지가 모든 것을 수용하듯이 있는 그대로 받아들이는 것을 말하기 위해 인욕바라밀의 과정으로서 유순인 柔順忍이 설명된 것은 아니었을까 생각해본다. 공자가 '不怨天不尤人'이라고 했던 것도 이와 유사하다.

앞의 문헌들에서 살펴본 것을 참고하면 인욕은 인내보다는 인정의 의미가 더 크다. 곧 인욕은 '받아들이는 것[受容]'이다. 『아함경』에서 대지가 (모든 것을) 수용하는 것과 같다고 한 것이 이러한 표현이다. 『大般若經』에서는 안인 安忍이 어디에서 나오는가를 묻는 문수보살의 질문에, 붓다는 '일체유정을 받아들이는 것'으로부터 나온다는 답변을 한다.[35] 『반야경』에서 인욕이 나와 남을 있는 그대로 인정하는 마음자세라는 전거를 분명하게 제시하고 있다.

---

35 『大般若經』(『大正藏』7, 954a29). "佛言安忍流出容受一切有情"

그렇다면 현실적인 삶에서 우리는 무엇을 어떻게 받아들여야 하는지 구체적으로 실천 방법을 생각해본다. 인터넷의 보급으로 지난 100년 동안 이루어진 것보다 수백 배나 빠르고 넓은 범위의 시공간을 현대인은 알게 되었다. 이 속에서 과도한 경쟁에 힘겨워 하며 점차 소외되어 가는 하루하루를 살아가는 현대인들은, 외부적으로 주어지는 수많은 물질적, 정신적, 환경적 대상들에 의해 마음을 일으키며 살아간다. 그러나 먼저 이것을 수용하고 인정하는 연습을 실천할 수 있다면, 다음 단계로 그것을 참아내는 것이 조금은 쉬워질 것이다. 인욕은 수용하고 인정한다는 것을 전제하고 있다는 것이 필자의 기본 생각이다.

이때 대상을 인정하는 것에 한계가 있기도 하지만, 대상을 온전히 이해하기 위해 자신의 상태를 인정하는 것도 중요하다. '너 자신을 알라'고 한 신탁神託과 마찬가지로 자기 자신을 아는 것을 강조하는 붓다의 가르침을 따르면, 자기 자신의 상태를 정확히 이해하고 그것을 있는 그대로 인정하는 인욕행이 실천되어야 한다. 곧 자기 자신을 알려고 노력하는 실천을 꾸준히 계속하는 것이 인욕바라밀 실천의 시작이다. 현대사회에서 가장 필요한 인욕행은 각자 자기 자신이 어떤 몸과 마음의 상태에 있는지 분명하게 알고 그것을 수용하고, 그 마음이 대상에게까지 확대될 수 있도록 실천하는 것이다.

그러나 자신을 알고 인정해주는 것이 자기 합리화에 머문다면 그것은 인욕행으로서의 실천이 아니다. 또한 무조건 대상을 참아가면서 용서하는 인욕행은 한계가 너무 뻔하다. 따라서 오늘날 인욕행은 과거와 마찬가지로 자신에게 솔직하면서 성실하게 지켜가야 할 덕목이다. 그러하기에 초기 경전에서 계율과 관련하여 가장 으뜸가는 덕목으로 인욕을 칭찬했던 것이리라. 또한 붓다의 유훈 遺訓에서 게으르지 말고 부지런히 사념처 四念處를 수행하라고 하셨던 것과도 관련이 있다. 사념처는 자신의 몸과 마음의 상태를 주시하고 나아가 그것을 대상에게 확대하는 것이다. 신 身, 수 受, 심 心, 법 法의 사념처 가운데 세 가지 념처가 자신의 몸과 마음의 상태를 관찰하는 내용이라는 것은 자신의 심신 상태를 정확하게 아는 것이 중요함을 증언해준다. 그러한 인욕행 실천은 궁극적으로 본래 나에게 밝은 지혜 혹은 불성이 있음을 믿기에 내딛을 수 있는 첫걸음이기도 하다. 결국 개인의 노력에 의한 실천행으로 돌아왔지만, 자신을 솔직하게 인정하면서 세상을 있는 그대로 받아들이는 것이 인욕바라밀의 시작이다.

【 참고문헌 】

고익진, 『불교의 체계적 이해』, 새터, 1998.
심경호 역, 『설문해자의 세계』, 보고사, 2008.
동국대학교 교양교재편찬위원회 편, 『불교학개론』, 동국대학교출판부, 1988.
박태원, 이영근 역, 『불교의 역사와 기본사상』, 대원정사, 1989.
조성택, 『불교와 불교학』, 돌베개, 2012.
真田 康道, 「無生法忍の成立について」, *Journal of humanistic studies* (20), 1986.
加部 富子, 「忍辱と慈しみに関する一考察」, 『印仏研』 56(1), 2007.
趙性澤, "The Psycho-semantic Structure of the Word kṣānti(Ch. Jen)", Buddhism.org.
　　　Buddhist eLibrary.

불교와 자살문제
– 분신자살을 어떻게 볼 것인가

차상엽

금강대학교

들어가며

현대사회에서 자살(suicide) 문제가 심각해져 감에 따라 자살에
관한 불교의 관점을 조명하는 연구도 증가하고 있다.[1] 한편, 자살의 한
형태이면서 가장 극한 고통의 죽음인 분신자살(self-immolation)에
대해서는 불교적 입장을 고찰한 국내 연구가 그리 많지 않다.[2]

---

[1] Keown[1996], Harvey[2000:286~310], Benn[2007]. Kweon의 각주 2에는 불교문헌에 언급된 자살과 관
련한 기존의 연구 성과들을 소개하고 있다. 국내에서는 허남결이 Harvey[2000]의 책을 2010년에 한글로 완
역하였다.

[2] 국내 연구로는 이기영[1964], 차차석[2007], 박경준[2010], 박금표[2011]가 있다. 국외 연구로는 船山徹
[2002], 池麗梅[2013], Kovan[2013, 2014] 등이 있다.

현대사 속에서 불교 승려들에 의해 분신자살이 행해진 사건은 널리 알려져 있다. 대표적인 사례로는 1963년 베트남의 틱꽝득(Thich Quang Duc, 釋廣德) 스님의 분신자살이 언급되고 있다. 그리고 1998년 이후 티벳에서 백 삼십여 명의 승려와 불자들의 분신자살이 현재까지 연속적으로 이어지고 있다.[3] 또한 한국에서도 1998년 남북 평화통일과 중생제도, 불교발전을 기원하며 충담 沖湛 스님이[4], 그리고 2010년 문수 文殊 스님이라고 하는 한 비구승이 분신자살한 적이 있었다.[5]

이들 승려의 분신자살에 대한 평가는 대체로 양분되어 있다. 한편에서는 불살생계 不殺生戒의 불교윤리에 어긋나는 일이라고 비판하고, 다른 한편에서는 숭고한 대승 보살행인 '소신공양 燒身供養'이라고 찬탄하기도 한다. 대체로 희생적인 죽음을 선택한 이들에게 불교 계율에 맞지 않다고 비난하기는 쉽지 않기 때문에, 비판보다는 영웅적 찬탄이 현실적으로 더 많이 나타나고 있다.[6]

---

3 현재까지 분신자살한 티벳 승려는 15人(그 중 2인은 女僧)이며, 승려였다가 환속한 후에 분신자살한 티벳인은 11인이다. 이와 관련해서는 국제티벳캠페인 사이트(http://www.savetibet.org/resources/fact-sheets/self-immolations-by-tibetans/)를 참조.

4 충담 스님은 정치적인 이슈가 아닌 종교적인 목적에서 소신공양을 실천하였다는 점에서 각주5에 언급되는 일여(一如) 스님과 일맥상통하는 점이 있다.

5 覺岸(1820~1896)이 쓴 『東師列傳』의 「一如禪伯傳」(『韓佛全』, 10卷, 1055c6-1056b11)에서는 조선후기의 일여 스님(1807~1832)이 시도한 소신공양을 언급하고 있다. 그가 소신공양을 실천하고자 했던 이유는 地・水・火・風 四大로 이루어진 肉身을 버리고 극락세계에 왕생하기 위함이라고 소개되고 있다. 이에 대한 원문은 『韓佛全』, 10卷, 1056a10-11, "四大各離如夢中 爾不識此倡乎 吾欲往生極樂耳"을 참조.

6 분신자살에 대한 국내의 연구 성과를 정리하면 다음과 같다. 이기영[1964]은 틱꽝득(Thich Quang Duc) 스님의 '焚身'을 불교적 관점에서 어떻게 바라보아야 할 것인가에 대해 국내에서 최초로 조명하였다. 그는 『高僧傳』, 『續高僧傳』, 『宋高僧傳』의 '燒身', '捨身', '亡身', '遺身' 항목에 언급된 '소신'과 관련된 고승들의 事績을 언급한 후, '燒身供養'의 기원과 관련한 대승문헌으로 『法華經』과 『金光明經』, 『梵網經』, 그리고 『大丈夫論』을 열거하고 있다. 그리고 新羅僧 義寂의 『菩薩戒本疏』(『大正藏』 1814)와 法藏의 『梵網經菩薩戒本疏』(『大正藏』 1813)에 나타난 '소신'에 대해서도 폭넓게 다루고 있다. 최종적으로 그는 보살행과 연계되는 '소신'

또한 '소신공양'이라고 하는 종교적인 의의로만 이 죽음을 평가하기에는 이들의 분신자살 행위의 배경과 동기는 정치적인 문제와 매우 깊이 연결되어 있다.

베트남에서는 독재정치, 전쟁, 종교차별 및 탄압의 상황에서 승려의 분신자살이 선택되었고, 티벳승려들 또한 "중국 통치 반대! 티벳 자유! 달라이 라마 귀환!"을 외치며 분신자살하였다. 한국의 문수 스님 역시 유서에 의하면, 이명박 정권의 4대강 환경파괴 사업 중지, 부정부패, 경제적 양극화문제 해결 등을 촉구하였다.

이처럼 현대사에서 승려의 분신자살 문제는 일반 자살 문제와 다른 차별성을 갖는다. 그럼에도 이 특수한 문제에 관한 진지하고 세밀한 학문적 성찰이 별로 이루어지지 않았다. 승려의 분신자살을 일반 자살론의 연장으로만 다루거나, 정치 사회적인 관계로 인하여 지나치게 미화하는 평가만 소개되는 것 등이 문제점으로 지적된다. 그 결과 현대인들은 승려의 분신자살에 대해 매우 모호한 태도를 갖고 있다고 할 수 있다.

그간 진행된 불교와 분신자살에 대한 평가에 대해서 다음과 같은 질문이 제기된다.

우선 불교는 자살 비판주의자들처럼 어떤 조건에서도 절대적으로 생명을 우선시하는 사상이라고 할 수 있는가, 혹은 소신공양 찬탄자

을 자살로 규정할 수 없다고 이야기한다. 이에 반해 차차석[2007]은 『법화경』「약왕보살본사품」에서는 실제적인 소신공양을 중시하기보다 소신공양이 지니고 있는 상징성을 강조하고 있다는 점을 논의하고 있다. 그리고 실제로 몸을 태우는 것은 계율에 저촉된다는 점을 강조하고 있다. 박경준[2010]은 문수(文殊) 스님 소신공양 추모학술세미나에서 그의 소신공양을 대자대비의 보살행으로 평가하고 있다. 박금표[2011]는 틱광득 스님이 불교박해, 독재, 전쟁이라는 베트남 정권의 반복적인 탄압에 대해 승려로서 실천할 수 있는 마지막 행위로 燒身을 선택했다는 점에서 틱광득 스님의 소신공양을 자살로 규정할 수 없다고 평가하고 있다.

의 주장과 같이 승려의 분신자살이 모두 대승불교 보살도의 정점으로 평가되어도 좋은가. 이와 같은 양극의 견해에 대한 중도적 해석이 요구되는 시기이다.

그런데 한편, 본 연구에서는 원론적인 입장이나 개념적 분석 대신 새로운 문제제기를 던지고자 한다. 즉, "왜 이들 승려들은 하필이면 '분신'을 선택하였는가."하는 점이다. 다른 방식의 죽음도 자살 문제에 있어서는 같은 내용이 적용될 수 있겠지만, 그 중에서도 특별히 '분신'이 선택된 배경을 조명함으로써, 분신자살과 불교 문제 해결의 한 실마리를 찾을 수 있지 않을까 생각한다.

1. 소신공양을 언급한 불교 텍스트들

일차적으로 소신공양이 언급된 불교 텍스트를 검토하였다.

제일 먼저 『샤샤자타카』(Śaśajātaka)와 『비아그흐리자타카』(Vyāghrījātaka)에서는 굶주린 바라문을 구하기 위해 스스로 불에 타서 고기를 공양한 토끼의 이야기, 굶주린 암호랑이에게 자신의 신체를 보시하는 이야기 등이 석가모니 붓다의 전생 설화로 소개되고 있다.[7] 이러한 『자타카』에서 설하는 捨身과 관련한 내용은 분신자살과 직접적으로 관련이 있다고 할 수 없다. 하지만 『자타카』의 사신과 관련한 내용은 보살행 菩薩行이라는 관점에서 타인을 위해 혹은 求道를 위해 자신의 몸을 돌보지 않고 기꺼이 희생한다는 영웅적 스토리

---

7 伊藤千賀子[1994].

가 그 주요 내용으로 소개되고 있다. 직접적이지는 않더라도, 이러한 『자타카』에 소개되는 자신의 신체를 돌보지 않고 보살행을 실천하는 영웅주의적인 픽션(fiction)으로서의 스토리(story)가 '焚身'이라는 실질적인 행위에 어느 정도 영향을 미쳤다고 추정할 수 있을 것이다. 『자타카』의 사신 관련 내용은 석가모니 붓다가 전생에서 실천한 보살행과 관련된 利他, 혹은 求道의 측면을 강조하기 위한 것이지 '사신'을 적극적으로 실천하라는 메시지가 담긴 것이 아님에도 불구하고 말이다. 석가모니 붓다의 전생 설화도 적지 않은 영향을 미친 것으로 추정되지만, 보다 직접적인 교설은 대승경전류에서 발견할 수 있을 것이다. 대표적인 경전은 유명한 『妙法蓮華經』이다. 몸과 팔, 손가락 등을 태우는 것이 부처님께 바치는 최고의 공양으로 설명되고 있으며, 「藥王菩薩本事品」의 희견 憙見보살은 사신(ātma[bhāva] parityāga / svadehaparityāga)[8] 공양을 실천하는 모습을 보여주었다.

"이 공양을 마치고 삼매로부터 일어나 '내가 비록 신통력으로 부처님께 공양하여도 몸으로써 공양함만 못하다'라고 스스로 생각하였다. 바로 梅檀, 薰陸, 兜樓婆, 畢力迦, 沈水, 膠香라는 여러 가지 향을 마셨다. 또 瞻蔔과 여러 꽃에서 짠 香油를 마시고 천 이백 년[9] 지난 다음에, 향유를 몸에 발라 日月

---

8 이기영[1964:111~114]은 산스크리트 본과 구마라집역 『법화경』의 사신 관련 구문을 대조하면서 사신의 原義를 소개하고 있다. 船山徹[2002]는 漢譯의 捨身, 身供養과 관련한 산스크리트 어의 및 경전 전거를 소개함과 동시에 原義的 사신, 상징적 사신, 죽음과 동의어로서의 사신, 명상법으로서의 사신 등 4가지 측면에서 사신의 의미를 세밀하게 분류하고 있다.

9 이기영[1964:113]과 船山徹[2002:355]는 산스크리트 본 『법화경』에서 1,200년이 아니라 12년을 언급하고 있음을 밝히고 있다. 이기영은 12년이라는 숫자 이외에도 산스크리트본과 한역본 『법화경』의 내용상 차이를 언급하고 있다.

淨明德佛 앞에 나아가, 하늘의 寶衣로 스스로 몸을 두르고 향유들을 부었다. 신통력에 의거한 서원으로 스스로 제 몸에 불을 사르니, 그 광명이 두루 팔십억 항하사의 세계를 비추었다. 온갖 부처님이 이를 보시고 동시에 찬탄해 '좋고 좋도다. 선남자여, 이야말로 진정한 정진, 이야말로 진정한 여래에게 드리는 법공양이다. 만약 꽃과 향과 영락과 燒香, 末香, 塗香과 天繒과 幡蓋, 海此岸栴檀香 등의 것들, 이러한 갖가지 물건으로 공양한대도 능히 미칠 바 되지 못하여, 설사 왕국이나 처자를 보시한대도 또한 미칠 바 못되리로다. 선남자여, 이를 일러 으뜸가는 보시라 하며, 온갖 보시 중 단연 가장 존귀한 것이며 가장 수승한 것이니라. 왜냐하면 모든 여래를 법으로 공양하는 까닭이니라'라고 이르시었다."[10]

대승불전문학의 백미라고 평가받고 있는 『법화경』에서는 사신 혹은 육신공양이야말로 부처님께 올리는 진정한 보시, 법공양(dharmapūja)으로 소개되고 있다. 하지만 '삼매' 혹은 '신통력'과 결부된 사신과 관련된 상징주의적 표현은 앞에서 언급된 『자타카』와 마찬가지로 사신을 권장하기 위한 것이 아니라 법의 존귀함을 드러내기 위한 수사학적 표현이라 할 수 있다.[11]

두 번째는 『梵網經』이다. 406년 鳩摩羅什과 일군의 문하생들이 『범망경』을 번역한 직후에 이 경에 근거하여 보살계를 대대적으로

---

10 『大正藏』 262, 53b4-16. "作是供養已 從三昧起 而自念言 我雖以神力供養於佛 不如以身供養 即服諸香栴檀薰陸兜樓婆畢力迦沈水膠香 又飮瞻蔔諸華香油 滿千二百歲已 香油塗身 於日月淨明德佛前 以天寶衣而自纏身 灌諸香油 以神通力願 而自燃身 光明遍照八十億恒河沙世界 其中諸佛同時讚言 善哉善哉 善男子 是真精進 是名真法供養如來 若以華香瓔珞燒香末香塗香天繒幡蓋及海此岸栴檀之香 如是等種種諸物供養 所不能及 假使國城妻子布施亦所不及 善男子 是名第一之施 於諸施中最尊最上 以法供養諸如來故。" 이기영[1964:111~114], 船山徹[2002:356], 차차석[2007:213]을 참조.

11 船山徹[2002:355], 차차석[2007:223~230].

수계 받았는데, 이 경에는 "諸佛께 몸과 팔과 손가락을 불태우지 않으면 출가한 보살이 아니다."[12]라고 말할 정도로 보살의 덕목으로 규정되기에 이른다. 『범망경』은 동아시아 대승불교권의 보살계 수계 때에 그 사상이 의례적으로 재현된다는 점에서 그 영향력이 매우 클 것임을 알 수 있다. 한국불교의 경우, 수계식에서 소신 燒身을 상징하여 '연비 燃臂'를 반드시 행한다. 물론 팔을 태우는 것은 아니고, 향불로 팔의 살갗을 살짝 태우는 것으로 대신하지만, 그 사상은 『범망경』 교설에 근거함을 알 수 있다.

마지막으로 『대반열반경』 역시 '현세의 육신으로 등잔과 심지를 만들어 불을 밝히는 소신'을 언급하고 있다.[13]

그런데 여기서 흥미로운 점은 소신공양을 설하는 이 세 경전이 모두 구마라집과 연관되어 있다는 점이다. 『묘법연화경』과 『범망경』은 구마라집이 직접 번역한 경전이며, 마지막 『열반경』은 혜엄이 번역한 『남본열반경』인데, 그 역시 구마라집의 문하 제자였던 것이다. 몸을 버리고 남의 생명을 구하거나 법을 구하는 교설은 많은 경전에서도 등장하는 모티브이지만, 유독 몸을 태우는 소신공양이 강조된 이 경전류들이 구마라집과 어떤 연관을 가지고 있음을 추정해 볼 수 있을 것이다.

---

12 『大正藏』 1484, 1006a19~20. "若不燒身臂指供養諸佛非出家菩薩." 『범망경』 관련 이 구절에 대해서는 이기영[1964:117~118]과 船山徹[2002:345~344] 역시 언급하고 있다.

13 『大正藏』 375, 803c7~23.

2. 소신공양의 역사적 사례와 평가

두 번째로, 소신공양의 역사적 사례와 이에 대한 평가의 내용을 검토해 보겠다. 소신공양의 사례를 소개한 문헌은 중국의 경우『홍찬법화전』과『경덕전등록』, 그리고『고승전』과『속고승전』 등이다. 특히『고승전』과『속고승전』은 각각「亡身」과「遺身」이라는 별도의 항목을 설정해 둘 정도로 많은 소신공양자를 기록하고 있다.[14]

『고승전』의「亡身」에 언급된 소신 관련 인물은 총 7인이다.[15]
① 釋法羽는 평소 頭陀行을 실천, 약왕보살 소신공양의 교훈을 우러러 본받기를 염원하다가「捨身品」을 외우면서 소신공양하였다.
② 釋慧紹는 苦行을 실천,「藥王本事品」을 외우면서 소신공양하였다.
③ 釋僧瑜는 약왕보살의 발자취를 쫓아서「藥王品(＝藥王本事品)」을 외우면서 소신공양하였다.
④ 釋慧益은 평소 苦行精進하다가「藥王品(＝藥王本事品)」을 외우면서 소신공양하였다.
⑤ 釋僧慶은 梵行을 닦았으니, 자신이 조성한 유마거사의 像 앞에서 소신공양하였다.
⑥ 釋法光은 苦行頭陀를 실천, 무슨 경을 외웠다는 언급은 없으나 소신공양할 때 독송을 하였다고 기록.

---

14 이기영[1964:107~111], 船山徹[2002:352~351].

15 『大正藏』 2059, 404c11-28.

⑦ 釋曇弘은 어릴 적부터 戒行을 닦으며 律에 전념, 『無量壽經』
  및 『觀經(=관무량수경)』을 평소에 독송하였으며 정토에 태어
  나기를 희구. 소신공양함.

이들의 유형을 분석하면 ①~④는 『법화경』의 「藥王本事品」에 의
거해서 소신공양을 실천한 인물이라는 점을 알 수 있다. ①~⑦은 공
통적으로 계행이나 고행, 두타행과 밀접하게 연결되어 있음을 알 수
있다. 이들 승려들은 고행과 두타행의 구극으로 소신공양을 선택했
을 가능성이 높다. 이러한 평가는 소신공양이 설해진 『범망경』과의
관계 내에서 어느 정도 유추해볼 수 있을 것이다. 그런데 釋曇弘은
소신공양과 왕생이 결부된 형태라는 점에서 특이하다고 할 수 있다.
  『고승전』을 편찬한 혜교 慧皎는 소신공양이 불살생계에 저촉된다
고 보았지만[16], 소신공양의 정당성 확보를 위해 두 가지 조건을 제시
한 점이 주목된다. 먼저 소신공양 실천자의 자질로는 "계위가 높은
권현 權現보살, 사인 四忍을 증득해서 훼범금계 毀犯禁戒의 죄를 뛰어
넘는 보살"을 제시하고 있고, 행위 자체의 조건으로 "중생을 위해 적
절한 시기에 행함으로써 모든 방면에서 많은 이익을 실현하는 것"을
제시하였다.[17] 혜교는 소신을 포함한 망신의 이득과 과실을 엄밀하게
구별하고 있다. 그가 이러한 구분을 시도한 이유는 구도와 이타행이
아닌 범부들이 자행하는 무분별한 망신 시도에 대한 염려가 우선시
되었기 때문일 것이다. 아울러 이러한 망신의 시도가 계율과 배치된

---

16 『大正藏』 2059, 406a17–22. "然聖教不同開遮亦異……考而為談有得有失得在忘身失在違戒."
17 『大正藏』 2059, 405c29–406b11.

다는 관점도 작용하였을 것이다.

『속고승전』의 「遺身篇」에 언급된 소신공양은 총 3인이다.[18]
① 釋法凝은 손가락부터 시작해서 온 몸을 소신공양, 무슨 經에
   근거했다는 내용은 보이지 않음.
② 釋僧崖는 燒指와 燒身을 실천, 『법화경』을 언급하고 있음.[19]
③ 釋會通은 『법화경』의 「약왕본사품」에 의거해서 소신을 실천.

   ②와 ③의 경우에는 『법화경』과 밀접한 관련이 있음을 알 수 있다.
『속고승전』의 도선 道宣은 소신공양을 일반화하는 것에 반대하였
다. 개별 사례별로 세속적인 이익과 명예를 획득하기 위해 소신공양
한 경우가 있었기 때문이다. 도선은 불순한 동기로 소신한 경우는 계
율위반이라고 하였지만, 소신공양 자체를 통틀어 계율위반으로 보는
견해는 비판하였다. 보살행으로서의 소신공양의 가치를 부정하거나
불살생계 계율 문제에 한정하여 이것을 해석하는 태도를 피하고자
하였던 것이다.
   소신공양에 대한 가장 강력한 비판은 약간 후대의 문헌인 의정 義
淨의 『남해기귀내법전』에서 볼 수 있다. 의정은 인도 유학자로서 소
신공양의 문제점을 불교의 원칙, 즉 출가자의 율장준수 규칙에 근거
하여 비판하였고, 또한 소신불합 燒身不合[20]과 방인획죄 傍人獲罪[21]로 나

---

18 『大正藏』 2060, 678a15-680c10 및 683c18-684b3.
19 僧崖에 대한 보다 자세한 연구로는 池麗梅[2013]을 참조. 池麗梅[2013:104~105]은 도선이 '소신'과 관련
   한 『고승전』 편찬자인 혜교의 입장에 동조함과 동시에 육조시대 이후의 '形盡神不滅'이라는 신체론에 입각
   하고 있음을 논의하고 있다.

누어 이 문제를 세밀하게 분석하였다. 하지만 그에게서도 역시 덕이 높은 보살의 중생구제 이타행으로서의 소신공양[22]은 예외로 다루어졌다.

3. 보살행으로서의 소신공양

소신공양을 설한 대승 경전류와 이에 대한 평가의 역사를 종합해 보면, 현대 대승불교권의 승려들에게는 두 가지 중요한 정보가 동시에 작용하고 있음을 알 수 있다.

하나는 불살생의 계율이고, 또 하나는 구도와 이타의 소신공양이다. 아울러 소신공양은 불살생과 결부되어 강하게 비판되었을지언정, 한 번도 보살행으로의 가치 자체가 부정된 적은 없었음을 볼 수 있다.

그렇다면 현대사에서 등장했던, 혹은 계속 일어나고 있는 승려와 불자들의 분신자살을 어떻게 볼 것인가. 분신자살 자체가 불살생에 저촉된 것이기 때문에 무조건 부정하는 것이 아니라, 『속고승전』의 도선의 지적과 같이 개별적인 사례별로 이 문제를 판단해야 함을 알 수 있다. 그리고 『고승전』의 혜교의 설명에 의하여, 실천자가 허물없이 분신할 수 있는 수행의 경지 혹은 순수한 동기인가의 여부를 따져야 할 것이며, 그리고 그 행동으로 인해 많은 이들에게 이익이 되었

---

20 『大正藏』 2125, 231a28-b28.
21 『大正藏』 2125, 231b29-c16.
22 『大正藏』 2125, 231b27-28.

는가 묻는 것이 필요할 것이다.

마지막으로 소신공양이 동아시아 불교 승려들에게 구도적 지향의 원형으로 작용하는 현상 자체를 검토할 필요가 있는 것 같다. 특히 현대사회에서 행해진 승려의 분신자살들이 정치적으로는 긍정적인 면이 없지 않았으나, 그 행위의 효과가 연쇄적 분신을 유발해 온 점을 생각하면 더욱 그러하다.

붓다께서 이러한 말씀을 하셨다.
"비구들이여, 자기 자신을 내던져서는 안 된다.
(na bhikkhave attānaṃ pātetabbaṃ. Vin., Ⅲ. 82)"[23]

【 참고문헌 】

『韓佛全』(『韓國佛敎全書』)
『大正藏』(『大正新脩大藏經』)

노성환(No, Sung-hwan), 2000, 「日本 焚身自殺에 關한 硏究」, 『일본문화연구』, Vol. 2, pp.271~292.
박경준(Park, Kyoung-joon), 2010, 「문수스님 소신공양의 의미와 평가」, 『불교학보』, Vol. 56, pp.273~294.
박금표(Park, Kyum-pyo), 2011, 「베트남 근대화에 미친 불교의 영향 – 베트남 전쟁과 불교도 항쟁을 중심으로」, 『한국선학』, Vol. 26, pp.555~599.
李箕永(Lee, Ki-young), 1964, 「捨身 (Atmabhava-parityaga)에 關하여」, 『동국사학』, Vol. 7, pp.107~118.

---

23 Harvey[2000:290], 허남결[2010:528~529].

車次錫(Cha, Cha-seok), 2007, 「『법화경』 燒身供養의 問題點과 그 象徵性」, 『불교학연구』, Vol. 16, pp.213~238.

Benn, James A., 2007, *Burning for the Buddha: Self-Immolation in Chinese Buddhism*, Honolulu, University of Hawaii Press.

Harvey, Peter 지음, 허남결(Heo, Nam-kyol) 옮김, 2010, 『불교윤리학입문』, 서울, 도서출판 씨아이알.

池麗梅(Chi, Li-mei), 2013, 「宗教實踐としての「燒身」は戒律に違反するのか?-『續高僧傳』「僧崖傳」の成立から窺える中國における佛教收容の一斷面-」, 『법화천태사상의 동아시아적 전개 발표자료집』, 論山, 금강대학교 불교문화연구소, pp.75~131.

船山徹(Funayama, Toru), 2002, 「捨身の思想-六朝佛教史の一斷面」, 『東方學報』, Vol. 74, pp.311~358.

伊藤千賀子(Ito, Chikako), 1994, 「本生経における分類と比較について-試論としての捨身施の 基本構造」, 『印度學佛教學研究』, Vol. 43 No. 1, pp.205~209.

Harvey, Peter, 2000, *An Introduction to Buddhist Ethics: Foundations, Values and Issues*, Cambridge, Cambridge University Press.

Kovan, Martin, 2013, "Thresholds of Transcendence: Buddhist Self- Immolation and Mahāyānist Absolute Altruism, Part One", *Journal of Buddhist Ethics*, Vol. 20, pp.775~812.

_____, 2014, "Thresholds of Transcendence: Buddhist Self- Immolation and Mahāyānist Absolute Altruism, Part Two", *Journal of Buddhist Ethics*, Vol. 21, pp.378~423.

Kweon, Damien, 1996, "Buddhism and Suicide The Case of Channa", *Journal of Buddhist Ethics*, Vol. 3, pp.8~31.

타(他)종교에 대한 『법화경』의 입장

하영수

금강대학교

1. 시작하며

현대사회는 과학문명에 의해 눈부신 기술의 진전을 이루어냈다. 특히 컴퓨터와 인터넷, 스마트폰 등의 보급은 한 개인이 엄청난 정보를 보유하고, 동시에 다른 사람과 방대한 정보를 교환할 수 있는 놀라운 혁신이라 할 수 있다. 그리고 교통의 발달은 광범위한 공간의 이동을 가능케 하였으며, 또한 통신기술의 발달로 인해 지구 반대편에 있는 사람과 언제든 실시간으로 통화를 할 수도 있다. 이와 같은 정보의 획득과 공유 및 공간이동의 질적 변화는, 마치 인도의 고전 문헌에 나오는 성자나 수행자들이 획득한 他心通이나 神足通 등의 신통력을 연상시킨다. 어떤 의미에서 정보와 기술의 축적을 기반으로 하는 오늘날의 물질문명은 고대 세계에서 소수의 사람만이 고된 수행의 결과로서 획득할 수 있었던 자유의 경지를, 일반대중이 그에 상응하는 경제적 비용을 지불함으로써 동등하게 누릴 수 있게 한다고 보는 것도 그리 허황된 견해는 아닐 것이다. 이와 더불어 인류가 이루어낸 신분제의 철폐, 노예해방, 남녀 차별의 止揚과 같은 정신적 전환은 인류의 의식이 어느 정도 성숙한 단계에 접어들었음을 보여주는 것으로도 생각할 수 있다.

그러나 종교라는 분야에 있어서 우리의 현 주소는 물질적, 정신적 진보에 걸맞은 것이라고 보기가 어렵다. 지금 이 순간에도 지구촌 곳곳에서는 여전히 종교적 입장의 차이에 의해서 자행되는 사건, 사고, 테러, 분쟁 등의 소식이 끊임없이 들려온다. 물질문명의 진보와 인류의 지적 성숙이 현저하게 진행된 오늘날에 있어서, 종교에 의한 분쟁만큼 인류의 골머리를 썩이고 사람들의 마음을 아프게 하는 것도 없는 것처럼 생각된다. 어떤 의미에서 종교에 의한 대립은 마치 치유하기 어려운 병처럼, 우리들의 존재 속에 깊이 자리 잡고 있어, 도저히 개선의 여지가 없는 것처럼 보이기까지 한다.

이와 같은 문제의식을 바탕으로 본고에서는 타종교에 대한 『법화경』의 입장에 대해서 정리해 보고자 한다. 『법화경』은 이 경전의 가르침이 설해지기 이전에 설해졌던 다양한 종류의 교설을 방편(upāya)이라 부르고, 이러한 여러 종류의 교설을 설한 진정한 의도가 오직 불승(buddhayāna)이라는 유일한 승(ekayāna)을 중생들에게 전하여 얻게 하는 데 그 본뜻이 있음을 밝힌다. 소위 회삼귀일로 불리는 법화경의 일불승(ekabuddhayāna)사상은 성문승, 연각승, 보살승의 수행도를 폄하하거나 부정하는 것이 아니라, 여러 방식의 수행의 필연성 내지 그 가치를 인정함으로써 통합하는 데에 특징이 있다고 말할 수 있다. 이를 '포용적 통합'이라고 부르는 것이 가능하리라 생각한다. 이러한 통합적인 특징을 지닌『법화경』은 불교와 타종교의 관계를 고찰함에 있어서 적합한 경전이라고 볼 수 있다.

그렇다면 소위 외도(tīrthika)라고 불리는 타종교에 대해서『법화경』은 어떠한 입장을 취하는가? 본고에서는『법화경』이 타종교를 어떻게 바라보는가, 그리고 회삼귀일에 드러나는 포용적 통합의 정신이 타종교에 대해서도 유효한가 등을 중점으로 살펴볼 것이다. 본 논문은『법화경』의 타종교에 대한 입장을 확인함으로써 그 현대적 의의 및 역할 등을 논의하기 위한 기초적 연구라 할 수 있다.

2. 타종교에 대한 입장

여기서는 외도라고 불리는 타종교에 대해 부정, 중립, 긍정이라는 세 범주를 설정하여 논의를 진행하고자 한다.

1) 부정적인 태도

대부분의 종교가 그러하듯, 타종교에 대한 부정적인 태도를 다음 구절에서 확인할 수 있다.

[1] 제3 비유품 : 어떤 사람이 至心으로 불사리를 구하듯 그와 같이 경전

을 구하되, 경전을 얻고서는 정대하여 받아 지니고, 또한 그 사람이 다른 여타 경전을 구하지 않으며 外道의 經籍은 생각조차 없거든 그런 사람에게 곧 설해주어라.[1]

위 인용문은 이 경전(『법화경』)을 비방할 경우 그 죄가 매우 크므로, 설하기에 합당한 사람들을 가려 경전을 설해야 할 것을 설명하는 가운데 등장하는 구절 중 하나이다. 외도에 대해 배타적인 태도를 읽을 수 있으나, 반드시 적극적인 부정으로 보기는 어려울 것으로 생각된다. 그 이유는 바로 앞의 "다른 여타 경전을 구하지 않는다."는 구절이 다름 아닌 불교전통 내의 다른 경전, 아마도 소승의 경전을 의미하는 것으로 생각되며, 따라서 외도의 경전은 그에 대한 연장선상에서 보다 멀리해야 할 것으로 언급되고 있는 것으로 생각되기 때문이다. 여기서 의도하는 것은 소승과 외도의 경전에 대한 배격보다는 이 경전(『법화경』)에 대한 至心, 곧 집중이라고 생각된다.

> [2] 제14 안락행품 : 보살 마하살은 국왕, 왕자, 대신, 장관과 가까이 지내지 말아야 한다. 여러 외도들, 곧 바라문이나 니건자 및 세속의 문필, 찬탄의 外書를 만드는 자와 路伽耶陀, 逆路伽耶陀[2] 등의 사람과 가까이 지내지 말아야 한다.[3]

---

1 「제3 비유품」(『大正藏』 9, 16b1-4).

2 '逆路伽耶陀'가 무엇을 의미하는지는 명확하지 않다. 번역서의 설명에 따르면 『法華玄贊』에 '左順世外道'를 가리킨다고 설명되어 있다.(坂本幸男, 岩本裕 譯, 『法華經-中』, p.355) 이 단어는 범문 원전에는 보이지 않는다.

3 「제14 안락행품」(『大正藏』 9, 37a21-24).

위 인용문은 오탁악세에 정법을 설하는 보살이 갖추어야 할 자세로서 설해진 四安樂行 중 身安樂行의 일부이다. 여기에는 바라문과 니건자(자이나교도), 로카야타(Lokāyata, 順世外道) 등 외도의 구체적인 명칭이 등장한다. 그러나 이어지는 경문에서는 성문의 道에 속하는 비구, 비구니, 남신자, 여신자와도 교류하지 말고, 승방이나 경행 중에 혹은 강당에서도 함께 머무르지 말 것을 설하고 있다.[4] 따라서 위 인용문에 외도에 대해 부정적인 언급이 나오기는 하지만, 이 역시 적극적인 의미에서의 배격을 지시하지는 않는 것으로 생각된다.[5] 사안락행 중 신안락행에서는 교제의 범위 및 방식을 규정함으로써 보다 내적으로 집중할 것을 요구하고 있다.[6]

이상으로 외도에 대해 부정적인 태도를 경전 내에서 살펴보았다. 범주 상으로는 부정적인 태도라고 규정해야 하지만, 실질적으로는 외도 자체를 배격하고 있다기보다는 이 경전에 대한 갈구, 그리고 내적 수행에 집중할 것을 요구하고 있다고 보는 것이 문맥상 타당한 이해일 것이다.

2) 중립적인 태도

보살이 중생을 제도할 때에 다양한 모습으로 현현하여 제도하는데, 그 중에서 외도의 모습, 혹은 외도의 신의 모습으로 제도하는 예例가 묘음보살과 관세음보살에 관련하여 설해진다.

---

4 「제14 안락행품」(『大正藏』 9, 37a28-b2).
5 외도의 사람들이 찾아오면 [무엇인가를] 바라는 마음 없이 법을 설할 것을 요구하고 있다. 「제14 안락행품」(『大正藏』 9, 37a27-28). "如是人等, 或時來者, 則為說法, 無所悕望."
6 「제14 안락행품」(『大正藏』 9, 37b10-11). "常好坐禪, 在於閑處, 修攝其心. 文殊師利! 是名初親近處."

[3] 제24 묘음보살품 : 화덕이여, 그대는 다만 묘음보살의 그 몸이 여기에 있는 것만을 보겠지만, 그러나 이 보살은 갖가지 몸을 나타내어, 곳곳에서 중생들을 위해 이 경전을 설하느니라. 그리하여 혹은 범천왕의 몸이나 제석천의 몸을 나타내며, ……혹은 바라문의 몸을 나타내며, 때로는 비구, 비구니, 우바새, 우바이의 몸을 나타내느니라. ……심지어 왕의 후궁에서는 여인의 모습으로 변하여 이 경을 설하느니라.[7]

위 인용문의 妙音菩薩(Gadgadasvara-Bodhisattva)은 淨華宿王智佛(Kamaladalavimalanak-ṣatrarājasaṃkusumitābhijñā-Buddha)이 있는 淨光莊嚴(Vairocanaraśmipratimaṇḍita) 세계에 속한 보살인데, 이 보살은 다양한 종류의 삼매를 얻어 중생을 이롭게 하였다고 한다. 특히 묘음보살은 타방세계의 보살이지만, 사바세계에서 다양한 신체의 형태를 나타내어 『법화경』을 설한다고 하는데, 그 중에는 비구 등 불교도의 모습뿐 아니라, 타종교의 신이나 사제 등의 모습을 취하는 경우가 있다고 설명되고 있다. 아울러 그것을 가능케 하는 삼매를 경전에서는 現一切色身三昧(sarvarūpasaṃdarśana-samādhi)라고 설명한다.[8]

이어지는 「제25 관세음보살보문품」에서도 관세음보살의 무한한 구제행이 언급되고 있는데, 관세음보살도 다양한 신체를 나타내어 중생에게 법을 설한다고 설명한다.

[4] 제25 관세음보살보문품 : 선남자여, 어떤 국토의 중생이 마땅히 부처

---

7 「제24 묘음보살품」(『大正藏』 9, 56a14-26).
8 「제24 묘음보살품」(『大正藏』 9, 56b14-16).

님 몸으로써 제도되어야 할 자에게는 관세음보살이 부처님의 몸으로
나타나 설법하느니라. ……마땅히 범천왕의 몸으로 제도되어야 할 자
에게는 범천왕의 몸으로 나타나 설법하고, ……마땅히 바라문의 몸으
로 제도되어야 할 자에게는 바라문의 몸으로 나타나 설법하느니
라…….[9]

위 인용문은 관세음보살 역시 33응화신을 나타내어 중생을 교화
하며 법을 설한다는 내용이다. 위의 두 인용은 중생의 선업, 복덕,
지혜, 성향 등의 차이로 인해 각자 처한 상황이 다르므로, 이에 보살
이 방편으로 다양한 몸을 나타내 중생을 제도한다는 것으로 이해된
다. 이것은 모든 중생이 축척해온 業力이 각기 다르므로 일시에 불법
으로 제도하기는 어렵다는 현실에 대한 인정이며, 그 대상은 외도를
포함한 중생들을 포함하고 있으므로, 가치판단적으로는 중립적이라
할 수 있을 것이다.

3) 긍정적인 태도

타종교에 대해 몇몇 주석가들은 긍정적인 태도를 취하고 있다. 여
기서는 법운의 『법화의기』와 원효의 『법화종요』에서 그 입장을 확인
해 보고자 한다.

(1) 法雲(465~527), 『法華義記』

---

9 「제25 관세음보살보문품」(『大正藏』 9, 57a20~b19).

[5] 因을 밝히니 즉 萬善을 거두어 하나의 因으로 삼고, 果를 말하니 또한 위의 [五百塵點劫의 비유에 의해 드러난] 數의 두 배의 것을 궁극적인 果로 삼는다.[10]

[6] 그런데 『무량의경』에는 "무릇 선을 행하면 모두 佛果를 얻을 수 있다."고 되어 있다. 그러므로 『대품반야경』, 『유마경』과 다른 점이 있다. 그리고 또한 萬善이 성불함을 말할 뿐, 삼승을 모아 일승에 귀착시키는 것을 밝히지 않는다. 그러므로 또한 『법화경』과 다르다.[11]

법운은 『법화경』을 주석하면서 인과론을 매우 중시한 것으로 알려지는데,[12] 인용[5]는 모든 선[萬善]이 성불이라는 단일한 결과를 위한 하나의 원인에 포함됨을 설하고 있다. 인용[6]은 『법화경』의 개경開經으로 간주되는 『무량의경』에 대해, '모든 선[萬善]'이 '佛果'를 얻는 '因'임을 밝히고 있다는 점에서는 『반야경』 등의 대승경전과 다르지만, 또한 삼승을 일승에 귀착시키지 않았다는 점에서 『법화경』과도 차이가 있음을 설하고 있다. 즉, 법운은 『법화경』에 만선에 의한 성불과 회삼귀일의 교설이 설해졌다고 해설하고 있는 것이다. 여기서 본고의 주제와 관련하여 주목할 것은 법운이 『법화경』의 일승사상을, 모든 선[萬善]이 성불이라는 동일한 결과에 귀착된다고 이해하고 있다는 점이다. ("今日明因總括萬善爲同歸之路." 『大正藏』 33, 572c23) 위 구절들은 외도에 대한 직접적인 언급은 아니나, 그의 萬善同歸의 입장에서 보자면 외도가 善을 행할 경우 그 善 역시 성불의

---

10 『법화의기』 「제1 서품」(『大正藏』 33, 572c15-17).

11 『법화의기』 「제1 서품」(『大正藏』 33, 582c12-14).

12 간노 히로시(2014), pp.128~142 참조.

因으로 간주하고 있다고 생각할 수 있다.

(2) 元曉(617~686), 『法華宗要』

원효는 『법화종요』에서 일승의 원인에 대해 다음과 같이 말하고
있다.

> [7] 作因이란 성인이든 범부든, 內道(불교도)든 外道든, 道分이든 福分
> 이든, 일체선근이 위없는 보리에 함께 이르지 않음이 없는 것이다.[13]

위 문장은 일승의 원인[作因]을 설명하는 구절이다. 원효의 입장
은 선을 긍정한다는 점에서 법운의 입장과 유사하지만, 외도에 대해
보다 분명한 태도를 취하고 있다. 그는 불교 내부의 선과 외도의 선
일체를 일승의 원인으로 간주한다. 다음의 구절은 善의 원인을 밝히
고 있다.

> [8] 이로 말미암아 말하기를 "범부든 성인이든 간에 일체의 중생, 즉 內道
> 와 外道의 일체선근이 모두 불성으로부터 나와 똑같이 본원으로 돌아
> 간다."고 한 것이다. 이와 같은 것은 본래 오직 부처님만이 窮究하시
> 는 것이다. 이러한 이치 때문에 광대하고 심원한 것이다. 이와 같은 것
> 을 이름하여 일승의 원인이라고 한다.[14]

위 구절은 內道(불교)와 外道(타종교)의 선근이 모두 불성에서 나

---

13 『법화종요』, 권1(『大正藏』 34, 871a8-c1).
14 『법화종요』, 권1(『大正藏』 34, 871c22-24).

와 본원(=불성)으로 돌아감을 명확하게 밝히고 있다. 즉, 善 그 자체의 성립근거를 불성에서 구하고 있는 것이다.

이상으로『법화경』과 그 주석서를 통해『법화경』이 외도에 대해 취하는 태도에 대해 살펴보았다. 사실『법화경』은 영취산의 청중을 대상으로, 즉 제자들을 대상으로 설법을 하고 있기 때문에 외도에 대한 언급이 많이 나오지는 않는다. 그러나 주석가들은『법화경』이 제시하고 있는 '우주 전체에서 유일한 승으로서의 불승(일불승)'의 교의, 혹은 경전에서 석가모니 붓다 자신이 우리가 살고 있는 사바세계 전체의 주인[15]이며, 일체중생을 자신의 자녀[16]라고 부르는 내용을 기반으로, 외도도 그 안(일불승 혹은 일체중생)에 포함시켜서 이를 긍정하는 태도를 취하였던 것으로 생각된다.

3. 다양한 방편의 전개

1) 보살들의 방편

이상으로『법화경』과 주석서를 중심으로『법화경』의 외도에 대한 태도를 세 범주로 분류하여 살펴보았다. 먼저 부정적인 태도에 관해서는, 경전 자체에서 외도에 대한 극단적인 배격의 모습은 보이지 않으며, 외도에 대한 부정적인 태도는 경전에 대한 집중과 내적 수행에 주력할 것을 요구하는 맥락을 함께 고려해야 온전히 이해될 수 있는

---

15 「제3 비유품」(『大正藏』 9, 14c26). "今此三界皆是我有."
16 「제3 비유품」(『大正藏』 9, 13c6). "是諸衆生皆是我子."

것으로 생각할 수 있다. 또한 주석가들은 일불승이라는 큰 관점에서 외도, 엄밀하게는 외도의 善에 대해 이를 긍정하는 태도를 취하고 있었다. 여기서는 위에서 제시한 외도에 대한 세 가지 태도 중에서 이교도의 교화를 포함하고 있는 중립적인 태도에 주목하고자 한다.

중립적인 태도라고 규정한 위 인용문들에는 모두 브라흐마 신(Brahmā, 梵天)과 같은 외도의 신들이나 외도의 사제 등의 모습으로 교화한다는 내용이 공통적으로 설해지고 있다. 여기서 앞서 제시한 인용문을 범어 원전을 통해 살펴보면 그 의미가 보다 명확해진다. 먼저 묘음보살에 관한 인용문의 범어 원문에 대한 번역은 다음과 같다.

> [9] 세존께서 말씀하셨다. 실로 또한 화덕(Padmaśrī)이여, 이 묘음보살 마하살은 많은 모습으로 이 '바른 가르침의 백련(saddharmapuṇḍarīka)'이라는 법문을 설시하였다. 예를 들어, 어떤 경우에는 브라흐마(범천)의 모습으로, 어떤 경우에는 루드라(바람을 관장하는 신)의 모습으로, 어떤 경우에는 샤크라(제석천)의 모습으로, 어떤 경우에는 이슈와라(자재천)의 모습으로, 어떤 경우에는 세나파티(천상의 대장군)의 모습으로, 어떤 경우에는 바이슈라와나(비사문천)의 모습으로, 어떤 경우에는 전륜성왕의 모습으로,……어떤 경우에는 바라문의 모습으로 이 '바른 가르침의 백련'이라는 법문을 설시한 것이다(이하 생략).[17]

묘음보살이 이와 같이 중생을 제도하기 위한 목적을 가지고 다양

---

17 *SP*, pp.432, 10-434, 4.

한 모습을 나타내는 것을 크게 보면 보살행(bodhisattva-caryā)으로 규정할 수 있다. 그런데 중생제도라는 목적 하에 실행된 이러한 보살행을 보다 적확한 언어로 표현하자면 무엇일까? 이어지는 「관세음보살보문품」에서 그에 대한 언급이 보인다.

> [10] 그때에 無盡意(Akṣayamati)보살 마하살은 세존께 다음과 같이 아뢰었다. 세존이시여, 관세음(Avalokiteśvara)보살 마하살은 이 사바세계에서 어떻게 遊行합니까(pravicarati)? 어떻게(katham) 중생들에게 법을 설시하며, 관세음보살 마하살의 능숙한 방편이 미치는 범위(upāyakauśalyaviṣaya)는 어떠합니까? [무진의보살이] 이와 같이 말하자 세존은 무진의보살 마하살에게 다음과 같이 말씀하셨다. 선남자여, 관세음보살 마하살이 붓다의 모습으로 중생들에게 법을 설시하는 세계들이 존재한다. 관세음보살 마하살이 보살의 모습으로 중생들에게 법을 설시하는 세계들이 존재한다. 어떤 자들에게는 관세음보살 마하살이 독각의 모습으로 중생들에게 법을 설시한다. 어떤 자들에게는 성문의 모습으로……, 브라흐마의 모습으로……, 샤크라의 모습으로……, 간다르바의 모습으로……, 약사의 모습으로……, 이슈와라의 모습으로……, 마헤슈와라의 모습으로……, 전륜성왕에 의해 제도되어야 할 중생들에게는 전륜성왕의 모습으로 법을 설시한다. 삐샤차(piśāca)에 의해 제도되어야 할 중생들에게는 삐샤차의 모습으로 법을 설시한다(이하 생략).[18]

위 인용문에서 무진의보살은 관세음보살이 이 사바세계에서 유행

---

18 SP, pp.444, 3–445, 6.

(parivicarati)하는 방식에 관하여 두 가지 질문을 하는데, 첫째는 "어떻게 법을 설하는가(kathaṃ sattvānāṃ dharmaṃ deśayati)"라는 것과, "능숙한 방편이 미치는 범위는 어떠한가(kīdṛśaś cāval-okiteśvarasya bodhisattvasya mahāsattvasyopāyakauśalyaviṣayaḥ)"가 그것이다. 그렇다면 "어떻게 법을 설하는가"라는 물음과 '능숙한 방편이 미치는 범위'에 대한 물음은 어떤 관계에 있는가? 무진의보살의 "어떻게 법을 설하는가"라는 물음에 대해, 붓다는 특정한 어떤 '모습(rūpa)'을 나타내어 법을 설한다고 답하고 있다. 그리고 그러한 모습을 나타내는 경계가 붓다의 모습부터, 악마 삐샤짜 등의 모습에까지 이른다고 설명한다. 바로 이것이 능숙한 방편이 미치는 범위(viṣaya)인 것이다. 따라서 무진의보살의 "어떻게 법을 설하는가"라는 첫 번째 물음은 관세음보살의 방편이 어떤 것인가를 묻고 있는 것이다. 결국 위 인용문은 관세음보살의 방편에 대한 문답인 것이다. 이를 통해 유추하자면 인용 [9]의 묘음보살의 34응화신 역시 그의 방편에 대한 설명임을 알 수 있다.

2) 두 가지 유형의 방편

위에서 묘음보살과 관세음보살의 방편에 대해 살펴보았다. 그 핵심은 응화신의 현시라는 특징을 지니는데, 이는 곧 신체적인 행위로서의 방편을 지시하는 것이다. 여기서 『법화경』의 방편(upāya)의 유형에 대해 살펴보기로 한다. 경전에서는 방편에 관해 두 가지 유형이 확인된다. 첫째는 교설, 즉 언어를 동반한 가르침과 관련된 용례이다. 「제2 방편품」의 다음과 같은 구절이 그 내용을 잘 보여주고 있다.

> [11] 샤리푸트라여, 여래가 의도를 가지고 설하는 것은 이해하기 어렵다. 그것은 왜인가? 샤리푸트라여, 나에 의해 다양한 어원분석, 해설, 언사, 비유라고 하는, 다양한 종류의 수백천의 능숙한 방편(upāyakauśalya)에 의해 법이 설명되었기 때문이다.[19]

위 인용문은 다양한 종류의 교설들이 곧 능숙한 방편임을 명시적으로 언급하고 있다. 위의 방편에 대한 '다양한 교설'의 용례는 다음의 경문에서 삼승으로 정리된다.

> [12] 샤리푸트라여, 그와 같이 시대(겁)가 어지럽고 혼탁할 때에는 많은 중생들이 탐욕스럽고 선근이 적기 때문에, 그때에 샤리푸트라여, 바른 깨달음을 얻으신, 존경받아야 할 여래들은 바로 그 하나의 불승(buddhayāna)을 능숙한 방편인 삼승(triyāna)으로 교시하여 설시하는 것이다.[20]

위 인용문은 앞의 인용문에서 언급한 다양한 종류의 교설을 삼승이라는 세 형태의 가르침으로 분류, 규정하고 있다. 위 인용들을 통해 '방편=언어로 표현된 다양한 가르침, 혹은 삼승의 가르침'의 관계를 확인할 수 있다.

방편의 두 번째 유형은 「제16 여래수량품」에 제시된 다음의 게송

---

19 SP, p.39, 10–13. 「제2 방편품」(『大正藏』 9, 7a17–21).
20 SP, p.43, 5–8. 「제2 방편품」(『大正藏』 9, 7b24–27).

에서 이를 확인할 수 있다.

> [13] 그리고 나는 중생들을 교화하기 위해 방편을 말하여, 열반의 경지를
> 보여준다. 그러나 나는 그때에 [실제로는] 결코 열반에 들지 않고, 바
> 로 여기서 법을 널리 설하고 있다.[21]

이 경문은 중생제도를 위해, 열반이라는 신체적 행위를 방편으로
서 보여주었음을 밝히고 있다. 그러나 엄밀하게 말하자면 먼저 방편
으로서 열반에 들겠노라고 언어로 선언한 후에, 이를 보여주었다(=
실제로 열반에 들었다)는 의미로 생각된다. 따라서 정확한 뜻은 "중
생들을 교화하기 위해서, [열반에 들 것을] 방편으로 설하고서, 열반
을 보여주었다."가 될 것이다. 그렇다면 열반에 들겠다고 언어로 표
현한 것과 실제로 열반에 든 행위 사이에는 어떤 관계가 있는가?

앞서 인용한 「방편품」의 용례를 통해 알 수 있듯이, 방편은 일차적
으로 언어적인 표현에 의한 가르침을 지시하는 것으로 보는 것이 일
반적이라 할 수 있다. 그러나 방편은 본질에 있어서 중생교화라는 의
도에서 촉발된 것으로, 중생교화라는 결과를 초래할 수 있는 것은 무
엇이든 방편으로 활용될 수 있다. 요컨대 중생의 교화에 유용한 것은
곧 모두가 방편이 될 수 있는 것이다. 이러한 맥락에서 볼 때 붓다의
입멸이 어떤 의도를 가지고 수행될 경우, 그 자체가 일종의 가르침으
로서의 의의를 지닐 수 있게 된다. 붓다가 열반을 보여준 이유에 대
해 경전에서는, 중생들이 태만하지 않도록 하고, 붓다를 만나기가 어

---

21 *SP*, p.323, 11–12. 「제15 여래수량품」(『大正藏』 9, 43 b15–17).

렵다는 생각을 가지게 하여 붓다에 대해 사모하는 마음을 내도록 하는 등의 의도를 가지고 시현된 것이라고 설하고 있다.[22] 입멸의 선언뿐 아니라, 입멸이라는 신체적 행위 자체가 곧 중생교화에 부합하는 메시지를 지님을 알 수 있다. 여기서 언어표현으로서의 가르침과 더불어 신체적 행위로서의 방편이라는 두 가지 유형의 방편이 성립함을 알 수 있다.

3) 경전 내에서의 방편의 추이

방편에 관해서 「제2 방편품」을 중심으로 한 경전의 전반부에서는 대부분 붓다의 가르침, 즉 교법이라는 언어적 활동과 관련된 용례가 주를 이루고 있다. 이후 「제16 여래수량품」에 이르러서는 열반에 들겠다고 선언하고서, 열반을 보여준다는 용례가 등장하였다. 이는 경전의 전반부에서 '다양한 교법=방편'이라는 구도가, 「여래수량품」에 이르러 열반에 들겠다고 선언하는 '언어행위로서의 방편'을 거쳐 '열반에 드는 신체적 행위 그 자체=방편'의 방향으로 방편의 외연이 확장된 것이라고 생각할 수 있다.

이러한 방편의 흐름이 또다시 주목되는 곳이 「제23 약왕보살본사품」, 「제24 묘음보살품」, 「제25 관세음보살보문품」이다. 앞에서 묘음보살과 관세음보살이 다양한 화신을 나타내어 중생을 교화하는데, 이것이 그 보살들의 방편임을 확인하였다. 이를 통해 방편의 추이에 관해 다음의 두 가지 사실을 확인할 수 있다. 첫째는 방편의 행위 주체가 석가모니 붓다에서 보살들로 전환, 혹은 확대되었다는 것과, 둘

---

22 「제16 여래수량품」(『大正藏』 9, 43a1-6).

째는 방편의 유형이 '언어적 표현으로서의 교법=방편'에서 '열반이라는 사태를 둘러싼 언어적, 신체적 표현=방편'을 거쳐 '보살들의 신체적 행위 그 자체=방편'으로 확대, 전개되었다는 것이다.

아울러 이 세 품에는 각기 다른 보살들이 등장하면서 그들의 보살행을 설하고 있는데, 이 품들에 공통적으로 현일체색신삼매가 등장한다는 점에 주목할 필요가 있다.[23] 현일체색신삼매는 다양한 색신을 나타내어 중생을 교화하는 삼매인데, 그 중에는 외도의 신들과 외도의 사제들도 포함된다. 또한 「제27 묘장엄보살본사품」에서는 외도를 신봉하는 아버지에게 신통을 나타내어 『법화경』의 가르침을 듣도록 하는 내용이 설해지는데, 이 역시 신통이라는 방편으로 외도를 제도한 일례를 제공하고 있다. 방편으로서의 현일체색신삼매나 신통을 설하는 위의 네 개의 품들은 모두 외도의 교화를 시야에 넣고 설해진 것으로 보이며, 이는 동시에 경전의 시점이 방편을 축으로 하여, 전반부의 성문제자(「제2 방편품」부터 「제9 수학무학인기품」)에서 중반부의 보살(「제10 법사품」에서 「제22 촉루품」)을 지나, 후반부의 외도를 포함한 일체중생(「촉루품」 이후 특히 위의 네 개의 품들)으로 이동하고 있음을 보여주는 것으로 생각할 수 있다.

---

23 「약왕보살본사품」은 소신공양에 관해 설하는 것으로 유명한데, 약왕보살 역시 현일체색신삼매를 획득했다. 「제23 약왕보살본사품」(『大正藏』 9, 53a23-26).

4. 외도에 대한 『법화경』의 입장

이상으로 방편의 유형과 전개에 대해 살펴보았다. 이러한 방편의 사상은 『법화경』의 핵심교설 중 하나인 일불승의 교설과 밀접한 관련이 있다. 즉, 일불승이라는 통합적 교설은 다양한 방편을 전제로 하고 있는 것이다. 이러한 방편과 일불승의 대응 구도를 포괄주의적 관점에서 이해하는 것이 가능하리라 생각한다.

포괄주의(Inclusivism)는 힌두교의 한 특징으로 간주된다.[24] 인도 문화의 특징을 '포괄주의'로 명명한 폴 해커(Paul Hacker)는 이를 "사실은 이질적인 종파에 속하는 것을 자기의 종교라고 주장하면서, 그 안에 포함시키는 것"이라고 정의한다.[25] 고타마 붓다를 비슈누의 9번째 화신이라고 주장하며, 자신들의 교의체계 속에 편입시킨 것은 그 전형을 보여준다고 할 수 있다. 한편, 위에서 불교 측에서도 제보살들이 외도를 포함한 일체중생을 그 교화대상에 넣고 다양한 형상을 나타내어 제도할 때에 범천이나 자재천 등으로 화현함을 확인하였다. 여기서 일종의 포괄주의적 특징을 인정할 수 있을 것이다. 그렇다면 『법화경』에 보이는 포괄주의적 특징은 어떻게 이해될 수 있는가? 이 문제를 아래에서 중생의 차별상과 善이라는 두 가지 측면에서 살펴보고자 한다.

『법화경』의 일불승의 교설은 궁극적인 차원에서 설해진 진리(paramārtha, 勝義諦)로,[26] 궁극적인 차원의 진리의 관점에서는 모

---

24 포괄주의에 대해서는 Ham, Hyoung Seok(2013), pp.10~53 참조.

25 위 논문의 재인용. p.14 참조.

26 일불승은 최상의 진리이며, 이 입장에서는 성문제자도 실은 모두가 보살이 된다. 다음의 경문은 이를 잘 보

든 중생이 평등하여 차별이 없다. 그러나 평등의 사상인 일불승을 설하는 『법화경』에는 사실 다양한 차별상이 설해지고 있다. 三乘에 대한 三車의 비유(「비유품」)나, 성문제자를 가난한 아들로 비유(「신해품」)하거나, 중생들의 다양한 성향을 설한 3草2木의 비유(「약초유품」) 등은 모두 중생의 다양한 차별상을 나타내고 있다. 평등하고 무차별한 일불승의 세계에서는 외도를 포함한 일체중생이 모두 붓다의 자녀이고, 일불승의 수레를 타고 언젠가 모두 깨달음에 이르기는 하겠지만, 각기 쌓은 선업과 수행, 복덕은 모두 다르며, 따라서 성불의 늦고 빠름도 저마다 다른 것이다. 여기에 다양한 중생들의 현재 상태나 성향 등의 차별상이 엄연히 존재한다.

또한 선에 관해 언급하자면, 「방편품」에는 아주 작은 선업을 쌓아도 모두 성불하였다고 하는 萬善成佛의 게송[27]이 나오는데, 이때의 선은 일반적인 의미에서의 선이 아니며, 성불의 원인으로서의 선은 반드시 붓다를 대상으로 한다는 점에 주의해야 한다.[28] 만선성불에 관하여 『법화경』의 메시지는 명확한 것으로 보인다. 성불을 한다는 것은 반드시 붓다와 인연을 맺고, 그 가르침을 받음으로써만 가능하다는 것이 『법화경』의 만선성불의 메시지인 것이다.[29] 따라서 이러한

여준다. SP(WT), pp.122, 21–123, 2. paramārtha evaṃ maya bhūtabhāṣito te śrāvakāḥ sarvi na enti nirvṛtim| caranti ete varabodhicārikāṃ buddhā bhaviṣyant' imi sarvaśrāvakāḥ //44// 최고의 진리가 나에 의해 다음과 같이 진실로서 설해진다. "그들 성문들은 모두 [실제로는] 열반을 향해 나아가는 것이 아니라, 이들은 [성불이라는] 최상의 깨달음을 위한 수행을 하고 있으며, 이 모든 성문들은 [결국] 붓다가 될 것이다.". 「제5 약초유품」(『大正藏』 9, 20b22–24).

27 「제2 방편품」(『大正藏』 9, 8c11–p.9a27). 만선성불에 관해 여러 사례가 나오는데, 6바라밀의 실천, 선하고 부드러운 마음(善軟心), 사리탑의 조영, 돌 등으로 탑을 세움, 불상을 조각함, 불상을 그림, 부처님께 공양, 불상에 예배, 南無佛을 부르는 것 등이다. 열거한 예들은 최기표(2009)에서 정리한 것을 인용한 것이다 (p.19).

28 위의 논문 최기표(2009)에서도 이때의 선이 일반적인 선이 아니라는 견해를 밝히고 있다(p.19).

입장에서 본다면, 외도의 선과 붓다를 대상으로 한 선은 표충적인 면에서는 다른 것으로 생각된다. 왜냐하면 외도의 선을 아무리 많이 쌓아도 그것은 人天乘 이상의 과보를 산출하지 못하기 때문이다.

이처럼 『법화경』은 현상계의 다양한 차별상을 인정하고, 또한 선에 대해서도 표면적으로는 불교 내부의 선과 타종교의 선에 있어서 질적인 차이를 구별하는 것처럼 생각된다. 이 현상계의 차별과 선의 문제에 대해서 다음과 같이 이해할 수 있을 것이다.

먼저 현상계의 차별상에 대해서 언급하겠다. 평등하고 무차별한 일불승의 입장에서 모든 중생을 포용하고 그들의 성불을 말하지만, 한편으로 현상계에 대해서는 엄연히 존재하는 다양한 차별상을 인정한다. 따라서 일불승의 입장에서는 포괄적이라고 할 수 있지만, 동시에 현상계에 대해서는 중생들의 선업, 지혜 등이 모두 층위가 다르다는 입장에 있다. 즉, 육도윤회의 중생들과 성문, 연각, 보살, 불[30]이 모두 일불승의 입장에서는 평등하나, 현실의 세계에서는 차별된 모습을 보이며, 그것이 하나의 위계적 질서를 이루고 있는 것이다.[31] 그러므로 외도는 궁극적인 관점에서 보면 성불의 길인 일불승에 포섭되나, 자체적으로는 성불의 이치가 없으므로 위계적 층위 속에서 불

---

29 만선성불, 혹은 소선성불은 반야경 계통에서 설하는 6바라밀의 '3아승지겁+백겁'의 지난한 수행의 입장에서 보면 인정하기 어려운 교설이었을 것이다. 그러나 본고의 주제인 타종교의 문제와 관련하여 이를 해석하자면, 「방편품」의 만선성불은 성불이 반드시 붓다와 인연을 맺음으로써만 가능하다는 메시지로 이해되어야 할 것이다. 경전에는 붓다가 授記를 내리거나, 다른 붓다들의 성불의 인연을 설명하는 내용이 많이 나오는데, 이 모든 내용에는 공통적으로 많은 붓다들을 친견하고 공양하여 선근을 심었다는 내용이 등장하며 붓다와의 인연 없이 성불하였다는 예는 보이지 않는다.

30 육도윤회의 중생들부터 불에 이르는 중생의 유형에 대한 10가지 분류를 소위 十界라 하는데, 이는 중생을 迷悟을 기준으로 분류하는 방식이다. 「제19 법사공덕품」에 설해져 있다. 10계에 대해서는 이영자(2001), pp.145~148 참조.

31 이와 같은 유형의 포괄주의를 잠정적으로 '층위적 포괄주의'라고 부르는 것이 가능할지도 모르겠다.

교도보다 하위에 위치하게 되며, 결국에는 언젠가는 성불의 가르침인 불법으로 제도되어야 하는 존재로 보아야 할 것이다.

또한 선의 문제에 관해서는 불교 내에서의 선과 타종교의 선이 질적으로 전혀 다른 것인가, 또한 타종교의 선은 과연 무의미한 것인가에 대해 고찰할 필요가 있다. 이에 대해 외도의 선이 그 자체로서는 인천승의 과보를 낳지만, 동시에 그것이 붓다를 만나거나 붓다의 가르침을 접하는 인연으로 작용한다는 점에 주목해야 한다. 경전에서는 선근이 적은 자들은 붓다를 만나지 못하고, 심지어 붓다의 명호조차 듣지 못한다고 설하고 있다.[32] 또한 선근을 많이 심은 자들은 수많은 붓다를 친견함을 설하는 예도 있다.[33] 이는 곧 선근이 붓다를 만나고, 만나지 못하는 데 있어서 중요한 기준이 됨을 의미하는 것으로 생각할 수 있다. 따라서 붓다를 만나기 이전에 지은 선업은 자신의 윤회적 생존양태를 결정하지만, 동시에 붓다(혹은 그 가르침이나 선지식 등)를 만나는 인연으로 작용하기도 하는 것이다. 결국 외도의 善은 성불이라는 관점에서 보자면, 붓다를 만나거나 붓다의 가르침을 접할 수 있는 인연으로 작용하므로, 이를 전체적으로 조망할 경우 모든 선근이 깨달음으로 이어진다고 할 수 있는 것이다. 혹은 외도의 선에 대해, 원래 불도에 인연이 있는 사람이 현생에서 다시 불문에 들어가기 전에 선업을 닦으며 준비하는 과정으로서의 의의가 있다고 보는 것도 가능할 것이다. 어느 쪽이든 불교의 선과 타종교의 선은 보다 간접적이냐 직접적이냐의 차이는 있겠으나 본질에 있어서 모두

---

32 「제2 방편품」(『大正藏』9, 8b10-21).
33 「제1 서품」(『大正藏』9, 4b13-14). 「27묘장엄왕본사품」(『大正藏』9, 60c5-8).

성불에 기여한다고 생각할 수 있다. 그리고 이러한 관점에서 보자면 타종교의 선 역시 성불과 관련하여 중요한 의의를 지닌다고 생각할 수 있다.

이상의 현실적 차별상과 선의 구별에 관한 논의는 방편과 관련이 있다. 『법화경』은 평등·무차별의 일불승(ekabuddhayāna)을 주요 교설로 삼고 있지만, 동시에 현실세계에 존재하는 중생의 다양성을 인정하고 있다. 이러한 궁극적인 차원의 순일무이 純一無二함과 현실세계의 복합·다양성을 이어주는 가교의 역할을 하는 것이 바로 방편의 구제론이다. 방편(upāya)은 현실 내에 엄연히 존재하는 차이를 인정하면서 이를 궁극적인 차원으로 해소시킨다. 불교 내부와 외부의 선의 구별도 현실적인 차원을 반영하고는 있지만, 모두 일불승의 대도 大道에 이르기 위한 과정(upāya)의 일부인 것이다.

5. 마치며

이상으로 『법화경』이 외도에 대해 취하는 태도를 부정, 중립, 긍정의 세 범주로 나누어 살펴보고, 그 중에서 외도의 제도를 포함하고 있는 중립의 태도에 초점을 맞추어 이를 고찰해 보았다. 『법화경』이 표방하는 일불승의 입장은 최상의 진리의 관점에서 설해진 것으로, 이 입장에서는 모든 중생이 평등하여 차별이 없다. 일불승의 세계에서 보면 모든 중생은 불교도이든 타종교를 신앙하는 사람이든 모두가 붓다의 자녀 아닌 자가 없으며, 모두 성불의 길로 나아가는 보살들이다. 이러한 일불승의 입장은 포괄주의적 특징을 나타낸다. 그러나 현실 속에는 다양한 차별상이 존재한다. 중생들의 근기, 선근, 복덕, 지혜, 의향, 처한 환경 등은 저마다 모두 다르다. 바로 여기서 방편의 구제론이 요청된다. 『법화경』의 방편의 구제론은 다양한 층위에 속하는 중생들을, 성불이라는 명확한 지향점으로 이끄는 불보살의 활동이다. 궁극적인 관점에서는 외도를 포함한 모든 중생을 포용하면서도, 현실적인 관점에서는 엄연히 존재하는 차이를 인정하고, 이를 무수한 방편으로 제도해나가는 것이 『법화경』의 입장이라 할 수 있을 것이다.

또한 타종교의 善에 대해서 말하자면 『법화경』은 붓다를 대상으로 한 선과 그 이외의 선을 표층적으로는 구별하는 것처럼 보인다. 필자는, 붓다와의 인연맺음 없이 성불하는 것은 불가능하다는 것이 『법화경』의 입장이라고 생각한다. 외도의 선을 아무리 많이 지어도 그것 자체만으로는 성불할 수가 없다. 성불에는 붓다와의 인연이 반드시 필요하기 때문이다. 그러나 붓다를 만나기 이전에 지은 선은 그것이 인연이 되어 붓다, 혹은 선지식을 만나는 계기가 된다고 경전에서 말하고 있으므로, 선은 그 자체로서 매우 중대한 의의가 있다고 할 수 있다. 따라서 타종교의 가르침을 통해 선을 쌓음으로써 붓다, 혹은 그 가르침을 만나게 되고, 붓다에 대해 선근을 심음으로써 성불을 이룰 수 있다는 큰 틀에서 보면, 외도의 선도 불과의 원인이라고 말하는 것이 가능하며, 이 두 종류의 선이 본질적으로 다른 것은 아니라고 할 수 있다. "모든 악을 짓지 말고, 여러 선을 받들어 행하며, 스스로 그 마음意을 청정하게 하라. 이것이 여러 부처님들의 가르침이다.(諸惡莫作 衆善奉行 自淨其意 是諸佛敎)"라는 붓다들의 공통적인 가르침은 선 그 자체에 대한 중요한 메시지를 담고 있다. 타종교에는 성불의 이치가 없으므로, 이에 대해 불교와 동등한 위상을 부여하는 것은 불가하나, 타종교에 의해 제시된 종교적 선 그 자체는 성불로 이어질 수 있는 중대한 가능성과 의의를 지니므로, 이를 긍정하고 적극적으로 추구해 나가는 것은 매우 의미 있는 일이라 할 수 있을 것이다.

　종교 간의 대립은 좀처럼 해결하기 어려운 문제처럼 보인다. 오늘날 바로 이러한 시대에 있어 『법화경』이 지니는 포용과 회통의 정신은 많은 것을 시사한다고 생각된다. 현대에 있어서 『법화경』의 의의 혹은 역할에 대해, 타종교에 대한 입장을 보다 분명하게 규명함으로써 모색하는 것도 하나의 방법이 될 수 있을 것이다.

【 참고문헌 】

1차문헌

Sanskrit Sources

SP　　Saddharmapuṇḍarīka, ed. by H. Kern and B. Nanjio(Bibliotheca Buddhica X), St. Pétersbourg, 1908–1912. reprinted in Osnabrück, 1970, in Tokyo, 1977.

SP(WT)　Saddharmapuṇḍarīkasūtra, U. Wogihara and C. Tsuchida ed. Tokyo: Sankibo Buddhist Book Store, 1958.

Chinese Sources

『묘법연화경』, 『大正新修大藏經』 9.

『법화의기』, 『大正新修大藏經』 33.

『법화종요』, 『大正新修大藏經』 34.

2차문헌

이영자(2001), 『천태불교학』, 해조음.

최기표(2009), 「『법화경』에 나타난 '信仰'의 해석학적 고찰」, 『佛敎學報』, 제53집,
　　　pp.9~27.

간노 히로시(2014), 「광택사 법운의 법화경관」, 『남북조 시대의 불교사상』, 민족사,
　　　pp.119~147.

菅野博史(1994), 『中国法華思想の研究』, 春秋社.

苅谷定彦(1983), 『法華經一佛乘の研究』, 東方出版.

平川 彰(1989), 『初期大乘佛教と法華思想』, 春秋社.

松本史朗(2010), 『法華經思想論』, 大蔵出版.

松濤誠廉 外2名(2001), 『法華經 Ⅰ·Ⅱ』, 中央公論新社.

坂本 幸男, 岩本 裕 譯(1965), 『法華経-上·中·下』, 岩波書店.

多田孝正, 多田孝文(1997), 『無量義経 法華経上』, 大蔵出版.

Ham, Hyoung Seok(2013), "Inclusivism : the Enduring Vedic Vision in the Ever-
　　　Renewing Cosmos", 『불교학리뷰』, 제13호, pp.10~53.

현대사회에서 불교도의 개인윤리에 대하여

이영진

금강대학교

　'불교가 현대사회에 적극적으로 참여하여 주도적인 역할을 해야만 한다'는 주장은 한국에서 불교학을 공부하고 있는 필자가 최근 20~30여 년간 불교 학회의 세미나[1] 혹은 개인적인 대화에서 자주 들어온 말 중의 하나이다. 이러한 인식의 변화로 인하여 한국에서 불교단체들은 복지와 남북통일 활동 등의 대사회활동을 활발히 시작하였다.[2] 또한 최근에는 불교학의 분야에 불교학을 기본 바탕으로 현대

1　한국에서 가장 큰 규모의 학회인 '한국불교학회'에서는 2008년 7월 31일 '불교와 사회참여'라는 주제 하에 학술워크숍을 개최하였으며, 젊은 불교학자들의 참여가 돋보이는 '불교학연구회'에서는 동일한 주제와 관련된 학회를 2009년 11월 14일에 개최하였다. 이 이외에도 현재까지 '불교의 사회참여'라는 슬로건을 내세우지는 않지만 꾸준히 관련 분야의 학술세미나가 열리고 있다.

2　대표적으로 '정토회'를 들 수 있다. 정토회에서는 1993년 이래 기아, 질병, 문맹이 문제가 되고 있는 인도의 일부 지역(비하르주 둥게스와리 등)에 무료급식, 병원 설립과 무료의료봉사, 학교 설립과 무료교육을 하고 있다. 또한 이 단체는 1996년 이후 북한에 식량 및 생필품 등을 지원하는 활동을 펼치고 있기도 하다.

사회가 직면하고 있는 여러 가지 문제들을 해결하기 위한 응용불교학과가 신설 新設되거나,[3] 응용불교학에 관련된 논문들이 쏟아져 나오고 있다.[4] 물론 이러한 흐름이 갖는 긍정적인 면을 부정하는 것은 아니지만, 전자의 경우 특히 대사회봉사에서 강점을 가지고 있는 개신교 改新敎와 가톨릭의 강세에 대항하기 위하여, 후자의 경우 불교학을 전공한 대학·대학원생·박사들이 취업하지 못하거나 상대적으로 열악한 환경에 취업하는 현실이 그 배경에 있음은 부인할 수 없는 사실이다.[5]

한국에서는 최근 개신교와 가톨릭의 약진이 눈에 띄게 두드러진다. 예를 들어 10년마다 한 번씩 행해지는 통계청의 종교인구 분포 중 2005년의 보고서를 보면 종교를 가지고 있음과 종교가 없음의 비율이 각각 53.08%와 46.48%이고, 종교를 가지고 있는 사람 중 각 종교의 비율은 불교-개신교-천주교-기타의 순으로 각각 22.80%-18.32%-10.94%였다.[6] 그렇지만 2013년 기독교의 한 단체에서 조사한 통계를 보면 종교를 가지고 있음과 종교가 없음의 비율이 55.1%와 44.9%이고, 종교를 가지고 있는 사람의 비율은 개신교-불교-천주교의 순으로 각각 22.5%-22.1%-10.1%로 개신교가 불교 신자의 수를 앞선 것으로 나타난다.[7] 물론 이 경우 기독교 단체에서

---

3 필자가 속해 있는 금강대학교에서는 2014년에 '응용불교학과'를 신설하였다. 이 학교의 커리큘럼(curriculum)을 살펴보면 주로 불교와 심리치료, 상담, 생태학, 윤리학 등과 접목한 과목들이 많으며, 불교 영어와 포교 방법론 등의 과목도 개설(開設)하고 있다.

4 최근의 신문기사에 따르면 한국에서 불교학을 주도해왔던 동국대의 2014년 전반기에 제출된 불교 관련 박사학위 논문 7편 중 3편이 응용불교학의 분야에 속한다.

5 김성철[2006]은 불교대학 졸업생의 취업문제에 대하여 대학에서 1)응용불교학의 개발과 교육, 2)진로 지도와 취업을 위한 홈페이지 개설이 필요하다고 주장한다.

6 고병철 외[2012:11~15] 참조.

의뢰한 설문의 결과로 완전히 신뢰하기는 어려울 것이다. 그렇지만 한 일간지의 기사에 따르면 서울은 교회의 숫자가 절의 숫자보다 8배가 많으며 천주교와 기독교가 서울과 수도권 등 대도시에서 강세를 보이지만, 불교는 노인층이 주를 이루고 있는 농촌에서 강세를 보이고 있다.[8]

이런 사실은 앞으로 10년 혹은 20년 후 불교 신자의 주된 층을 이루고 있는 노년층이 사라진 이후의 한국불교의 현실이 결코 밝은 전망이 아니라는 점을 시사한다. 따라서 사회봉사 등의 적극적인 활동을 통해 불교의 긍정적인 면모를 보여줌으로써 현재의 외연 外延을 넓히고, 미래를 위하여 포교사를 키우는 등의 응용불교를 권장하는 것은 불교의 입장에서는 생존을 위한 필수적인 전략이라고 할 수 있을 것이다.

산스크리트 사본에 대한 연구를 주로 하고 있는 필자는 '불교가 주도적으로 참여하여 세상을 바꿀 수 있다'는 주장에 대해 '과연 다른 종교와 뚜렷이 구분되는 불교만의 관점과 사상을 가지고 사회를 발전시킬 수 있을까?'는 회의를 가져왔다. 필자의 이해로는, 역사적으로 불교는 세속사회에 정치적 사회적으로 늘 참여해왔으며, 그 결과가 항상 긍정적으로 나타난 것만은 아니다.[9] 그리고 응용불교학을 도입함으로써 불교학 전공자가 폭발적으로 늘어난, 그렇지만 아직 취

---

7 http://www.igoodnews.net/news/articleView.html?idxno=39114.

8 http://www.hani.co.kr/arti/society/religious/648506.html.

9 특히 전쟁에 대한 정당화가 그러할 것이다. 이에 관해서는 Harvey[2000:255~270], Faure[2009:93~99] 참조. 또한 삼국시대부터 조선시대에 이르기까지의 한국불교사에서 승려의 전쟁 참여에 관해서는 김용태[2012] 참조.

업률과는 무관한 불교학계에 대해 질적 성장 없이 양적 성장만을 추구하는 것은 아닌가하는 우려 역시 갖고 있다. 이러한 필자에게 2013년 가을 일본의 다이쇼대학교에서 열린 '현대사회에서 불교의 역할'이라는 세미나에 참여하라는 권유를 받았을 때, 주제에 어울리지 않는 발표자라고 몇 번 사양하였지만, 현재 사는 사회에 대해 부채 負債를 느끼고 있는 한 명의 불교학자로서 일종의 의무감을 가지고 참여하게 되었다. 그리고 필자에게 관심이 가는 것은 '불교문헌을 연구하는 학자로서 육식, 군복무 혹은 종군 從軍, 음주 등 한국 혹은 한국 이외에서 일어나는 사회현상에 대해 어떠한 태도를 보일 것인가' 임을 알게 되었다. 이러한 관심 분야는 재가신자인 불교도라면 마땅히 지켜야 할, 필자의 이해로는 개인윤리(personal ethics)라고 말할 수 있고 보다 정확하게는 바른 행동(right conduct or behavior)이라 정의할 수 있는 다섯 가지 계율(pañca śīlāni)과 관련이 깊을 것이다.

이 5계는 다름 아닌 재가신자(upāsaka와 upāsika)인 불교도(Buddhist)가 지켜야만 하는 것이라는 점에서 필자는 '나는 과연 불교도인가?'라고 스스로 질문을 던지게 되었다. 누군가가 필자에게 "당신은 불교도입니까?"라고 물었을 때, 특히 불교 이외의 종교를 가지고 있는 사람들의 물음에 대해 그렇다고 대답을 해왔지만, 불교를 종교로 가지고 있는 사람들의 물음에 대해 때때로 "불교도가 아니다."라고 답해왔다. 두 경우 모두 '불교도'가 되기 위한 정확한 자격요건을 알지 못한 상태에서, 전자의 경우는 불교학 연구를 통해 생계를 유지하는 불교학자라는 의미에서 긍정의 답을 해왔고, 후자의 경우는 다음과 같은 두 가지 문맥에서 부정 否定의 대답을 한 것 같다. 첫 번째는 자신을 스스로 '불교도'라고 지칭하기에 부끄러웠던 경우이고, 두 번째는 불교도가 '붓다(들)의 가르침을 의심하지 않고 (asaṃśaya) 믿는 사람들'을 지칭할 경우였다.

필자는 두 가지에 초점을 맞추어 이 글을 진행하고 싶다. 우선 개인적인 물음을 해결하기 위해 '누가 불교도인가?'를 논의하고 싶다. 이 논의에는 불교도가 되기 위해 반드시 전제되어야 하는 '삼귀의'와, 앞서 언급되었던 5계를 다룰 예정이다. 그다음으로는 10가지 대선지법(kuśalamahābhūmikā dharmāḥ)의 항목들로 널리 알려진 참(慚, hrī)과 괴(愧, [vy-]apatrāpya)에 관해 논의하고 싶다. 이 둘은 단순히 대선지법에 포함되는 심소일 뿐 아니라, 계를 보호하는 데 있어서, 즉 계율의 항목(śikṣāpada)[들]을 범했을 때 이를 다시 저지르지 않기 위한 중요한 역할도 하고 있다. 따라서 5계를 비롯한 계율의 준수와 관련이 깊다고 할 수 있다.

1. 누가 '불교도'인가?

아마도 불교 승려들을 제외하고 스스로 불교도라고 생각하는 재가신자는 절에서 행해지는 종교의례에 정기적 혹은 부정기적으로 참석하거나, 이러한 종교행사에 참석하지는 않지만 불교의 가르침에 호의를 가지며, 그 가르침을 좇아 생활하고자 노력하는 사람들이 그 다수를 차지할 것 같다. 그렇지만 불교도를 정의하는 데 있어서 가장 중요한 기준은 '불·법·승의 삼보에 대한 귀의'일 것이다. 흔히 삼귀의는 불교행사에서 가장 먼저 행해지는 의례로서, '저는 불·법·승이라는 피난처로 갑니다(혹은 귀의합니다)'라는 형식을 띠고 있다. 이러한 삼귀의는 삼보에 어떠한 수식어가 붙는가에 따라서 그 형태를 달리한다. 어떤 경우에는 삼보 중 승에 비구를 첨가하여 비구승가로 규정하고 있으며,[10] 다른 경우에는 불·법·승 각각에 '두 발을 가지고 있는 존재 중에서 최고이신, 이욕離欲[을 가르치는 법들]중에서 최고인, 무리 중에서 최고인'의 수식어를 부가하고 있다.[11] 또 다른 경우는 법을 '모든 대승(samagraṃ mahāyānam)'으로, 승을 '불퇴전 보살의 무리(avaivartikabodhisattvagaṇa)'로 보고 있다.[12] 이러한 차이점은 불·법·승에 대한 정의가 문헌마다 차이가 있음을 의미한다. 주석서를 살펴보더라도 삼보의 정의는 반드시 일치하지 않는다. 예를 들어 주류불교인 설일체유부의 견해에 따르면, 불은 '붓다[들]을 만드는 무학의 법들'이다. 이는 진지(kṣayajñāna)와 무생지(anutpādajñāna), 그리고 이들과 동반하는 무루의 오온[들]을 지칭하며 성도 이전과 이후가 다르지 않은 색신(rūpakāya)[들]은 배제한다. 법은 열반(nirvāṇa)을 의미하며, 승은 4향 4과의 성인들(āryapudgalāḥ)을 지칭한다.[13] 대승논서인 『현관장엄론』의 주석서에서 아리야 비묵띠세나(Ārya Vimuktiṣeṇa)는 불을 붓다를 의미하는 일체지자(sarvajña)가 아닌 세 종류로 구분되는 모든 것을 아

---

10 Gnoli[1978:17].
11 Schmidt[1993:9b1] 등.
12 Isaacson[2001:158] 등.
13 *AKBh*, 216.15–217.06.

는 지혜인 일체지(sarvajñatā)로, 법을 전통적인 관점에 따라 이욕(virāga)으로, 승을 '불퇴전 보살의 승가(avaivartikabodhisatt-vasaṅgha)'로 보고 있다.[14] 따라서 시대 혹은 각 학파에 따라 삼보의 정의가 달라져 왔음을 알 수 있다.

그렇다면 이러한 삼귀의를 한다면 모두 불교도가 되는가? 이론의 여지는 있지만 까쉬미르 유부와 세친(Vasubandhu)은 남성재가신자가 되기 위해서는 이러한 삼귀의 이외에도 近事律儀(upāsakas-aṃvara)가 반드시 필요하다는 것에 동의한다.[15] 여기서 근사율의는 마땅히 떠나야만 하는 다섯 법으로부터 원리 遠離를 받는 것인데, 이 다섯은 살생·투도·사음·망어·음주(prāṇātipāta·adattādāna·kāmamithyācāra·mṛṣāvāda·surāmaireyamadyapāna)를 가리킨다. 즉, 근사율의는 5계를 지칭하는 것이다. 따라서 적어도 이 입장에 따르자면, 재가신자가 되기 위해서는 삼귀의뿐만 아니라 5계를 받는 것이 필수적이다.[16] 5계는 수계자 개인으로서는 나쁜 행위를 저지르는 것을 방지하고 그로 인해 초래되는 괴로운 결과로부터 그 자신을 보호하는 역할을 한다. 그렇지만 다른 사람 혹은 존재의 이익에 반하는 행위를 하지 않는다는 서약은 분명히 사회적 기능을 가지고 있을 것이다.[17]

그렇다면 삼귀의를 하고 5계 모두를 받았지만 이를 엄격히 준수하

---

14 *AAVī*, 37ff.

15 *AKBh*, 215.01–13.

16 이를 확장시키면, 불교도란 불·법·승의 삼보에 대해 귀의하고 각각이 처해있는 상황에 맞게, 즉 비구라면 비구계를, 비구니라면 비구니계를, 재가신자라면 5계를 받은 사람들을 지칭할 것이다.

17 Schmithausen[1991:37ff].

지 못하고 있는, 즉 음주함으로써 마지막 항목을 범하고 아직 어린 딸을 위해서 모기를 죽이기 위해 모기향을 피우고 더 나아가 동물들이 사람을 위해서 비참하게 사육되고 있다는 것을 알면서도 이들을 먹음으로써 간접적으로 살생을 부추겨 첫 번째 항목을 어기고 있는 나는 과연 불교도인가? 아마도 불교도의 정의를 엄격하게 적용한다면, [진실한 의미에서] 불교도가 아니라고 해야 할지 모르겠다. 다만 다음과 같은 구사론의 문장을 고려한다면, 이러한 정의를 조금 느슨하게 적용할 가능성은 있어보인다.

> [경량부] 만약 반드시 모든 남성재가신자가 근사율의에 머무는 자라면, 무엇 때문에 세존께서는 [5계 중] 하나를 지키고, 둘을 지키고, 셋과 넷을 지키고, 모든 5계를 지키는 남성재가신자가 있다고 말씀하셨는가?
> [유부] 왜냐하면 [세존께서는] 어떤 사람이 특정한 계율의 항목(śikṣāpada)을 보호할 때 그를 그 [특정한 계율의 항목을] 행하는 자라고 말씀하셨기 때문이다. 그렇지만 모든 [남성재가신자는 근사]율의에 머무는 자라는 점에서 같다.[18]

이처럼 유부는 5계를 모두 받았지만 특정한 상황 혹은 환경에 따라 5계 중 하나만을 지키는 자와 둘 혹은 셋과 넷 혹은 다섯 모두를 지키는 재가신자를 인정하고 있다. 이에 대해 경량부는 상황에 따라 선택적으로 계를 지키는 것이 아니라 본래부터 하나, 혹은 둘 등의 계율의 항목들을 받았기 때문이라고 반박하고 있다.[19] 따라서 유부의

---

18 *AKBh*, 215.15-18.

19 좀 더 자세한 내용에 관해서는 Harvey[2000:80ff] 참조.

이러한 견해를 탄력적으로 적용한다면, 삼귀의를 하고 5계 모두를 받은 경험이 있는 필자는 불음주계를 어기고 있을지라도 불교도라 할 수 있을 것이다. 그렇지만 5계 중 가장 중요한 그리고 그 과보가 무겁다고 생각되는 살아있는 생명을 [직접적이든 간접적이든] 살해하지 않겠다는 첫 번째 맹세 盟誓를 지키고 있지 않은 경우에도 이러한 주장은 유효할 것인가? 필자는 5계를 범한다면 불교 재가신자의 지위가 박탈된다는 내용의 서술을 아직 찾지 못했다. 또한, 앞서 인용을 통해 유부이든 경량부이든 당시에 생계 등의 이유로 불가피하게 계율을 지킬 수 없었던 사람이 있다는 점에 동의하고 있다. 따라서 5계는 재가신자로서 최선을 다해 지켜야 하는, 그렇지만 어떤 경우에는 온전히 지킬 수 없는 '이상적인 도덕률(ideal ethics)'임을 알 수 있다.

물론 이러한 점이 5계를 지키지 않는 행동을 정당화해서는 안 될 것이다. 예를 들면 '인간에게 해가 되는 해충은 죽여도 되며 소·돼지·닭 등은 인간이 먹기 위해 죽일 수 있으며,[20] 반드시 죽여야만 한다면 자비에 근거하여 잔인하지 않게 죽여야 한다'[21]라는 주장은 결단코 불교도의 윤리에 상반될 것이다.[22] 아마도 물고기를 포함한 육식

---

20 *AKBh*, 240.25–241.01. 세친은 이를 '어리석음[迷惑]으로부터 생한 살생'의 한 예로 제시하고 있다.

21 Harvey[2000:168].

22 『大般涅槃經』, 『大正藏』 374, 460a26–b21. 해충 등을 살해해도 죄가 되지 않으며 과보가 없다는 브라만의 가르침에 대해 대승에 속하는 불교의 가르침은 다음과 같이 설하고 있다. 살해에는 해충부터 축생을 죽이는 下殺, 범부부터 불환과를 얻은 성자를 죽이는 中殺, 부모와 아라한·벽지불·붓다가 되겠다고 결심한 보살을 죽이는 上殺이 있으며, 앞의 둘은 지옥·축생·아귀의 과보를 받으며 마지막은 아비지옥(avīcika)에 떨어지는 과보를 받는다. 따라서 적어도 대승의 가르침 중 하나에 따른다면 해충과 소 등의 가축을 살해한다는 것 역시 부모와 아라한의 살해보다 상대적으로(!) 가벼운 과보를 받지만, 반드시 금해야 하는 항목이다. 한 가지 매우 흥미로운 점은 이러한 서술 이후에 '불교도로 개종할 가능성이 전혀 없는 (혹은 대승의 가르침에 반대하는 자인?) 一闡提(icchantika)를 살해하는 경우는 죄도 그 과보도 없다'고 언급하여, 정의로운 살인 혹은

에 관대한 불교도는 다음과 같이 주장할 수도 있을 것이다. 1)붓다는 육식을 금하지 않았으며[23] 세 가지 측면에서 청정하다면(trikoṭi-pariśuddha), 즉 비구 혹은 비구니가 자신에게 음식 공양을 하기 위하여 동물이 살해된 것을 직접 보거나 듣거나 그러한 상황이 의심되지 않는다면 먹을 수 있기 때문에,[24] 자신이 직접 살해하지 않는 한 불교도에게 육식은 커다란 문제가 아니다. 2)식물 또한 생명체이기 때문에 채식과 육식에는 살아있었던 것을 먹는다는 점에서 근본적인 차이를 발견하기 어려우며, 채식주의자들이 갖는 도덕적 우월성 집착의 한 형태인 고기에 대한 혐오 등의 부정적인 면모가 있고 육식보다 훨씬 나쁜 행동들이 많다.[25] 이러한 주장들은, 슈미트하우젠이 잘 보여주었듯이,[26] 시대적 상황—즉, 붓다가 육식을 금하지 않은 것은 승려들에게 원래 음식이란 탁발을 통하여 재가신자들이 남긴 음식을 먹는 것으로, 이러한 탁발이 선택사항이 되고 재가신도로부터 음식 공양을 받아들이게 되었을 때 '세 가지 측면에서 청정'이 나타나게 된[27]—을 고려하지 않고 자신의 육식 습관을 이어가기 위한 변명에 지나지 않을 것이다. 5계를 비롯한 계율은 시대적 상황을 반영해 왔고 반영해야만 한다. 현대사회에서는 상업적인 이익을 위하여 소 등

더 나아가 현재 이슬람 극단주의자들과 기독교의 갈등 같은 종교분쟁의 씨앗이 될 수 있는 생각을 지지한다는 점이다.

23 상좌부(Theravāda)의 율장(Vinaya IV 88, 23–26)에 따르면, 지상 동물이든 해상 동물이든 그 고기는 좋은 먹거리(paṇitabhojana)로 규정된다.

24 Vinaya I 238, II 197.

25 Harvey[2000:160].

26 Schmithausen[2005:195ff].

27 Schmithausen[2005:188].

의 동물들이 더할 수 없이 비참한 상태에서 단지 죽을 날을 기다리며 대규모로 사육되고 있으며, 물고기를 포함한 바다 생물 역시 갖은 첨단 장비를 동원해 대단위로 포획되고 있다. 따라서 현대사회에서의 육식은 과거의 단순히 생존을 위한 혹은 공경을 표시하기 위한 대접과는 차원을 달리하는, 극단적으로 말하자면, 남에게 살해를 지시하는 명령을 내리는 행위와 같다.[28] 따라서 불교도라면 불가피한 상황을 제외하고[29] 육식을 금하거나 적어도 단번에 불가능하다면 그 양을 조금씩 줄여나가야 할 것이다. 이러한 노력을 통해 동물들의 사체로 만들어진 음식재료의 유통이 조금이라도 줄어든다면 적어도 소수이겠지만 몇몇 동물들은 지금 그들이 처해있는 비참한 상황을 벗어날 수도 있기 때문이다.

이처럼 계율은 시대적 상황에 맞추어 새로이 해석되고 준수해 나가야 할 것이다. 또 다른 예로는 5계의 세 번째 항목인 불사음과 관련한 '동성애'라고 할 수 있다. 전통적인 불교적 관점에서뿐 아니라 현대에서도 동성애에 관한 주류적 생각은 부정적인, 더 나아가 치유해야 하는 병의 맥락에서 논의되고 있다.[30] 그렇지만 일부이긴 하지만 동성의 결혼을 허용한 서구뿐만이 아니라 한국에서도 동성애를 사랑의 한 형태로 인정하고 있는 사람들이 점점 증가하고 있으며, 이

---

28 LAS, 252.15-253.01. "마하마띠여! 만약 모든 사람이 결코 육식을 하지 않는다면, 그 이유 때문에 [동물을] 살해하지는 않을 것이다. 왜냐하면 무해한 동물들의 대부분은 돈이라는 원인 때문에 …… 살해당하고 있다."

29 슈미트하우젠은 다음과 같은 상황을 예외로 두고 있다. 1)예를 들면 음식이 이미 준비되었고 그 음식을 먹지 않는다면 버려지게 될 '소비가 공급에 전혀 영향이 없는' 상황. 2)아이들 혹은 환자와 같이 반드시 육식을 해야만 경우. 3)기후 혹은 환경의 조건 때문에 동물의 영양소를 필요로 하며 동물을 주식으로 먹고 살아야 하는 경우.

30 자세한 것에 관해서는 Harvey[2000:411ff].

러한 현상은 점점 보편화할 것으로 생각한다.[31] 따라서 이 계율 역시 사회적 흐름에 따라 적용 혹은 해석을 달리해야 할 것이다.

이제 관심을 필자가 불교도가 아니라고 대답했던 경우 중 후자, 즉 '불교도가 붓다(들)의 가르침을 의심하지 않고(asaṃśaya) 믿는 사람들'로 한정되는 문맥에서 불교도가 아니라는 대답에 주의를 돌려보자. 필자는 불교를 공부하면서 만나왔던 보수적인 혹은 권위적인 경향의 불교도 중 유난히 믿음信을 강조해왔던 분들을 접할 수 있었다. 이분들에게 필자가 가지고 있는 의심(saṃśaya)은 그것이 아무리 가볍다 할지라도, 붓다[들]의 가르침佛敎을 이해하거나 수행하는데 장애가 되는 분별(vikalpa)로서, 제거되어야 하는 것으로 인식되고 있었다. 그렇다면 '의심'은 불교도에게 불필요한 항목일까? 인도의 8세기 후반의 유명한 반야경 주석가인 하리바드라(Haribhadra)에 따르면, '반야바라밀이라는 붓다의 가르침을 듣자마자 곧바로(dhagiti) 의심 없이(asaṃśaya) 믿음(prasāda)를 일으키는 수신행자(śraddhānusārin)'에게 '의심'은 그다지 필요한 것으로 보이지 않는다. 그렇지만 수법행자(dharmānusārin)의 경우는 믿음을 일으키기에 앞서 1)다른 바른 인식수단(pramāṇa)에 의지하여 반야바라밀의 가르침에서 문제점을 발견하지 않음과 2)반야바라밀이 붓다들을 낳았다고 확신하는 두 과정을 거친다.[32] 이러한 1)과 2)의 과정

---

31 한 예로 10여 년 전 자신이 게이라는 사실을 커밍아웃한 한 연예인은 그 직후에 모든 방송으로부터 퇴출당하였다. 최근에 들어서 그는 아주 활발한 방송활동을 하고 있는데 대부분의 시청자는 그가 게이라는 사실에 거부감을 가지고 있지 않다.

32 *AAVi*, 4.21~24. 이 단락의 교정에 관해서는 LEE[2013:25~28] 참조.

에는 '의심'이 반드시 수반되는 것으로 보인다. 실제로 하리바드라를 포함한 다르마끼르띠(Dharmakīrti) 이후에 인식·논리학(pramāṇa) 전통에 입각한 논사들은 논서의 첫머리에 논서의 삼반다(sambandha : 성취수단과 성취대상의 관계 혹은 사자상승의 관계), 주제(abhi-dheya), 목적(prayojana)을 서술한다.[33] 그리고 이러한 항목들은 논서를 배우고자 하는 이들에게 '논서를 배우는 이익에 대한 의심을 일으켜(arthasaṃśayotpādakatā)' 실제로 이 논서들을 배우고 익히게 하는 역할을 하여야만 한다. 여기서 의심(saṃśaya)은 '분별'의 부정적인 의미가 아니라 일종의 동기부여(motivation)라는 긍정적인 역할을 하고 있다. 개인적으로는 수많은 정보를 접할 수 있고 상대적으로 교육 수준이 높은 현대의 불교도들의 경우 수신행자보다는 수법행자가 다수를 차지할 것으로 생각한다.[34] 만약 이와 같다면 붓다[들]의 가르침을 배우고 익히게 하는 동기를 부여하는 '의심'은 부정적으로 다루어져서는 안 될 것이다. 그리고 두 번째 문맥에서 필자의 대답 역시 비불교도가 아니라 '수신행자(śraddhānusārin)로서 불교도는 아니다'로 수정되어야 할 것이다.

---

33 Funayama[1995:181].

34 개인적인 견해이지만, 불교에서 '무조건적인 믿음'을 강조하는 것은 한국에서 종교를 가지고 있지 않은 젊은 층들이 불교도가 되는 것을 가로막는 가장 큰 요인 중의 하나라고 생각한다. 그들은 믿음을 강요한다는 측면에서 그들이 불편해하거나 부정적인 느낌을 가지고 있는 기독교와 차이가 없음을 보고 불교에 대한 호감을 거두고 있다.

2. 참(hrī)과 괴(apatrāpya)의 역할

우리는 앞서 5계를 비롯한 계율은 하나의 이상적 도덕률로서, 불
교도라면 누구나가 목숨이 다할 때까지(yavātjīvam) 시대적 상황에
맞추어 최선을 다해 지키도록 노력해야 한다는 것을 보았다. 그렇지
만 이것이 '이상적인'의 수식어를 갖는 한, 환경과 상황에 따라 혹은
아직 충분히 계발되지 못한 성향으로 인해 이를 준수하지 못할 가능
성을 포함할 것이다. 그렇다면 바른 행동인 계율을 다시 지키기 위해
서 포살(poṣadha)일에 참회의 의례에 참석하는 등의 형식적인 절차
가 필요할 것이다. 그렇지만 이러한 의례가 단순히 형식이 되지 않기
위해서 우선 자신이 계율을 준수하지 못했다는 부끄러움[恥]의 성찰
이 전제되어야 할 것이다. 이러한 '부끄러움'은 불교문헌에서 참(慚,
hrī)과 괴(愧, [vy-]apatrāpya)의 이름으로 논해지는데, 비록 그
양이 많지 않지만, 불교의 가장 중요한 요소 중의 하나라고 생각한다.

설일체유부의 분류를 따르면, 참과 괴는 선한 마음과 항상 함께하
는 10가지 심소들, 즉 대선지법(kuśalamahābhūmikā dharmāḥ)
들에 포함되고, 그 반대들인 무참(ahrīkya)과 무괴(anapatrāpya)
는 불선한 마음과 항상 함께하는 2가지 심소들, 즉 대불선지법
(akuśalamahābhūmikā dharmāḥ)을 구성하고 있다. 참과 괴의
가장 잘 알려진 정의는 각각 '자신을 스스로 돌아보아 잘못들로 인해
부끄러워하는 것(ātmāpekṣayā doṣair lajjanam)'과 '타인들을 살
펴보아 [자신의 잘못으로 인해] 부끄러워하는 것(parāpekṣayā
lajjanam)'이다.[35] 이러한 해석은 참과 괴의 어근(dhātu)들인 √hrī

와 √trap가 동의어로서 '부끄러워하다(√lajj)'를 지칭한다는 전제 아래, 전자를 자신과 관련한 부끄러움으로 후자를 타인과 관련한 부끄러움으로 정의하고 있다.[36] 이러한 설명은 『구사론』에 나타난 참과 괴의 정의 중 두 번째에 해당한다. 첫 번째 정의는

① 참 − [계·정·혜 삼학이라는] 덕성과 이 덕성을 갖춘 사람에 대해 공경하고(sagauravatā) 존중하고(sapratīśatā) 어렵게 여겨 따르는 것(sabhayavaśavartitā)

② 괴 − 훌륭한 사람들이 비난하는 [행동](avadya[samudācara])에 대해 두려움으로 보는 것(bhayadarśitā), 즉 바람직하지 않은 결과(aniṣṭaṃ phalaṃ)를 일으킨다고 보는 것[37]

이라 하여, '참'을 공경(gaurava)과, '괴'를 두려움(bhaya)과 연관하여 정의를 내리고 있다. 『유가사지론』〈보살지〉에는 『구사론』의 두 가지 정의가 혼합된 참과 괴를 발견할 수 있다.

'참'이란 보살이 비난받아야만 하는 행동에 대하여 다름 아닌 자신이 그릇되었다고 알고 나서 부끄러워하는 것(lajjā)이다. '괴'란 그 동일한 [비난받아야 하는 행동들에 대해] 다른 사람들을 두려워하고 공경함으로부터(bhayagauravāt) 일어난 부끄러움(lajjā)이다. 또한 보살의 이러한 부끄러움은 저절로 철저해(tīvra)지는데, 하물며 반복 수습한다(abhyasta)는 것은 말할 필요조

---

35 *AKBh*, 59.26–60.01.

36 *AKBh*, 60.06.

37 *AKBh*, 60.04–60.05.

차 없다(prāg evābhyastā).[38]

이러한 〈보살지〉의 정의는 기본적으로 구사론의 두 번째 참괴에 대한 정의를 취하고 있다. 그렇지만 참과 괴 모두에 나타나는 '비난 받아야만 하는 행동(avadyasamudācara)'은 구사론의 첫 번째 정의 중 '괴'에만 해당하는 것이고, '괴'에 대한 정의 중 '두려움과 공경함(bhayagaurava)'이라는 복합어는 순서대로 구사론의 첫 번째 정의의 '괴'와 '참'과 밀접한 관련을 맺고 있다. 그렇지만 인용에서 중요히 다루고 싶은 것은 '보살이 참과 괴를 반복 수습(修習, abhyāsa)한다'는 구절이다. 그렇다면 보살은 어떠한 방식으로 참과 괴를 반복하는 것일까? 이에 관해서는 〈보살지〉「계품(śīlapaṭala)」에 나타난 자성계(svabhāva-śīla)의 설명을 참조할 수 있다. 자성계(Right conduct with respect to its essence)는 보살이 지니는 아홉 종류의 계 중 첫 번째 계로서, 이것은 ①다른 사람으로부터 바르게 계를 받음(parataḥ samyaksamādāna), ②매우 청정한 의도(suviśuddhāśayatā), ③이미 범한 것을 되돌림(vyatikrāntau pratyāpatti), ④범하지 않기 위하여 마음을 전념 專念하여 주의집중(mindfulness)을 확고히 함(avyatikramāya ādarajātasyopas-thitasmṛtitā)이라는 네 종류의 특성(guṇa)들과 결합한다. 〈보살지〉는 이 네 특성들에 대해 다음과 같이 설명하고 있다.

그 [네 특성]중에서 '①다른 사람으로부터 계를 바르게 받고 나서' 보살은

---

38 *BoBh*, 250.10-14.

학계學戒를 범할 때 다른 사람을 보아서 괴(vyapatrāpya)를 일으킨다. 보살이 계들에 대한 '②매우 청정한 의도를 갖고 있는 한' 그는 학계를 범할 때 스스로를 돌아보아 참(hrī)을 일으킨다. 학처들을 '③범하는 것을 되돌리는 것'과 '④처음부터 전념하여 [학처들을] 범하지 않음'이라는 두 원인에 의해 보살은 양심의 가책을 갖지 않게 된다(niṣkaukṛtya). 이같이 보살은 [다른 사람으로부터 계를] 바르게 받음과 청정한 의도에 의지하여 '괴'와 '참'을 일으킨다. 그는 '괴'와 '참' 때문에 이미 받은 계를 보호하고, [이미 받은 계를] 보호할 때 양심의 가책이 없게 된다.[39]

인용에 따른다면, 보살은 이미 자신이 받은 계를 범할 때 우선 타인을 살펴서 부끄러운 마음(愧)을 일으키고, 그 자신이 계들을 준수하고자 하는 청정한 의도를 가지고 있기 때문에 스스로 부끄러워하는 마음(慚)을 일으킨다. 이러한 참과 괴는 일면 불교 수행도에서 장애가 되는 양심의 가책(kaukṛtya)과 같은 부정적 역할도 할 것이다. 그렇지만 보살은 참회 의식 등을 통해 계를 범한 것을 되돌리고 다시는 계를 범하지 않겠다는 확고한 결심과 계의 준수 아래 양심의 가책에서 벗어나게 된다. 앞선 인용에서 '보살은 참괴를 반복한다'는, 보살이 계의 항목을 범할 때마다 이러한 과정을 반복한다는 것을 의미할 것이다. 그리고 이러한 반복을 통해 참과 괴가 철저해지고, 결국에는 계를 완전히 준수하게 될 것이다. 이러한 〈보살지〉의 과정은 앞서 언급한 5계에도 그대로 적용할 수 있다. 물론 이것이 '계를 어기는 것은 회복될 수 있기 때문에 준수하지 않아도 상관없다'는 계율

---

39 *BoBh*, 137.18–138.01.

의 느슨한 적용을 의미해서는 안 될 것이다.

【 참고문헌 】

〈약호〉

AAVi. *Abhisamayālaṃkāra-kārikā-śāstra-vivṛti* : Haribhadra's Commentary on the
Abhisamayālaṃkāra-kārikā-śāstra. Edited for the First Time from a Sanskrit
Manuscript. ed. Amano, Hirofusa. Kyoto, 2000.

AAVṛ. *L'Abhisamayālaṃkāravṛtti di Ārya-Vimuktisena* : primo Abhisamaya. ed.
Pensa, Corrado. Istituto italiano per il Medio ed Estremo Oriente, 1967.

AKBh. *Abhidharmakośabhāṣyam of Vasubandhu*. ed. Prahlad Pradhan. KP Jayaswal
Research Institute, 1967.

BoBh. *Bodhisattvabhūmi. A Statement of Whole Course of the Bodhisattva* (Being
Fifteenth Section of *Yogācārabhūmi*). ed. Wogihara, Unrai. Tokyo, 1930-1936.

LAS. *The Laṅkāvatāra sūtra*. ed. B. Nanj. Otani University Press, 1956.

〈문헌〉

고병철 외, 『한국의 종교 현황』, 문화체육관광부, 2012.

김성철, 「불교대학 졸업생의 사회진출 현황과 개선방안」, 『불교문화연구』, Vol.7,
pp.147~184, 2006.

김용태, 「한국불교사의 호국 사례와 호국불교 인식」, 『대각사상』, Vol. 17, pp.43~73,
2012.

Gnoli, Raniero. *The Gilgit manuscript of the Śayanāsanavastu and the Adhikaraṇavastu
: being of the 15th and 16th sections the Vinaya of the Mūlasarvāstivādin*.
Vol. 50. Istituto italiano per il Medio ed Estremo Oriente, 1978.

Harvey, Peter. *An introduction to Buddhist ethics: foundations, values and issues*.
Cambridge University Press, 2000.

Isaacson, Harunaga. *Ratnākaraśānti's Hevajrasahajasadyoga* (Studies in Ratnākaraśānti's tantric works I). In: Raffaele Torella (ed.): Le Parole e i Marmi: studi in onore di Raniero Gnoli nel suo 70 compleanno. Roma: Istituto Italiano per l'Africa e l'Oriente. Serie Orientale Roma vol. 92. (2001):457-487.

Faure, Bernard. *Unmasking Buddhism*. John Wiley & Sons, 2009.

Funayama, Toru. "Arcaṭa, Śāntarakṣita, Jinendrabuddhi, and Kamalaśīla on the Aim of a Treatise (prayojana)". Wiener Zeitschrift fr die Kunde Sdasiens 39 (1995): 181-201.

LEE, Youngjin. "A critical edition and its translation of Abhisamayālaṅkārālokā by Haribhadra (I)Up to Abhisamayālaṅkārākārikā verses 1 and 2 with an appendix of corresponding passages of Abhisamayālaṅkāravivṛti." Critical Review for Buddhist Studies (2012): 169-213.

Schmidt, Michael. "Bhikṣuṇī-Karmavācanā, Die Handschrift Sansk. c25(R) der Bodleian Library Oxford." In Reinhold Grnendahl, Jens-Uwe Hartmann and Petra Kieffer-Plz (eds.), Studien zur Indologie und Buddhismuskunde fr Professor Dr. Heinz Bechert zum 60. Geburtstag am 26. Juni 1992, Bonn: Indica et Tibetica(1993): 239288.

Schmithausen, Lambert. "Meat-eating and nature: Buddhist perspectives". Buddhism and Nature (Bukky to Shizen), Kyoto (2005):183-201.

저자 소개

모토야마 고우쥬 元山 公寿	大正大學 特任敎授
오오츠카 노부오 大塚 伸夫	大正大學 敎授
소네 노부오 曽根 宣雄	大正大學 準敎授
간다츠 지준 神達 知純	大正大學 特任專任講師
미우라 슈 三浦 周	大正大學綜合佛敎研究所 研究員
호시노 소 星野 壯	大正大學 非常勤講師
나와 기요타카 名和 清隆	淑德大學 兼任講師 淨土宗総合研究所 研究員
스즈키 교겐 鈴木 行賢	大正大學 非常勤講師
정병조 鄭柄朝	前 금강대학교 총장
김천학 金天鶴	동국대학교 불교문화연구원 HK교수 前 금강대학교 불교문화연구소 소장
최기표 崔箕杓	금강대학교 불교학과 교수
하유진 河由眞	서강대학교 철학연구소 전임연구원 前 금강대학교 불교문화연구소 HK연구교수
최은영 崔恩英	금강대학교 불교문화연구소 HK교수
차상엽 車相燁	금강대학교 불교문화연구소 HK교수
하영수 河榮秀	금강대학교 박사수료
이영진 李榮振	금강대학교 불교문화연구소 HK연구교수

현대사회와 불교

초판인쇄 2015년 06월 16일
초판발행 2015년 06월 26일

공　　편 다이쇼대학교
　　　　　금강대학교 불교문화연구소
펴　낸　이 김성배
펴　낸　곳 도서출판 씨아이알

책임편집 박영지, 서보경
디　자　인 송성용, 황수정
제작책임 이헌상

등록번호 제2-3285호
등　록　일 2001년 3월 19일
주　　소 100-250 서울특별시 중구 필동로8길 43(예장동 1-151)
전화번호 02-2275-8603(대표)
팩스번호 02-2275-8604
홈페이지 www.circom.co.kr

I S B N 979-11-5610-133-8 93220
정　　가 26,000원